高等职业教育教材

直播营销与运营实务

文婧羽　主　编
尹耀杰　宋　倩　副主编

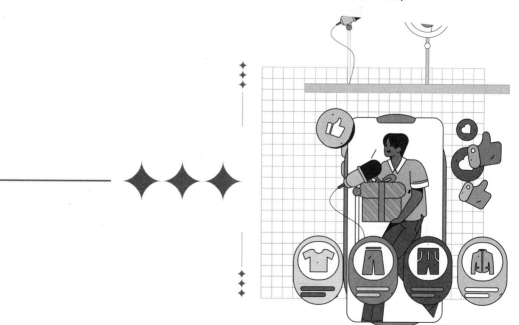

化学工业出版社
·北京·

内容简介

本书将直播营销与运营实务分为直播营销、直播销售、直播运营三大工作领域，包括认识直播、分析直播平台、策划直播内容、准备直播、实施直播、复盘直播、运营直播账号、推广直播活动、建设直播品牌9个工作任务，从直播营销的基本概念、发展趋势、商业模式、生态体系等方面进行了全面而深入的剖析，介绍了实施直播营销所需的具体步骤和技巧。同时，结合直播平台的不同特点，介绍了各类直播平台的运营策略和优势。本书以"岗课赛证"融通理念为指导，内容采用理实一体化的设计理念构建，以实践操作作为主导，设置了活动前导、活动分析、活动执行、活动技能演练等模块，注重培养学生的实际操作能力和问题解决能力。每个工作任务下设置了若干项典型活动，通过具体实战训练，帮助学生更好地理解和掌握直播营销的核心技能。

本书既可作为职业院校电子商务专业类、网络新媒体类、市场营销类等专业的教材，也可作为电商从业者、新媒体行业、直播营销爱好者的自学参考书。

图书在版编目（CIP）数据

直播营销与运营实务 / 文婧羽主编 ; 尹耀杰, 宋倩副主编. -- 北京 : 化学工业出版社, 2025. 2. -- （高等职业教育教材）. -- ISBN 978-7-122-47099-7

Ⅰ. F713.365.2

中国国家版本馆CIP数据核字第2025ER8501号

责任编辑：王　可
文字编辑：沙　静　张瑞霞
责任校对：宋　玮
装帧设计：张　辉

出版发行：化学工业出版社
　　　　　（北京市东城区青年湖南街13号　邮政编码100011）
印　　装：北京云浩印刷有限责任公司
787mm×1092mm　1/16　印张14½　字数361千字
2025年6月北京第1版第1次印刷

购书咨询：010-64518888　　　售后服务：010-64518899
网　　址：http://www.cip.com.cn
凡购买本书，如有缺损质量问题，本社销售中心负责调换。

定　　价：48.00元　　　　　　　　　　　版权所有　违者必究

前 言

在数字化时代的浪潮下,直播营销作为一种新兴的营销方式,以其直观、互动和高效的特点,迅速占领了市场的高地。随着5G、AI等技术的不断发展,直播营销正逐步成为企业推广、品牌建设、产品销售的重要渠道。

党的二十大报告提出,"加快发展数字经济,促进数字经济和实体经济深度融合,打造具有国际竞争力的数字产业集群"。作为数字经济时代的代表性商业模式,直播营销在推动经济转型升级、促进消费升级等方面具有重要地位。在2024年全国两会期间,直播营销议题及其在保护消费者权益方面的讨论备受关注,相关建议亦相继提出。这不仅反映了直播营销在社会经济中的重要作用,也凸显了其在保护消费者权益方面的社会责任。因此,培养具备一定专业素养和道德意识的直播营销人才,对于行业的健康发展至关重要。

鉴于此,本书致力于帮助学习者系统掌握直播营销的核心知识和技能,提升在直播营销领域的专业素养和竞争力,为行业的健康发展贡献力量。

本书主要特点如下:

1. 流程清晰,结构完整

本书遵循直播电商的工作流程,从营销、销售到运营,每个工作领域都设计了相应的流程图,确保内容体系清晰、条理分明,便于学习者能够按照实际的工作需求,逐步掌握所需的技能。

2. 情境真实,实用技能导向

本书注重情境导入和任务驱动,每个任务都结合实际的企业情况和行业背景,为学习者呈现一个真实的工作环境。这种情境化的学习方式有助于学习者更好地理解直播营销的实际运作流程,提升学习兴趣。

3. 职业需求对接

(1) 行业标准融入 与1+X直播电商职业技能等级证书和1+X网络直播运营职业技能等级证书的高级标准进行了深度对接,确保学习者所学内容与职业需求高度契合,为未来的职业发展做好准备。

（2）大赛对接，拓宽视野 "竞赛直通车"部分结合了"互联网+"大学生创新创业大赛和全国职业院校电子商务职业技能大赛的相关内容，为学习者提供了更广阔的视野和更高层次的学习机会。

4. 新技术、新方法的融合应用

教材中积极引入直播营销最新的技术和创新方法，确保学习者掌握最前沿的知识和技能，同时鼓励学习者通过新技术和新方法进行实践操作和创新探索，培养创新意识和实践能力。

5. 内容丰富，形式多样

典型活动内容部分详细展示了每个步骤的具体操作，并辅以微课、资料学习卡等数字化教学资源，方便学习者随时随地进行学习。同时，书中还穿插了"新兴动态""名词一点通""崇德启智"等辅助教学模块，增强了学习的趣味性和实用性。

本书由兰州石化职业技术大学文婧羽担任主编，尹耀杰、宋倩担任副主编。本书编写分工如下：宋倩编写工作领域一及参考文献，尹耀杰编写工作领域二，文婧羽编写工作领域三。

本书在编写的过程中，参考并汲取了一些专家和学者的成果，在此表示感谢！由于直播营销行业发展迅速，技术和策略不断更新，书中难免存在一些疏漏和不足之处，敬请专家和读者提出宝贵的意见和建议，以便我们在未来的修订中不断完善和提升教材质量。

编　者
2024 年 3 月

目 录

工作领域一　直播营销　001

工作任务一　认识直播 …………………………………………………… 002
　　典型活动一　剖析直播的发展现状及趋势 …………………… 003
　　典型活动二　探究直播商业模式 ………………………………… 011
　　典型活动三　深挖直播生态 ……………………………………… 014
工作任务二　分析直播平台 ……………………………………………… 023
　　典型活动一　分析综合类直播平台 ……………………………… 025
　　典型活动二　分析秀场类直播平台 ……………………………… 030
　　典型活动三　分析商务类直播平台 ……………………………… 034
　　典型活动四　分析教育类直播平台 ……………………………… 038
工作任务三　策划直播内容 ……………………………………………… 045
　　典型活动一　选择直播主题 ……………………………………… 046
　　典型活动二　准备直播节目 ……………………………………… 052
　　典型活动三　设计直播互动和用户参与 ………………………… 055

工作领域二　直播销售　063

工作任务一　准备直播 …………………………………………………… 064
　　典型活动一　组建直播销售团队 ………………………………… 065
　　典型活动二　选择直播商品 ……………………………………… 073
　　典型活动三　搭建直播间 ………………………………………… 082
　　典型活动四　策划直播脚本 ……………………………………… 091

工作任务二	实施直播	100
典型活动一	开场直播秀	101
典型活动二	展示直播商品	106
典型活动三	互动直播粉丝	113
工作任务三	复盘直播	119
典型活动一	分析直播销售数据	121
典型活动二	分析直播间用户行为	127
典型活动三	评估和调整直播销售的效果	132

工作领域三　直播运营　142

工作任务一	运营直播账号	143
典型活动一	塑造直播账号 IP	144
典型活动二	设计直播账号内容	151
典型活动三	打造直播人设	158
工作任务二	推广直播活动	166
典型活动一	聚合多平台引流	168
典型活动二	预热文案引流	180
典型活动三	推荐直播引流	188
典型活动四	付费广告引流	193
工作任务三	建设直播品牌	202
典型活动一	品牌建设和传播	203
典型活动二	口碑管理和用户评价	213

参考文献　225

工作领域一 直播营销

思维导图

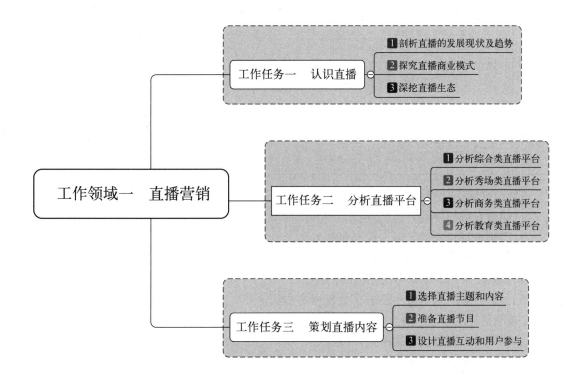

工作领域一 直播营销
- 工作任务一 认识直播
  1. 剖析直播的发展现状及趋势
  2. 探究直播商业模式
  3. 深挖直播生态
- 工作任务二 分析直播平台
  1. 分析综合类直播平台
  2. 分析秀场类直播平台
  3. 分析商务类直播平台
  4. 分析教育类直播平台
- 工作任务三 策划直播内容
  1. 选择直播主题和内容
  2. 准备直播节目
  3. 设计直播互动和用户参与

工作任务一 认识直播

任务情境

党的二十大报告指出,"加快发展数字经济,促进数字经济和实体经济深度融合,打造具有国际竞争力的数字产业集群"。直播电商作为一种新兴的商业模式和商业业态,在增加就业、扩大内需、促进数字经济发展等方面发挥了积极作用。为全面贯彻落实党的二十大精神,兰州市积极推动数字经济与实体经济深度融合,鼓励和引导传统商贸企业运用线上平台积极发展"消费大数据+电商化运营+物流同城配送"的融合消费新零售模式。这种模式不仅丰富了消费供给,还拓展了消费渠道,推动了消费升级。

某数字直播基地位于兰州市,是集产品经济包装、直播电商+全场景定制服务、供应链SKU(库存单位)展示、促进直播领域创新发展于一体的大型综合性数字直播产业基地,以"开放、共享"的文化理念赋能兰州本土企业及特色产品。

基地近期引入了一批电商行业的实习生作为人才储备,某学校电子商务专业即将毕业的大学生小亦就是这一批实习生中的一员。小亦通过相关渠道了解到直播营销的岗位有很多,诸如直播销售、直播运营等,他梦想着成为直播销售岗位的精英,想通过此次实习积累工作经验,为将来的职业发展打下基础。

新人培训之后,公司要求所有实习生上交一份关于直播行业的分析报告,其中包括直播的发展现状趋势、直播商业模式、直播生态等内容,小亦随即展开了准备工作。

学习目标

【知识目标】
1. 知道直播行业的发展历程;
2. 了解直播行业的发展现状与未来趋势;
3. 熟悉常见的直播商业模式;
4. 了解直播生态建设与生态链的内容;
5. 了解打造直播电商生态链良性发展的方法。

【技能目标】
1. 能够辨别直播行业的不同发展历程;
2. 能够判断直播商业模式;
3. 能够梳理直播生态链的模块。

【素养目标】
1. 具备传统文化价值观，并能将其运用在直播营销的工作中；
2. 树立法律意识，增强社会责任感和公民意识。

工作计划

序号	典型活动名称	活动操作流程	对接1＋X职业技能标准
010101	剖析直播的发展现状趋势	步骤1：了解直播行业的发展历程	具备市场前瞻意识和用户需求洞察能力
		步骤2：分析直播行业的发展现状	
		步骤3：探寻直播行业的未来趋势	
010102	探究直播商业模式	步骤1：了解直播商业模式	具备对运营新理论、新技术、新方法的学习与应用能力
		步骤2：分析常见的直播商业模式	
010103	深挖直播生态	步骤1：了解直播生态建设	具备商业思维和创新能力
		步骤2：梳理直播生态链	
		步骤3：打造直播电商生态链良性发展	

典型活动一　剖析直播的发展现状及趋势

 活动前导

小亦首先要对直播的发展现状及趋势进行分析，需要借助网络搜索工具，利用工作之余，研究新人培训提供的学习资料以及网络搜索资料，同时请教专家，认真总结分析，梳理后构建自己的体系化认知。

 活动分析

为了顺利地完成直播的发展现状及趋势的分析，小亦需要首先了解直播行业的发展历程，然后对直播行业的发展现状进行分析，最后对直播行业的未来趋势进行判断。

 活动执行

了解直播行业的发展历程是剖析直播发展现状的基础，小亦在了解直播行业发展历程前，首先对直播的相关概念进行了学习。

步骤1：了解直播行业的发展历程

小亦经过资料搜集，了解到网络直播广义上是指传播主体以互联网技术为基础，运用搭建网络直播平台的方式，将视听信息传递给有观看需求的受众的在线互动方式。而近年来，网络直播在狭义上更多地被看作是视听娱乐的全新方式，直播平台也如雨后春笋般发展运作起来。随着互联网技术的快速发展，大型电商平台开始尝试将直播与电商相结合，直播电商逐渐成为一种新型的商业模式，直播电商是以直播为渠道来达成营销目的的一种电商形式。由于直播电商提高了交易效率，带给用户更直观、生动的购物体验，因此其为电商行业提供了强劲的增长动力。

中国电商直播行业起源于2016年，经历萌芽期—探索期—成长期—爆发期四个阶段（图1-1-1），产业链逐渐完整，行业规范逐步建立，各大商家与平台不断倾入资源扶持直播的发展。

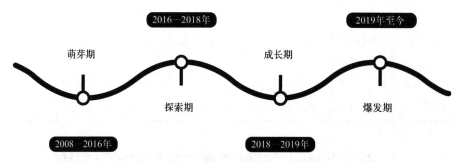

图1-1-1　直播行业的发展历程

以下是电商直播行业的四大发展时期。

1. 萌芽期（2008—2016年）

直播互动时代初步崛起，各种直播平台兴起，网络直播职业群体出现。

2. 探索期（2016年—2018年）

直播电商诞生于被称作"直播元年"的2016年。2016年，直播电商行业生态开始建立，直播电商产业链同时也建立起来，具有代表性的电商平台与短视频平台陆续上线直播功能。2017年，直播行业在探索中发展，各平台不断尝试，力求探索出"直播＋电商"新的商业模式。

3. 成长期（2018年—2019年）

2018年，直播电商行业经过两年的探索发展已经相对成熟。这一年淘宝"双十一"正式引爆直播带货概念，平台开始推出直播电商发展战略。与此同时，快手、抖音等短视频和社交平台纷纷加入电商直播，他们从与第三方购物平台合作模式转变为自营商品平台模式，砍掉中间商利润，将自身供应链和主播等产业链上下游整合，解决产业周期长的问题，再加上平台自身强大的流量优势，极大地推动了电商直播发展。

4. 爆发期（2019年至今）

2019年，直播电商行业规模呈现爆发式增长，政府部门、传统媒体、公众人物加入了直播大军，直播带货全民热议。根据相关统计显示，此年度直播电商整体成交额达4512.9亿元，同比增长200.4%，由此可见2019年电商直播行业发展态势之迅猛。

2020年"宅经济"发展迅速，电商直播行业迎来了前所未有的发展机遇，越来越多的人涌入电商直播行业。商城导购员、企业老板、地方政府官员等等，纷纷加入行列成为电商主播。直播场景多样化，从单一室内直播间到走进生产一线、供应链源头和原产地，消费者体验更加多元化。

2022年直播电商市场加速发展，各类直播涌入新的参与者，整个直播电商的格局正在悄然发生着变化。

📖 名词一点通

宅经济

宅经济是随着网络技术的兴起而出现的一种新型经济形态，顾名思义是指"宅"在家里的衍生的经济业态，也被称为"居家经济"，用来代指宅在家而产生的一系列经济活动。我们可以把宅经济划分为生产型宅经济与消费型宅经济两种类型。生产型宅经济是指居民在住宅中所从事的生产性质的经济活动，这是一种新的工作模式，如远程办公、在线主播、自媒体创作、百科词典编写等；消费型宅经济则是指居民在住宅完成商品或服务的交易过程，并由此直接带动的经济活动，如在线购物、在线游戏、观看视频、在线学习等。

📗 步骤2：分析直播行业的发展现状

在了解了直播行业的发展历程后，小亦开始对直播行业的发展现状进行分析。直播营销是以直播为渠道来达成营销目的的新型电商形态，是数字化时代背景下直播与营销双向融合的产物。直播营销以低成本、高转化率等优势备受商家青睐，仅用了四年时间就完成了万亿增长。

1. 利好政策助推直播行业良性发展

近年来，为规范并推动直播电商这一新业态新模式的健康发展，我国政府部门陆续出台了一系列政策措施。这些政策涵盖了多个方面，其中包括建设农副产品直播电商、培育省级直播电商基地、利用直播电商平台提高休闲农业和乡村旅游的知名度、开展直播电商基础知识授课和技能大赛、融合直播电商和非遗资源等。

2. 行业市场规模增速逐渐放缓

数据显示，2022年我国直播电商市场规模为34879亿元，较2017年的196.4亿元增长近178倍。2022年我国直播电商行业渗透率为25.3%，增长率为40.79%。数据显示，2023年上半年直播电商交易规模约为19916亿元，全年交易规模达到45657亿元，同比增长30.44%。2017—2023年我国直播电商市场规模见图1-1-2。

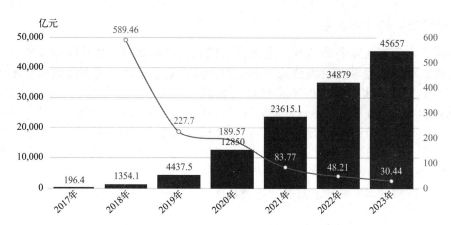

图1-1-2　2017—2023年我国直播电商市场规模

> **崇德启智**
>
> 讲好中国故事，传播中国声音，展示真实、立体、全面的中国形象，是加强我国国际传播能力建设的重要任务，也是直播平台的"必修课"。
>
> 2022年春节期间，文化和旅游部中外文化交流中心联合中央广播电视总台英语环球节目中心（CGTN）在微信视频号发起《冬奥冰雪季》系列慢直播，以国际视角传递中国的冰雪精神，从多角度挖掘中国各地特色传统文化内涵。中方主持人、外籍微信视频号创作达人共同参与，以直播+短视频+话题互动多种手段，向公众传递中国各地多类型、多民族的冬日民俗和冰雪运动，向海内外用户展现冰雪中不一样的华夏魅力。

3. 直播电商用户规模逐年攀升

数据显示，2022年直播电商用户规模达4.73亿人，同比增长10%。2022年中国直播电商行业人均年消费额为7399.58元，较上年增长59.48%，增速逐渐趋于平缓。未来随着5G网络的普及和技术的不断进步，直播电商将会更加常态化。2018—2022年我国直播电商行业用户规模及其增长率见图1-1-3。

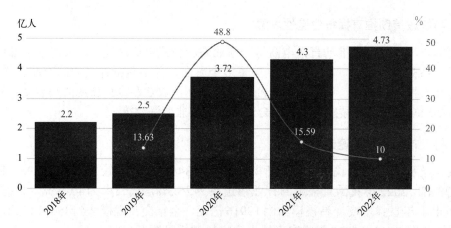

图1-1-3　2018—2022年我国直播电商行业用户规模及其增长率

4. 直播电商平台竞争加剧

目前，我国直播市场主要由抖音、淘宝、快手等大型平台主导，竞争十分激烈。据《2022年度中国直播电商市场数据报告》显示，2022年抖音电商在关闭外链后，全力构建抖音小店，2022年抖音电商交易规模约为15000亿元；2022年快手电商交易规模为9012亿元，较上年同期增长32.53%，得益于电商商品交易总额的增加，快手其他服务收入为98亿元；淘宝直播根植于淘宝电商生态，在购物场景方面占据显著优势，得益于互联网经济的发展，商品购买转化率领先优势明显，2022年淘宝直播交易规模约为7700亿元。

5. 直播带动新兴业态发展迅速

2022年国内直播电商零售额达18067亿元，同比增长21.69%。直播已成为电商平台标配，且在日常促销与年度大促上占据重要地位，随着行业渐趋规范，平台和品牌纷纷深化直播业务，通过创新玩法，加速直播电商全民化发展。直播带动的新兴业态发展迅速，为县域经济转型升级提供了战略契机。

6. 新技术赋能直播新生态

新的技术与概念，已成为促进在线直播企业创新发展的重要因素。5G技术让直播零延迟成为可能，而元宇宙的兴起，则推动了虚拟现实等先进技术的发展。

在线直播依靠VR（虚拟现实技术）、AR（增强现实技术）、MR（混合现实技术）等新技术创新推出了不同类型的直播方式。其中，VR技术让直播画面呈现出3D的立体效果；AR技术将虚拟事物与现实直播相融合；MR技术可以将虚幻场景整体呈现在直播现场。图1-1-4为2021年北京两会期间采用5G+VR高清直播。

图1-1-4 2021年北京两会期间采用5G + VR高清直播

名词一点通

VR技术

全称是Virtual Reality Technology，中文译为虚拟现实技术，是指利用计算机生成一个三维虚拟环境，使用户能够通过视觉、听觉和触觉等多种感官方式与之进行交互，涉及三维图形生成技术、动态环境建模技术、激光扫描技术、广角立体显示技术、高分辨率显示技术、多传感交互技术、三维空间追踪定位技术、手势识别技术、语音输入输出技术、系统集成技术等多种技术。

AR技术

全称为Augmented Reality，中文译为增强现实技术，是一种将虚拟信息与真实世界巧妙融合的技术，广泛运用了多媒体、三维建模、实时跟踪及注册、智能交互、传感等多种技术手段，将计算机生成的文字、图像、三维模型、音乐、视频等虚拟信息模拟仿真后，应用到真实世界中，两种信息互为补充，从而实现对真实世界的"增强"。

MR技术

全称为Mixed Reality，中文译为混合现实技术，是虚拟现实技术的进一步发展。它是通过在虚拟环境中引入现实场景信息，在虚拟世界、现实世界和用户之间搭起一个交互反馈信息的桥梁，从而增强用户体验的真实感。

步骤3：探寻直播行业的未来发展趋势

小亦分析了直播的发展现状，并对直播行业的未来趋势进行了总结。直播电商产业将继续快速发展，并呈现出多元化、智能化、国际化等趋势。

1. 内容更加精细，场景更加丰富

在场景丰富层面上，随着科技和电商行业的持续发展，直播场景变得更加多样化，并呈现出向全渠道扩展的趋势。从技术拓展方面来观察，直播电商与持续创新的科技相结合，从而实现对场景的升级。在内容创新层面，直播更加有针对性，出现更多的异质化服务。

2. 直播电商行业发展更加规范

随着社会的发展和行业的持续完善，国家对直播电商的监管变得更加严格，监管文件不断出台，直播电商平台也在不断地强化对平台上商户的管理，保护消费者的权益。

3. 品类更加丰富，划分更加科学

越来越多的商家在注重产品品质的同时，更多地注重提供丰富的产品种类，所涵盖的产业与领域也将持续增加。直播带货的产品类别划分将会变得更加精准与多样化，将会有更多的文化类产品被重新科学地划分出来，以满足不同年龄段、不同偏好消费者的需要。

4. 直播与社交媒体的融合

直播与社交媒体的融合也是未来的发展趋势之一。随着社交媒体的不断发展和普及，直播也将与社交媒体进行更加紧密的融合。比如直播间的社交分享、带货直播等功能，可以让用户在直播过程中与社交媒体进行更加自然的互动，增强了内容的传播效率。

5. 未来直播的品宣功能强化，供应链及运营能力强化

直播电商未来的发展与传统电商有相似之处，传统电商后期由于购前成本增加，转

化率下降，新兴模式如自营模式、社交电商、内容电商等得以兴起。而直播电商目前的高转化率主要来自三点：专业内容、主播人设、低价刺激。虽然商品性价比是吸引用户的重要因素之一，但除去低价刺激的力度会逐渐减弱等因素，未来直播场次变多，营销活动变密集，导致用户的转换成本降低，是直播电商未来购前成本提高、转化率降低的主要因素。因此，未来直播带货将会作为营销工具常态化，低价的刺激作用将会缓慢弱化，专业内容和主播人设的驱动作用和购后成本将得到强化，但由于主播人设难以规模化，未来直播的关键攻破点应在售后的提效和内容的创造，提升运营与供应链能力以吸引更多优质主播与品牌。

名词一点通

用户购前成本和用户购后成本

用户完成一次消费行为，要付出三项成本：访问沉没成本、用户决策成本与用户购后成本。前两者合称用户购前成本。

访问沉没成本：用户访问店铺所付出的时间成本及机会成本。

用户决策成本：用户根据需求采集信息，做出购买决定并支付相应的货币。

用户购后成本：用户在购买后需要承担商品是否达到预期及可能的售后等风险。

新兴动态

直播电商赋能品牌发展

随着互联网技术的发展和消费需求的升级，直播电商作为触达消费者、消费需求最直接的渠道之一，如何善用直播电商的力量助力品牌实现破圈和可持续发展，成为业内外人士尤为关注的话题。

直播成为消费者购物的主要方式之一，并体现在消费的交易、选择和决策多个环节。品牌需要提升直播电商跨平台经营能力，针对不同平台的用户调性，打造差异化直播内容方案，避免品牌在跨平台经营中陷入直播促销内卷的怪圈。

直播电商仍蕴藏着巨大的发展空间和快速上升的通道。一方面，凭借在拉动内需、刺激经济、创造就业岗位等领域的带动作用，直播电商发展壮大已蓝图绘就；另一方面，在完善法律法规和市场监管下，成熟的直播电商平台将助力品牌发展从量的拓宽转向质的深耕。

活动技能演练

请同学们根据以下案例内容，完成对此企业的直播发展现状趋势的剖析，并将结果整理并填写在相应的表格中或空白处。

某企业是一家为服装批发商和零售商提供双边交易的服装企业对企业（B2B）平台，从2015年至2019年5月，先后完成了5轮融资，垂直电商直播模式获得了资本的认可。随着直播模式兴起，该企业也时刻调整营销模式，2017年在平台上线直播功能，相比传统的静态图文，直播形式互动性强，更接近现场采购体验，大幅提升了交易转化率。企业分析认为，商家入驻开店＋直播模式能够让买家低成本买到一线批发市场商家的优质货源，大幅度提高买家和卖家整体的匹配效率。

目前，该企业除了为有直播能力的批发商提供了直播平台，还培养了数百名直属平台的直播达人，形成了"批发商—达人—采购商"的三方协作平台，目前已吸引了大量传统服装批发商入驻，并通过视频直播的方式，直接面向全国各地的服装零售商提供在线批发服务。

步骤1： 了解直播行业的发展历程

请基于上述的背景情况，对企业的直播发展历程进行整理，并将结果填写在表1-1-1中。

表1-1-1　企业的直播发展历程

时间	直播发展历程	代表性事件

步骤2： 分析案例中企业直播的发展现状

请基于上述的案例背景情况，对企业的直播现状进行整理，并将结果填写在下列空白处。

发展现状1：

发展现状2：

发展现状3：

……

步骤3： 探寻案例中企业的未来趋势

请基于上述的案例背景情况，预判企业的未来趋势，并将结果填写在下列空白处。

发展趋势1：

发展趋势2：

发展趋势3：

……

典型活动二　探究直播商业模式

活动前导

小亦接下来要对直播商业模式进行探究，需要借助网络搜索工具，利用工作之余，研究新人培训提供的学习资料以及网络搜索资料，同时请教专家，认真总结分析，梳理后构建自己的体系化认知。

活动分析

为了顺利地完成对直播商业模式的探究，小亦需要了解直播商业模式的概念，然后对常见的直播商业模式进行分析。

活动执行

了解直播商业模式的概念及内涵是探究直播商业模式的基础，小亦在了解直播商业模式前，首先对直播商业模式的相关概念进行了学习。

步骤1：了解直播商业模式

随着移动互联网的快速发展，直播已成为一种新型的营销方式。通过直播，企业可以与用户进行互动交流，呈现产品，提升品牌形象，吸引更多的消费者。小亦经过资料搜集，了解到直播商业模式是指通过直播平台和主播之间的合作与互动，实现经济利益的方式和方法。它涵盖了直播平台、主播、用户和商业伙伴之间的关系和互动，以及通过直播传播内容、推广产品或服务以获取收益的商业策略和模式。

步骤2：分析常见的直播商业模式

常见的直播商业模式有很多种，其中包括电商直播模式、广告推广模式、礼物打赏模式和付费观看模式。下面将对这些模式逐一进行分析，以帮助了解直播行业的商业运作和商业模式的多样性。

1. 电商直播模式

电商直播模式是指将电子商务和直播相结合的商业模式。通过电商直播，商家可以在直播过程中向用户展示和销售产品，提供购买链接，实现实时交易。电商直播模式又可以分为品牌直播模式、主播带货模式、商家自播等多种模式。

（1）品牌直播模式　品牌直播模式是一种将品牌推广与直播相结合的商业模式。通过品牌直播，品牌可以借助主播的影响力和直播平台的传播渠道，向用户展示产品、推广品牌形象，增加品牌曝光度和销售机会（图1-1-5）。

（2）主播带货模式　主播带货模式是比较常见的直播商业模式，主播带货模式是指通过直播平台上主播的个人影响力和推荐力，带动用户购买商品的商业模式（图1-1-6）。

（3）商家自播模式　商家自播模式是指商家自己在直播平台上进行直播销售活动的模式。相比于邀请主播或合作品牌进行直播推广，商家自播模式更加直接和自主（图1-1-7）。

图1-1-5　品牌直播模式

图1-1-6　主播带货模式

图1-1-7　商家自播模式

2. 广告推广模式

广告推广模式是直播营销中比较普遍的商业模式之一。直播平台通过在直播过程中插播广告、植入品牌内容或与广告商合作，获取广告收入。这种模式常见于大型直播平台，主要依赖于广告商的投放和合作。通过直播宣传广告，企业可以获取广告费用，提高品牌曝光率和知名度，同时获取更多的潜在客户（图1-1-8）。

广告推广模式的优势在于广告的个性化和定向投放。通过选择合适的主播和直播平台，广告商可以更精准地将广告传达给目标受众，提高广告的曝光和转化率。同时，用户也可以通过与主播的互动了解和获取更多关于广告产品的信息，增加购买的意愿和决策。

在广告推广模式中，企业需要注意直播内容的自然度和流畅度，避免用户产生厌烦和抵触情绪。同时，企业需要了解受众群体的需求和兴趣，对广告内容进行精准营销。

3. 礼物打赏模式

礼物打赏模式是指用户在直播过程中通过购买虚拟礼物来支持和奖励主播的商业模式。在直播过程中，当用户赠送礼物给主播时，这些礼物会在直播画面上显示，并伴随礼物的特效动画和音效，以激发用户的参与感与赠送欲望，同时也能够让主播感受到用户的支持和鼓励。主播在被赠送礼物后可以将其兑换成现金或其他形式的经济收入，另外直播平台通常会从中抽取一定比例的手续费（图1-1-9）。

4. 付费观看模式

付费观看模式是指用户需要支付一定的费用才能观看直播内容的商业模式。这种模式在一些特定领域的直播中比较常见，如音乐演唱会、体育赛事、教育培训课程等（图1-1-10）。

图1-1-8　广告推广模式

图1-1-9　礼物打赏模式

图1-1-10　付费观看模式

常见的付费模式包括按次付费、包月或包年订阅、按内容分级付费等。用户可以根据自己的需求和预算选择合适的付费模式。直播平台通常会根据内容的独特性和用户的需求来制定价格策略，以实现可持续的商业增长。

总的来说，这些商业模式通过结合直播的实时互动和个性化推广，为主播和直播平台带来了经济利益，也为用户提供了更多的购物选择和娱乐体验。同时，这些商业模式并不是相互独立的，通常会结合多种模式来获取收入。不同的主播和直播平台可能会选择适合自己的商业模式，并根据实际情况进行调整和创新。随着直播行业的不断发展和创新，这些商业模式也会不断演变和完善，为直播生态系统带来更多的机会和可能性。

 活动技能演练

步骤1：了解直播商业模式

通过提供的有关直播商业模式的学习资料、微课或借助网络搜索的方式，了解直播商业模式，并根据自己所学内容对所接触的直播商业模式进行总结，阐述自己对于直播商业模式的理解，整理结果并填写在下面空白处。

步骤2： 分析常见的直播商业模式

请同学们阅读下面两则案例，分析两则案例的直播商业模式及其具体的特点，将结果记录在表1-1-2中。

案例1： 某零售品牌在直播平台上举办了一场促销活动直播，他们邀请了知名主播和行业专家，展示了品牌的产品特点和优势。在直播过程中，他们提供了限时折扣和购买优惠，用户可以通过直播链接直接购买产品。为了增加用户的参与度，他们还设计了互动环节，用户可以提问、评论和分享直播内容。通过这次直播活动，某零售品牌成功地促进了销售，增加了客户的购买意愿，并增强了品牌与客户之间的关系。

案例2： 2021年，抖音首次试水付费直播歌会，打造了定价1～30元的抖音夏日歌会活动，整合超强明星资源，多元化组合覆盖多领域听众。根据抖音官方数据，这一系列线上演唱会直播累计超过4000万人次观看。

表1-1-2　直播商业模式

时间	直播商业模式	特点

典型活动三　深挖直播生态

活动前导

报告的最后一个部分是深挖直播生态，小亦首先要对直播的生态建设进行分析，需要借助网络搜索工具，利用工作之余，研究新人培训提供的学习资料以及网络搜索资料，同时请教专家，认真总结分析，梳理后得出自己的体系化认知。

活动分析

为了顺利地完成直播生态的深挖，小亦需要首先了解直播生态建设，然后梳理直播生态链，最后对直播电商生态链良性发展的措施进行探索。

活动执行

了解直播生态建设的相关内容是深挖直播生态的基础，小亦在了解直播生态建设的相关内容前，首先对直播生态的相关概念进行了学习。

步骤1：了解直播生态建设

近年来，随着互联网的普及和科技的发展，直播电商已成为电商行业的新宠。直播电商凭借其互动性、娱乐性和购物体验的提升，不断吸引着越来越多的消费者。而在这个过程中，直播电商体系生态建设也成了一个不可忽视的问题。

直播电商体系生态指的是直播电商的各个方面的构成和相互关系。它包括了商品供应链、主播和消费者之间的关系，平台的规划和管理，直播工具和技术的提升等方面。只有在这些方面都得到完善的建设，直播电商才能够得到全面的发展。

随着中国直播行业的不断发展，一个更自由的生态系统为各方均提供了不少益处。例如，网络主播可以吸引不同的目标受众，从不同的平台获得流量和激励支持，这也意味着更好的经济保障。同时，各种类型主播的存在，也为商家提供了丰富的内容营销资源。品牌方同样可以受益，品牌可以通过自己的主播团队，进行跨平台运营和推广，形成更大的流量池。

> **崇德启智**
>
> **直播商业生态为传统文化注入新发展活力**
>
> 文化传播与网络直播的结合成为了文化发展的新模式。优秀文化借助网络直播实现了视觉、行为、场景的转译，打破了时空和语言的隔阂，让文化遗产获得全新的传播方式，让用户也获得了全新的视听体验。比如网络直播在系统梳理传统文化的基础上，提取其中最具代表性的视觉因素，并对其进行加工处理和呈现，如文化中的各种图形、符号、色彩等，主播们精致的服装和妆容再配合特定的场景，为用户带来了视觉盛宴。如甘肃省博物馆和假日博物馆平台联合推出的"甘肃省博物馆展厅云游直播课"，北京乐石文物修复中心对文物修复过程进行"云直播"，艺术家邱启敬、"90后"县城插画师先后在抖音上发布了"山海神兽"视频引来341万点赞等，将历史文化的厚重和肃穆与直播的轻松和沉浸结合在一起，使得传统文化获得了新生。

步骤2：梳理直播生态链

直播生态链是指直播行业中各个相关方之间的合作关系和价值链条。一个完整的网络直播生态链从整体功能角色上来划分，可以分为五个模块，即内容提供方、平台运营方、传播渠道方、服务支持方与直播服务方（图1-1-11）。

图1-1-11　直播生态链的组成模块

1. 内容提供方

在内容提供方中，可分为人、管理、培训、内容四个模块，分别对应"网络红人""网红"主播模块、经纪/公会模块、培训/整合模块、内容/版权模块。具体说明如表1-1-3所示。

表1-1-3　直播内容提供方说明

分类	说明
人——"网红"/主播模块	"网红"/主播模块是位于直播生态链最上游的一个模块，也是整个直播生态链的核心模块，这一模块为直播平台生产内容，直接面向用户。"网红"产业呈现金字塔模式，即具有头部效应，少数头部主播占据了大多数用户的注意力。直播平台若能占据更多的头部资源，就能获得更多的商业价值，不断增强自身的商业化能力
管理——经纪/公会模块	我国的网络直播产业主要以经纪公司或公会的形式来运营，对平台来说，与经纪公司或公会合作可以为平台召集大量主播和多样化的内容；而对经纪公司和公会来说，掌握渠道和资源是自身不断输出和盈利的基础
培训——培训/整合模块	培训/整合模块可以被看作是围绕"网红"产业发展的服务行业，分为"网红学院"和"网红平台"。"网红学院"针对普通人进行培训、打造和包装，为平台或公会输出人才；"网红平台"是一个集展示自我、资源对接和合作代言等功能于一体的综合性平台，一般针对有一定影响力的"网红"和主播
内容——内容/版权模块	除了"网红"资源以外，内容也是直播平台的核心元素。UGC是"网红"内容生产的上游，而PGC掌握在内容制作商手中，如果网络直播平台能够得到这些内容的版权，将会形成巨大的优势。另外，有些小团队和个人也参与PUGC制作，主要是制作低成本但高质量的节目

> **名词一点通**
>
> **UGC（User Generated Content）**
> UGC指的是用户生成的内容，即由普通用户自发创建和分享的内容。
>
> **PGC（Professional Generated Content）**
> PGC指的是专业生成的内容，即由专业的创作者、制作团队或机构制作和发布的内容。
>
> **PUGC（Professional User Generated Content）**
> 指在移动音视频行业中，将UGC+PGC相结合的内容生产模式。

2. 平台运营方

平台运营方是连接用户与主播、内容的中心力量，主要是指网络直播平台。网络直播平台的直播内容主要有两大类——泛娱乐直播和"直播+"。泛娱乐直播的内容生产主要由主播进行，同时主播要和粉丝进行互动，建立社交关系，从而持续增加主播的人气，增强粉丝黏性，最终实现商业变现。网络直播以其工具属性服务于各个行业，形成"直播+"模式，是网络直播发展到一定阶段的必然趋势。融入"直播+"模式的行业有很多，包括电商、教育、体育、企业服务、旅游等。

3. 传播渠道方

传播渠道方是指互联网渠道，分为社交类渠道、资讯类渠道、视频类渠道和电商类渠道，具体内容如表1-1-4所示。

在互联网时代，传播渠道方手握巨大流量，可以帮助网络直播平台在前期进行宣传推广，从而扩大网络直播平台的影响力。当然，传播渠道方也会从网络直播平台获得利益，即内容和流量。因此，这两者是相辅相成的。例如，微博与一直播、淘宝与淘宝直播等。

表1-1-4　直播传播渠道方说明

分类	说明
社交类渠道	帮助主播在直播中吸引流量和互动，分享与传播直播内容
资讯类渠道	帮助主播分发软文与直播内容，增加曝光率和引流
视频类渠道	帮助分发直播内容，主要是短视频渠道
电商类渠道	扩充商品渠道和变现渠道

4. 服务支持方

服务支持方是网络直播生态链最根本的保障层，没有服务支持方，网络直播产业便很难运转，更不会形成如今发展迅猛、进入门槛低、交流便捷的良好局面。服务支持方包括内容监管方、广告主、支付方、视频云服务、智能硬件及应用商店等，具体内容如表1-1-5所示。

表1-1-5　直播服务支持方说明

分类	说明
内容监管方	制定相关法律法规，维护、保障网络直播行业的秩序，使该行业健康发展
广告主	正是因为广告主和商家诉求的存在，才使网络直播行业的商业价值显而易见，这为网络直播产业的发展提供了强大的动力
支付方	网络支付的普及是网络直播产业变现能力快速发展的基础
视频云服务	借助于网络直播技术的快速发展以及视频云供应商的支持，网络直播平台实现了低门槛进入和稳定运营
智能硬件	智能手机和各种直播硬件设施的普及使网络直播门槛变低
应用商店	应用商店对整个网络直播产业做出了贡献，使人们更容易接触到直播产品

5. 直播服务方

网络直播行业为很多人提供了创业机会，创业的内容主要是提供直播服务，包括资源整合服务、直播方案策划服务、直播场地服务、直播设备和专业团队服务、直播平台搭建服务及直播技术支持服务等，具体内容如表1-1-6所示。

表1-1-6　直播服务支持方说明

分类	说明
资源整合服务	整合"网红"资源、广告商家资源和传播渠道资源，将其销售给商家、企业和网络直播平台，单个销售或组合销售皆可
直播方案策划服务	为商家/企业提供单场直播策划服务，具体内容包括方案策划、脚本策划、直播内容传播等
直播场地服务	将大面积的厂房改造成直播间，向没有专门直播间的平台或公会提供直播场地租赁服务和直播间搭建服务

续表

分类	说明
直播设备和专业团队服务	有的商家直播次数比较少，直播的频率也较低，没有必要采购设备及搭建直播间，只需向直播设备和专业团队的出租方租借即可。这些出租方占据行业上游，专门提供专业的直播设备，培养成熟的专业直播团队，主要服务于户外和会场直播等
直播平台搭建服务	搭建直播平台需要巨大的成本投入，因此，很多想要在自身产品上接入直播功能或开发新的直播产品的企业会向专业的直播平台开发团队寻求帮助
直播技术支持服务	网络直播平台在发展的过程中会采取开放战略来壮大自己，通过为比较小的直播平台提供支持，向其开放直播内容接口和应用程序接口(API)，这样不仅可以传播自身平台的内容，还可以扩大品牌的影响力

以上是直播生态链的组成，直播电商生态链是在直播生态链模块的基础上，加入了供应链模块。供应链以组货供货为核心，以电商运营能力与直播服务能力为延伸，包括品牌商、工厂、原产地、经销商等。而供应链基地起到了很大的作用，供应链基地指在线下建立的货源基地，通过招募、孵化主播并建立直播间的方式进行快速地出货和变现的场所机构。供应链基地最大的作用是对接货源与主播，出现伊始是为了解决线上商家供应慢、货样单一的问题，由于利润可观，激发了大量的批发商、厂家和电商人员入场，后期由于供应链的重要性更加凸显，越来越多的直播机构开始自建供应链基地。供应链直播基地的数量规模增长过快，而具有带货能力的主播数量增长较慢，同时中小供应链的管理水平不足，导致本就淘汰率较高的主播行业流失严重，因此基地与主播供需不平衡的问题越来越明显。

步骤3：打造直播电商生态链良性发展

随着直播电商市场的竞争日益激烈，直播电商生态链的良性发展也变得异常重要。要打造直播电商生态链的良性发展，可以从以下几个方面考虑：

1. 建立合理的合作机制

直播电商生态链中的各个环节应建立合理的合作机制，明确各方的权责和利益分配。平台运营方、内容提供方、传播渠道方、服务支持方和直播服务方之间需要建立互信和互利的合作关系，共同推动生态链的发展。合作机制应包括合同约定、利益分成、责任划分等方面的规定，确保各方的权益得到保障。

2. 优化用户体验

用户体验是直播电商生态链中至关重要的环节。平台运营方应注重用户反馈，不断改进和优化直播平台的功能和界面，确保直播内容的流畅传输，提升用户的使用便捷性和满意度。内容提供方也应关注观众的需求，提供有价值、有趣的直播内容，增加观众的参与度和互动性。传播渠道方可以通过精准地推广和传播，将优质的直播内容传递给更多的观众。

3. 加强监管和规范

直播电商行业应加强自律和监管，建立行业规范和标准。平台运营方应制定明确的平台规则和政策，规范内容提供方和观众的行为，维护直播平台的秩序和正常运营。政府和相关部门也应出台相应的法律法规，加强对直播电商行业的监管，打击虚假宣传、侵权盗版等不良行为，保障市场的公平竞争和消费者的权益。

4. 提供全方位的支持服务

直播电商生态链中的服务支持方应提供全方位的支持服务，为内容提供方和平台运营方提供广告投放、赞助合作、支付结算、数据分析等服务。服务支持方可以与直播平台合作，提供定制化的解决方案，满足各方的需求。同时，直播服务方也应提供专业的培训和指导，帮助内容提供方和平台运营方提升直播技能和运营水平。

新兴动态

构建直播电商产业生态

在2023年中山两会上，市人大代表、中山市直播电商协会秘书长冯飞认为，中山发展直播电商基础良好、机遇难得，也是推动中山高质量发展的有效路径，他以"打通内循环，直播电商助力中山制造业品牌梦"为题提出系列建议。

全力招引和培育直播电商平台，同时，加大"头部"直播电商企业招引力度，对符合条件的网络直播经纪机构、主播团队等给予政策支持。此外，支持直播电商品牌企业做大做强；建立直播人才培育体系；构建科技支撑体系。

在完善金融服务体系方面，充分发挥电商产业基金引导作用，引入天使投资、风险投资、创业投资、产业基金等优质社会资本。支持金融机构与直播电商平台开展合作，推出有针对性的投融资服务，积极争取国家有关政策性金融机构支持。

活动技能演练

请同学们根据以下案例内容，完成对快手平台的直播生态的深挖，并将结果整理并填写在相应的空白处。

2023年上半年，快手电商销量依旧保持良性增长，并在"618"大促的加持下，于6月达到高峰。同时，环比2023年1月数据，6月销售指数增幅达到60.8%，直播数环比增长68%，彰显了快手消费市场的韧性和潜力，有望在未来继续保持稳定发展。

从性别画像来看，女性用户依旧是快手消费的主力军，尤其体现在医疗美容、儿童鞋服、婴童尿裤等品类上。同时，男性消费实力在上半年增长可观，占比环比提升14.2%。在各一级品类中我们发现，工业品占比增幅最为明显。

在2023年6月，快手电商上线"短视频挂店铺"功能，进一步联动内容场与货架场，为店铺引流，提升店铺经营增量。

2023年上半年，越来越多的品牌已入场快手自播带货。从销售额和自播号趋势来看，在妇女节和"年中购物节"的推动下，品牌自播整体市场维持着高、正增长趋势。从"618"期间自播与达播带货商品交易总额（GMV）发展来看，达人分销所带来的销售还是占大多数，但品牌自播的爆发影响力同样不容小觑。

步骤1：了解直播生态建设

请基于上述的背景情况，对快手平台2023年上半年关于直播生态建设的相关内容进行整理，并将结果填写在下列空白处。

快手平台直播生态建设相关内容：

步骤2：梳理直播生态链

请基于上述的案例背景情况，对快手平台的直播生态链进行整理，并将结果填写在下列空白处。

快手平台直播生态链：

步骤3：打造直播电商生态链良性发展

请基于上述的案例背景情况，对打造快手平台直播电商生态链良性发展的相关措施进行整理，并将结果填写在下列空白处。

快手平台直播电商生态链良性发展的相关措施：

任务小结

通过以上任务内容的学习，同学们可以了解到直播的发展现状、直播商业模式、直播生态的相关知识，能够根据直播相关数据和案例背景进行现状分析。请同学们思考后回答下面问题，对本工作任务内容进行复习与总结。

1. 直播行业目前处于怎样的发展现状？
2. 直播商业模式有哪些？
3. 如何理解直播电商体系生态？
4. 直播生态链是由哪几个模块组成的？
5. 如何打造直播电商生态链的良性发展？

工作领域一　直播营销　021

竞赛直通车

全国职业院校电子商务职业技能大赛赛项规程（节选）

赛项名称： 直播电商
英文名称： Live E-commerce
赛项类别： 隔年赛
竞赛目标： 赛项坚持立德树人根本任务不动摇，对接大数据、人工智能和云计算等新技术背景下传统电商向直播电商数字化转型新趋势，以培养优秀直播电商人才、服务直播电商行业人才需求为出发点，坚持国家"十四五"规划中"鼓励商贸流通业态与模式创新，推进数字化智能化改造和跨界融合，线上线下全渠道满足消费需求""培育新型消费，发展数字消费"等政策要求，深入贯彻党中央、国务院关于发展数字经济、建设数字中国总体要求，促进中国直播电商行业持续健康发展。推动直播电商从业人员整体水平能力提升，充分发挥技能大赛对职业教育"树旗、导航、定标、催化"的作用，推进"岗课赛证"综合育人，提升专业人才培养的针对性和人才就业的职业适应性。

工作任务单

工作任务单　认识直播

任务编号：		学时：	课时
实训地点：		日期：	
姓名：	班级：	学号：	

一、任务描述
请根据抖音平台直播发展的相关内容，剖析抖音平台直播的发展现状、直播商业模式、直播生态。
1. 抖音平台发展大事记
2016年9月，抖音正式上线。
2017年8月，抖音短视频创建国际版抖音——TikTok，投入上亿美金进入海外市场。
2017年10月31日，抖音上线了直播功能，一是由于社区建立的考虑；二是因为直播是一种已经被验证的变现方式。
2018年3月19日，抖音确定新标语"记录美好生活"。
2018年3月30日，"直达淘宝"功能上线，抖音上出现了关联淘宝的卖货链接——多个百万级以上的抖音号中出现了购物车按钮，点击后便出现商品推荐信息，该信息直接链接淘宝。
2018年10月，抖音国际版TikTok成为美国月度下载量和安装量最高的应用。
2018年12月，抖音"DOU+"功能上线，"DOU+"是为抖音创作者提供的工具，能够高效提升视频播放量与互动量，提升内容的曝光效果，助力抖音用户的多样化需求。
2019年，抖音全面开放15分钟视频，推出创作者服务中心，构建更丰富多元的内容生态，不断与多个城市达成合作，助力贫困县创作者增加收入。
2020年12月，抖音日均视频搜索次数突破4亿。
2021年1月，抖音支付上线。
2021年12月，独立电商App"抖音盒子"正式上线。
2022年1月，抖音PC版（电脑版）上线。

2022年12月，抖音解锁外卖业务。

2. 抖音平台2023年上半年发展情况

2023年抖音电商全域协同经营能力的重要性不断提升，图文和组件视频以及团购直播成为用户关注的重点。内容场和货架场的协同增长也成了行业的趋势。

全域协同经营能力的重要性日益提升。用户在不同场域下表现出明显的消费偏好，品牌商家需要具备全域协同经营的能力，将内容场和货架场有机结合，实现销售增长。

品牌的IP（知识产权）价值逐渐凸显。短视频直播平台上的一些受欢迎的主播和内容创作者拥有强大的个人IP价值，他们的粉丝数量庞大，影响力广泛。品牌商家可以与这些主播合作，通过品牌植入和推广，提升品牌知名度和销售业绩。

个性化推荐技术的应用推动了用户消费行为的改变。短视频直播平台通过用户行为分析和机器学习算法，能够为用户提供个性化的商品推荐。这种个性化推荐技术不仅提高了用户的购买体验，也帮助品牌商家针对特定用户群体进行有效的推广和销售。

社交电商模式的崛起。社交电商将社交媒体和电子商务相结合，通过分享和推荐商品来实现销售。短视频直播平台上的主播和用户可以通过直播间、评论区等渠道进行互动和沟通，增加用户对商品的信任感，从而促成购买行为。

二、相关资源

1. 互联网搜索工具
2. Excel表格工具

三、任务分配

四、任务实施

活动一　剖析直播的发展现状
步骤1：了解直播行业的发展历程
步骤2：了解直播行业的发展现状
步骤3：探寻直播行业的未来趋势
活动二　探究直播商业模式
步骤1：了解直播商业模式
步骤2：分析常见的直播商业模式
活动三　深挖直播生态
步骤1：了解直播生态建设
步骤2：梳理直播生态链
步骤3：打造直播电商生态链良性发展

五、相关知识

具体请参阅教材中的相关内容

六、任务执行评价

评定形式	自我评定（20%）	小组评定（30%）	教师评定（50%）	任务总计（100%）
1. 直播的发展现状剖析是否正确、分析内容是否完整				
2. 直播商业模式分析是否正确、分析内容是否完整				
3. 矩阵营销复盘是否正确、分析内容是否完整				
得分（100）				

指导教师签名：　　　　　　　　　　　　　　　组长签名：

日期：　　年　　月　　日

七、任务拓展

无

学习笔记

工作任务二　分析直播平台

任务情境

直播行业目前处于快速发展的阶段，该行业多元化的内容、高黏性的社交互动、高融合的商业模式，让用户对其依赖性日益增高，也令企业与品牌不断加大对其的投资和参与。国家出台的政策也从商务部发布的《商务部关于加强"十四五"时期商务领域标准化建设的指导意见》提出"加强电子商务新业态新模式标准建设，促进直播电商、社交电商等规范发展"中可以体现出，规范发展直播、社交电商的重要性。

直播不仅指电商这类商务直播，还包括教育类、秀场类直播等，每种类型均有相关载体，该载体便称为直播平台。规范直播电商发展，可从规范直播平台发展开始。同时，也要求平台运营人员及创作者，了解并掌握平台运营相关知识，并遵守其规则，规范运营账号。

某大型综合性直播基地，基于"载体运营、业务承接、内容创作、直播平台、网红培训孵化、直播电商＋基地"于一体的线上和线下结合、全链条的直播电商新业态的孵化器，基地直播业务涉及广泛，涵盖多种类平台。

小英是该大型综合性直播基地的直播运营实习生，由于该基地直播业务涉及广泛，其特别规定对于初入基地的新员工要进行为期两周的技术培训。小英已完成直播相关基础知识的学习，接下来沈经理安排小英参加直播平台相关内容的培训，了解各类直播平台的特点与商业模式，加深小英对基地直播业务的认知。

学习目标

【知识目标】
1.了解各类直播平台定位及优势；
2.了解各类平台内容运营方式；
3.熟知各类直播平台商业模式。

【技能目标】
1.能够辨别各类直播平台的定位及优势；
2.能够运用内容运营方式优化相关账号内容；
3.能够阐述各类直播平台的商业模式。

【素养目标】
1.具备电商行业、广告行业、商品所属行业等的法律法规意识和保密意识，进行平台运营时，能够利用正规渠道与方式完成商业推广及内容制作；
2.具备认真、严谨的职业素养，认真学习各类直播平台相关运营知识，规范运营手段，能够严格遵照平台要求，在规则允许的范围内策划运营方案；
3.具备坚持不懈、不退缩的拼搏精神，能够适应繁复、重复性强的运营工作，遇到事情能迎难而上，完成平台分析任务。

 工作计划

序号	典型活动名称	活动操作流程	对接1+X职业技能标准
010201	分析综合类直播平台	步骤1：了解综合类直播平台的基本概况	1.具备平台规则的学习能力，能区分常见直播平台相关知识。 2.能够根据直播产品，选择合适的直播平台，发起直播活动
		步骤2：认识综合类直播平台	
		步骤3：研究综合类直播平台的商业模式	
010202	分析秀场类直播平台	步骤1：剖析秀场类直播平台的基本概况	能够遵守《关于加强网络秀场直播和电商直播管理的通知》等法律法规及国家政策，遵守平台规则，保障直播过程的合规性和可靠性
		步骤2：认识秀场类直播平台	
		步骤3：探究秀场类直播平台的商业模式	
010203	分析商务类直播平台	步骤1：了解商务类直播平台的基本概况	能够根据各平台的规则，结合直播活动，与供应链等客户开展深层合作
		步骤2：认识商务类直播平台	
		步骤3：探析商务类直播平台的商业模式	
010204	分析教育类直播平台	步骤1：熟悉教育类直播平台的基本概况	能遵守法律法规和相关平台运营规则
		步骤2：认识教育类直播平台	
		步骤3：探究教育类直播平台的商业模式	

典型活动一　分析综合类直播平台

活动前导

小英首先要对综合类直播平台进行分析，需要借助网络搜索工具，利用工作之余，研究新人培训提供的学习资料以及网络搜索资料，同时请教专家，认真总结分析，梳理后构建自己的体系化认知。

活动分析

小英想要全面分析综合类直播平台的相关知识，便要从综合类直播平台的定位、特点、内容运营方式等相关知识开始学习，了解综合类直播平台的商业模式，熟悉综合类直播平台，才能理解基地对于综合类直播平台的业务规划。

活动执行

综合类直播平台是一种提供多样化直播内容和服务的在线平台。此类平台的直播内容与形式更为丰富，运营方式也会更为多样，接下来小英便开始分析综合类直播平台，了解该平台的具体内容。

步骤1：了解综合类直播平台的基本概况

1. 综合类直播平台定位

综合类直播平台的定位是提供多样化的直播内容，满足用户的各种需求和兴趣。这类平台聚集了来自不同领域和行业的主播，涵盖了娱乐、电商、音乐、会议、教育、游戏、体育、美妆、健身等多个领域的直播内容。

2. 综合类直播平台特点

（1）内容多元化　综合类直播平台致力于为用户提供多元化的直播内容，涵盖了各个领域。用户可以在同一个平台上找到自己感兴趣的不同类型的直播，满足他们的多样化需求。

（2）用户群体广泛　综合类直播平台凭借其多样化的内容选择，吸引了广泛的用户群体。不同年龄、性别、兴趣爱好、购买偏好的用户都可以在综合类直播平台上找到适合自己的内容，增加平台的用户覆盖面。

（3）社交互动和用户参与高频化　综合类直播平台注重社交互动，提供了丰富的互动功能，如"发送弹幕消息、点赞、评论、抽奖、发放优惠券和红包、连麦、送礼物"

等。观众可以与主播和其他观众实时互动，分享自己的观点和情感，增强用户的参与感和黏性。

> **名词一点通**
>
> 用户黏性，是指用户对于特定产品或服务的依赖程度和再消费期望程度。它通常通过用户使用该产品或服务的频率、时长、消费力和首选程度等多种因素来反映。在网络直播行业中，用户黏性是衡量用户活跃程度和忠诚度的重要指标，对于网络直播平台的盈利能力和长期发展至关重要。

（4）运营模式丰富　综合类直播平台运营模式也非常多样，主要有内容运营、粉丝运营、商业合作、社群运营、明星运营、直播运营等，可根据实际需求单一运营或综合运营。

步骤2：认识综合类直播平台

在了解了综合类直播平台基础知识后，小英需要认识综合类直播平台的种类。当前市场综合类直播平台种类居多，具体内容见表1-2-1所示。

表1-2-1　综合类平台简介

序号	平台名称	平台简介
1	抖音	抖音平台短视频类型包括音乐、舞蹈、美食、旅行、时尚等。提供的直播功能允许用户进行实时直播，并与观众进行互动。直播内容涵盖了各种主题，包括娱乐、美妆、健身、教育、旅游、游戏、商务等
2	快手	快手平台提供短视频及直播功能，允许用户进行实时直播，并与观众进行互动。直播内容涵盖了各种主题，包括娱乐、美妆、健身、教育、旅游、游戏、商务等，直播功能与抖音平台类似
3	哔哩哔哩	哔哩哔哩涵盖了7000多个兴趣圈层的多元文化社区。哔哩哔哩的直播功能也在逐步完善，涵盖领域有动画、游戏、影视、音乐、舞蹈、生活、知识等，电商功能也已上线
4	微信视频号	微信视频号也具有直播功能，涉及领域有美妆、时尚、健康、健身、旅游、摄影、科技、商务等

步骤3：研究综合类直播平台的商业模式

小英了解了综合类直播平台相关基础知识后，对平台的商业模式很感兴趣。无论运营哪类平台，变现是主要目的之一，认识平台的变现模式，才能更好地把握账号及内容方向。经过学习小英得知综合类直播平台有以下几种商业模式：

1. 广告收入模式

综合类直播平台可以通过在直播过程中或短视频呈现过程中插播广告、悬浮广告、贴片广告等方式收取广告费用。广告商可以选择在直播间中投放广告，以吸引观众的注意力并提升品牌曝光度（图1-2-1）。

2. 礼物打赏模式

观众在直播过程中可以通过购买虚拟礼物或进行打赏来支持主播。平台会从中抽取一定比例的手续费或提成作为收入（图1-2-2）。

图1-2-1　广告收入模式

图1-2-2　礼物打赏模式

3. 电商销售模式

综合类直播平台可以与电商平台合作，将直播与购物结合起来。观众可以在直播过程中直接购买展示的商品，平台可以从中获得一定的分成。其中有些综合类直播平台自带电商模块，入驻的商家销售出的产品，平台也可从中获得一定分成，也叫作技术服务费（图1-2-3）。

图1-2-3　电商销售模式

4. 宣传推广模式

商家或创作者可购买综合类直播平台提供的推广服务，购买精准流量，为直播间带来热度与人气（图1-2-4）。

5. 品牌合作与赞助模式

综合类直播平台与品牌进行品牌推广、产品展示等商业合作。品牌可以提供赞助费用或合作费用，以获得综合类直播平台的曝光和推广效果。如在平台上添加专属贴纸、特效、插件等（图1-2-5）。

上述5种类型便是综合类直播平台常用的商业模式，并且综合类直播平台通常会采用多种商业模式的组合，以实现多元化的收入来源。具体的商业模式选择会根据平台的定位、用户需求和市场情况等因素进行调整和优化。

图1-2-4　宣传推广模式

图1-2-5　品牌合作与赞助模式

崇德启智

习近平总书记在党的二十大报告中殷切寄语广大青年"立志做有理想、敢担当、能吃苦、肯奋斗的新时代好青年"。做到坚持不懈，遇到挫折不怕困难，努力拼搏，想尽一切方法完成任务。

运营工作重复性强且内容繁杂，并且直播平台内容运营规则和商业模式会根据平台发展不断调整和优化，需要运营人员及时跟进并调整自身账号运营策略，这就要求运营人员遇到困难和挑战不气馁、不后退，认真学习新知识，坚持不懈就一定能够在这个行业中取得成功。

新兴动态

抖音直播发布了新版"健康分"体系

抖音直播发布了新版"健康分"体系，以评估主播的直播健康情况，对直播账号进行分级分类管理。新规显示，健康分满分100分；通过优质主播申请，分值上限可提升至110分；通过专业主播申请，分值上限可提升至120分。

除了分值上限的区别以外，新规还对主播等级进行了划分：粉丝数＜10万，或近7日直播间观看人数平均峰值＜2万的主播等级为1级；粉丝数在10万～100万之间，或平均峰值2万～5万的主播为2级；粉丝数≥100万，或平均峰值≥5万的主播为3级（图1-2-6）。

图1-2-6 抖音健康分要求

这里的等级越高不代表能够享受更多特权，反而意味着会受到更严格的监管。一旦出现违规行为，会相应扣除健康分，当健康分低于69分，则主播可能会受到不可进入排行榜、限制或禁止PK、推荐流量减少、收益提现限制、关闭礼物收入功能、无限期封禁直播等处罚。

所以想要维护直播环境的健康，除了政策规范，还需直播平台制定相关政策，规范主播及创作者行为，且越是粉丝多、人气高、影响力大的主播，越要以高标准要求自己，时刻注意言行举止。

活动技能演练

请同学们根据以下案例内容，完成对该平台的剖析，并将结果填写或整理在相应的表格中或空白处。

哔哩哔哩简称B站，B站是一个视频网站、直播平台、漫画平台。B站早期是一个ACG（动画、漫画、游戏）内容创作与分享的视频网站。经过十年多的发展，B站拥有动画、国创、音乐、舞蹈、游戏、知识、生活、娱乐、时尚、放映厅等多个内容分区，其主营业务有直播、游戏、广告、电商、漫画、电竞。

B站的盈利模式有三种，分别是：

1. 广告

B站通过投放广告来实现盈利。这种盈利模式是B站的主要收入来源之一。B站可以在视频播放前、中、后或页面其他位置投放广告，收取广告费用。B站拥有庞大的用户基础，广告主可以通过B站的广告投放平台来投放广告，从而实现广告效果的最大化。

2. 付费会员

B站的付费会员是B站的另一种盈利模式。B站的付费会员可以享受更好的服务。B站的付费会员制度是基于一定的时间周期和价格提供无广告观看体验、观看更高清晰度视频等特权，用户可以选择一周、一个月或一年的会员。B站会收取会员费用，并根据不同等级的会员提供不同的特权和福利。

3. 电商

B站在近几年逐渐发力电商领域，成为一家涵盖多元化业务的企业。B站的电商业务主要分为两个方向：一是联合品牌商家开展合作，为用户提供多种商品，以平台分成的方式获得收益；二是自营电商业务，B站在网站内销售自有品牌和授权商品，从商品售价中获得收益。

步骤1： 了解综合类直播平台的基本概况

请基于上述的背景情况，整理B站平台的基本知识，并将结果填写在表1-2-2中。

表1-2-2　平台的基本知识整理

平台	平台特点

步骤2： 研究综合类直播平台的商业模式

请基于上述的案例背景情况，整理B站商业模式情况，并根据自己的见闻举例说明B站如何运用电商盈利，将结果填写在下列空白处。

商业模式：

利用电商盈利的实际案例：

典型活动二　分析秀场类直播平台

活动前导

小英首先要对秀场类直播平台进行分析，需要借助网络搜索工具，利用工作之余，研究新人培训提供的学习资料以及网络搜索资料，同时请教专家，认真总结分析，梳理后构建自己的体系化认知。

活动分析

秀场类直播平台的分析方式与综合类直播平台相同，小英想要深入了解秀场类直播平台，同样要从秀场类直播平台的基础知识开始学习，之后了解秀场类直播平台的商业模式，并熟悉秀场类直播平台，如此才能使小英更好参与后期秀场类直播的运营工作。

活动执行

秀场类直播是一种以才艺展示、聊天互动、生活分享等为主要内容的直播形式。秀场类直播受众广泛，吸引了不同年龄层次和兴趣爱好的观众。在该类直播中，主播通常会展示自己的才艺、与观众互动交流、分享生活点滴等，以吸引观众的关注。这种直播形式在近年来逐渐流行起来，并成为网络文化的重要组成部分。接下来小英便开始分析秀场类直播平台，了解该平台的具体内容。

步骤1：剖析秀场类直播平台的基本概况

1. 秀场类直播平台定位

秀场类直播平台的定位是提供一个专门的平台，让主播能够展示自己的才艺和个人魅力，并与观众进行互动和交流。这类平台注重打造一个以主播为核心的娱乐和社交环境，吸引观众参与并与粉丝建立良好的互动关系。

2. 秀场类直播平台特点

秀场类直播平台的特点与综合类直播平台在品牌合作和商业化运营、社交媒体整合和推广、个性化推荐和内容推送方面都有相似内容，不同点在于以下几个部分：

（1）内容娱乐性强　秀场类直播平台以才艺、娱乐性为主，注重主播的才艺展示，提供了一个娱乐性强、多样化的才艺风格平台。观众可以欣赏到各种类型的表演和才艺，享受娱乐的同时也增加了观看的乐趣。

（2）粉丝经济核心化　粉丝经济在秀场类直播平台中起到了核心作用。秀场类直播平台注重主播的个人魅力和吸引力，通过直播展示和互动吸引粉丝，然后主播提供优质的内容和服务来留住粉丝，建立自己的粉丝群体，形成粉丝经济，实现商业价值，并推动平台的发展和壮大。

> **名词一点通**
>
> **粉丝经济**
>
> 粉丝经济泛指架构在粉丝和被关注者关系之上的经营性创收行为，是一种通过提升用户黏性并以口碑营销形式获取经济利益与社会效益的商业运作模式。以前，被关注者多为明星、偶像和行业名人等，比如，在音乐产业中的粉丝购买歌星专辑、演唱会门票，以及明星所喜欢或代言的商品等。现在，互联网突破了时间、空间上的束缚，粉丝经济被广泛地应用于文化娱乐、销售商品、提供服务等多领域。

（3）社交属性强　与综合类直播平台不同的地方在于，秀场类直播平台观众与主播进行互动和交流时，仅能通过发送弹幕和评论、点赞、送礼物、连麦等方式参与，与电商营销相关的活动则无法施行。通过这类互动和社交性使观众能够与主播建立更紧密的联系，增强了观众的参与感和互动体验。

步骤2：认识秀场类直播平台

小英根据对秀场类直播平台的了解，找出了以下典型的秀场类直播平台，如表1-2-3所示。

表1-2-3 秀场类直播平台简介

序号	平台名称	平台简介
1	虎牙	虎牙是一个互动直播平台，为用户提供高清、流畅而丰富的互动式视频直播服务，旗下产品包括虎牙直播、Nimo TV 等，产品覆盖 PC、Web、移动三端
2	斗鱼	斗鱼是一家弹幕式直播分享网站，为用户提供视频直播和赛事直播服务。斗鱼以游戏直播为主，涵盖了娱乐、综艺、体育、户外等多种直播内容
3	YY	YY直播是一个包含音乐、科技、户外、体育、游戏等内容在内的国内全民娱乐直播平台，其最早建立在一款通信工具——YY语音的平台基础上
4	花椒直播	花椒直播是国内移动社交直播平台，现已入驻数百位明星，用户可以通过直播近距离了解明星鲜活接地气的一面。另外，花椒直播现已推出上百档自制直播节目，涵盖文化、娱乐、体育、旅游、音乐、健身、综艺节目、情景剧等多个领域

步骤3：探究秀场类直播平台的商业模式

想要成功运营秀场类直播，除了了解秀场类直播平台的相关知识，还需熟知其商业模式。商业模式是决定一个平台能否立足于市场的核心，没有盈利就无法保证平台的正常运营。秀场类直播平台的商业模式与综合类直播平台在广告收入、礼物打赏、品牌赞助、电商销售模式方面有相同之处，不同之处在于以下几个方面：

1. 品牌赞助模式

秀场类直播平台同样具备品牌赞助模式，其与综合类直播平台的不同点在于，综合类直播平台与品牌更多是在平台功能、插件方面的合作；而秀场类直播平台，品牌方则更多以冠名、赞助等方式，与平台完成通力合作（图1-2-7）。

图1-2-7 品牌赞助模式

2. 内容付费和会员模式

平台可以提供部分付费内容，例如特定的直播活动、高级会员特权等。观众可以通过购买会员或者付费来获取额外的权益和服务，从而为平台带来收入（图1-2-8）。

3. 平台IP授权模式

平台也可以将自身IP进行授权，授权给其他商业合作伙伴进行衍生品开发、授权销售

图1-2-8 内容付费和会员模式

等,从中获取授权费用(图1-2-9)。

4. 电商销售模式

秀场类直播平台的电商销售模式与综合类直播平台的不同点在于,综合类直播平台销售的商品基本覆盖全品类,没有商品类别的要求;而秀场类直播平台因其方向与定位等问题,销售品类有相应局限性,更倾向于销售活动周边产品(图1-2-10)。

图1-2-9　平台IP授权模式

图1-2-10　电商销售模式

秀场类直播平台的商业模式大多服务于该平台的强娱乐性,且该平台同样多会采用多种模式结合的方式,实现营收。具体选择需根据市场需求、平台定位等方面进行优化。

> **崇德启智**
>
> 《关于加强网络秀场直播和电商直播管理的通知》中提到"网络秀场直播平台、电商直播平台要坚持社会效益优先的正确方向,积极传播正能量,展现真善美,着力塑造健康的精神情趣,促进网络视听空间清朗"。
>
> 在直播运营及直播过程中,运营人员和主播不可触碰法律红线,严格遵守平台出具的广告、推广、内容制作相关规则及要求,策划有意义的直播及视频内容,树立正确的价值观导向,坚决打造积极向上的正能量直播环境。

活动技能演练

请同学们根据以下案例内容,完成对相关平台的剖析,并将结果填写或整理在相应的表格中空白处。

小刘是一名即将毕业的大学生,他听说近几年直播行业发展非常好,自己也想投身直播行业。小刘本身性格直爽,随机应变能力强,爱好唱歌,休闲时间经常参加各大比赛,并在某款大热游戏比赛中取得不小的成就,作为直播新人的他想直接参与直播运营的工作,但目前仍有难度,所以他想从事主播工作,但小刘不清楚如何选择平台,也不清楚该如何运营账号并完成后期变现。为此小刘十分苦恼。

步骤1：剖析秀场类直播平台的基本概况

请基于上述的背景情况，协助小刘挑选合适的直播平台，并说明各平台的相关基础信息，供小刘参考，将结果填写在表1-2-4中。

表1-2-4　平台基本知识整理

平台	平台特点

步骤2：探究秀场类直播平台的商业模式

请基于挑选的平台，整理平台商业模式情况，并将结果填写在下列空白处。

商业模式：

典型活动三　分析商务类直播平台

 活动前导

小英准备对商务类直播平台进行分析，需要借助网络搜索工具，利用工作之余，研究新人培训提供的学习资料以及网络搜索资料，同时请教专家，认真总结分析，梳理后构建自己的体系化认知。

 活动分析

了解一个平台，都需先从平台定位、方向、内容等基础知识开始学习，之后对平台运营、账号运营及变现方式进行深入学习，才能清楚直播运营方向和盈利模式。所以，小英想要深入了解商务类直播平台，依旧要从商务类直播平台的基础知识学起，之后了解商务类直播平台的商业模式。

 活动执行

商务类直播是指大型会议的商务型直播，常用于企业或组织内部的各种活动，如产品发布会、展览展示、企业年会等，与观众进行实时互动和交流以增加观众对活动的参与感。了解了商务类直播的含义，小英准备学习商务类直播平台相关基础知识。

步骤1：了解商务类直播平台的基本概况

1. 商务类直播平台的定位

商务类直播平台的定位是满足企业在商务领域的需求，为企业和个人提供全方位的直播服务，包括在线活动、大型会议、社交互动等。通过商务类直播平台，企业或个人可以更好地展示自己的产品或服务，提高品牌知名度，同时增加与观众的互动和信任。

2. 商务类直播平台的特点

商务类直播平台同样拥有互动性强、社交属性高等特点，除此之外还有以下特点：

（1）时间和地理限制低　参与者无须亲临现场，只需通过网络即可参与会议/论坛。这种远程交流方式使得会议/论坛的参与者不再受限于地理位置，可以来自全球各地。对于那些因距离或时间无法亲自参加会议的人来说，会议直播为他们提供了一个方便快捷的参与途径。

（2）会议效率高　会议/论坛直播通常会安排特定的时间，在这段时间内，参与者集中精力参与。这种形式有助于提高会议/论坛的效率，避免时间浪费。此外，会议/论坛直播还可以通过预约、提醒等功能，确保参与者提前了解会议/论坛信息，做好准备，进一步提高会议/论坛的效率和质量。

（3）直播成本低　与传统面对面的会议/论坛相比，该类型直播可以有效降低组织和参与者的成本。无须差旅、住宿等费用，节省了大量时间和金钱。此外，该类型直播还可以降低会议材料的制作和分发成本，提高会议/论坛的经济效益。

步骤2：认识商务类直播平台

根据目前商务类直播平台种类，小英整理并汇总了以下信息，如表1-2-5所示。

表1-2-5　商务类直播平台简介

序号	平台名称	平台简介
1	欢拓云直播	欢拓云直播是专注于商务直播的软件运营服务（SaaS）平台，提供各种商务直播服务，包括在线会议、产品发布、培训学习等
2	腾讯会议	腾讯会议是腾讯云旗下的一款音视频会议软件，于2019年12月底上线。具有大规模在线会议、全平台一键接入、音视频智能技术、会议安全与管理、实时共享与协作等功能

步骤3：探析商务类直播平台的商业模式

小英了解了商务类直播平台的基础知识和内容运营模式，便要继续深入了解商务类直播平台的商业模式，每类平台都有相应的营利渠道，旨在为宣传企业品牌的同时增加直播额外增收。商务类直播平台在广告收入、礼物打赏、品牌合作、付费会员等方式与综合类及秀场类直播平台有相似之处，但仍有区别。

其中，在付费会员服务模式方面，综合类及秀场类直播平台的会员服务，更多倾向于赋予会员高级别的直播体验特权；而商务类直播平台的会员服务则更多地提供在线会议和协作相关功能的至尊享受，且服务对象多为企业。

除此之外，还有以下模式需明晰：

1. 定制化服务模式

商务类直播平台通过为特定行业（如教育和医疗领域）和用途（如设备供应商的解决方案）提供定制化服务，展现出了其高度的灵活性和专业性。这种服务模式可以根据不同行业和用户的需求，提供更加贴合实际场景的服务，进一步提升用户黏性和付费意愿（图1-2-11）。

图1-2-11　定制化服务模式

2. 应用分发模式

商务类直播平台可以与其他应用进行合作，在会议中进行应用分发和推广，从而获得一定的收益（图1-2-12）。

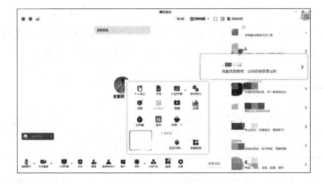

图1-2-12　应用分发模式

商务类直播平台碍于内容属性，可运用的方式不多，商业模式种类也较少。大多平台会尽可能地将可应用的商业模式全部应用在平台上，采用模式结合的方式，实现营收。具体选择需根据市场需求、平台定位等方面进行优化。

> **新兴动态**
>
> #### 某东平台发布"春晓计划"
>
> 2023年伊始，某东为了夯实现有商家们的忠诚度，也为了扩张个体经营者，发布了包含12项扶持措施的"春晓计划"，助力在某东的商家能在2023年业绩创收。在该

计划中，既有对新入驻商家的开店扶持，也有对已入驻商家的经营扶持。

（1）在便捷开店流程方面，某东提供多个入驻渠道，商家可以通过某东、某麦、某东招商等多个入口申请入驻，对于入驻某东小店的自然人和个体工商户，这一规定无疑是便利和低成本的。

（2）在降低运营成本方面，发布0元试运营、免平台使用费、保证金降低等措施，这些都是今年某东的新政策。商家0元即可开店，且有90个自然日的试运营期，同时某东小店模式下六成的类目技术服务费都低至0元。

（3）在平台激励机制方面，某东为新商家提供"新店大礼包"，新商家完成任务后即可获得，同时某东推出了"新商家成长计划"，参与且任务完成后还可获得高额的投放虚拟金及官方服务商专属运营指导。

（4）在仓储配送和资金支持方面，在2023年3月31日前签约某东物流的商家，可享受周转90天内仓储和入库费用减免以及某东配送5折的权益。

活动技能演练

请同学们根据以下案例内容，完成对相关平台的剖析，并将结果填写或整理在相应的表格中或空白处。

小婷是某公司人事专员，公司新品发布，欲寻找一家承办大型发布会及会议的直播平台，完成新品宣传工作。首先，要求直播平台私域流量稳定，同时拥有多渠道引流的能力；其次，要求直播质量高，保证直播清晰且无延迟进行，具有承接大量流量的能力；最后，要求平台可放置产品相关的宣传资料。

步骤1： 了解商务类直播平台的基本概况

请基于上述的背景情况，协助小婷挑选合适的直播平台，并说明各平台的相关基础信息，供小婷参考，将结果填写在表1-2-6中。

表1-2-6　平台基本知识整理

平台	平台优势

步骤2： 探析商务类直播平台的商业模式

请基于挑选的平台，整理平台商业模式情况，并将结果填写在下列空白处。

商业模式：

典型活动四　分析教育类直播平台

活动前导

小英准备对教育类直播平台进行分析,需要借助网络搜索工具,利用工作之余,研究新人培训提供的学习资料以及网络搜索资料,同时请教专家,认真总结分析,梳理后构建自己的体系化认知。

活动分析

现代教育类直播平台的兴起为学习者提供了更多选择和便利。本次小英也需对教育类直播平台进行研究,深入分析教育类直播平台的优势与特点,以便运营时做出明智的选择。因此,小英便要从教育类平台的基础知识及商业模式开始了解,以便后期运营教育类平台时快速且有针对性地策划运营方案。

活动执行

教育类直播是指通过互联网平台实时传输教育内容和课程的一种教学方式。它结合了传统教育和现代科技的优势,通过直播技术和互动功能,学习者能够在网络上参与到实时的教学活动中。近年来,教育类直播平台受欢迎程度日益增高,明晰教育类平台的基础知识、平台特性以及商业模式,是运营教育类平台的基础。所以,小英决定深入分析教育类平台基本内容。

步骤1:熟悉教育类直播平台的基本概况

1. 教育类直播平台定位

教育类直播平台的定位是指平台在教育领域中所扮演的角色和提供的服务。根据平台目标受众、教学内容、教学方法和服务特点的不同,平台定位也有所不同。具体定位内容如下:

(1)在线学习平台　该类平台定位是提供在线学习课程和资源,满足学习者学习需求。在线学习平台通常提供丰富的学科领域的课程,包括学术课程、职业培训、技能提升等。在线学习平台通过互联网技术实现学习者与教师的远程交流和学习资源的共享(图1-2-13)。

(2)教育社交平台　该类平台定位是提供一个教育社区,学习者和教师可以在平台上进行交流、分享学习资源和经验。教育社交平台注重学习者之间的互动和合作,促进学习者之间的学习交流和社交互动(图1-2-14)。

图1-2-13　在线学习平台　　　　　　　图1-2-14　教育社交平台

（3）教育技术平台　该类平台定位是利用教育技术和创新工具，提供教育解决方案和支持。教育技术平台可提供在线教学工具、学习管理系统、自适应学习系统等，帮助学习者和教师更好地进行学习和教学（图1-2-15）。

（4）在线学位平台　该类平台定位是提供在线学位课程，帮助学习者获得学位资格。在线学位平台通常与高等教育机构合作，提供认可的学位课程，使学习者能够灵活地远程学习并获得学位（图1-2-16）。

图1-2-15　教育技术平台　　　　　　　图1-2-16　在线学位平台

名词一点通

自适应学习系统

自适应学习系统是通过学习者每一阶段的能力测评结果，再制定出适应于用户自身能力状况的学习方案，精准定制专属于每一位用户的动态学习计划的一种学习方式。

2. 教育类直播平台特点

教育类直播平台的特点与其他类型平台类似，但细节部分仍有不同。如在实时互动、时间和地理限制、个性化定制与服务等方面，教育类平台都有其不同的特点。

（1）教育内容丰富　教育类直播平台提供广泛的教育内容，涵盖各个学科和领域。学习者可选择感兴趣的课程，拓宽知识面，满足个人学习需求。

（2）学习互动实时性强　通过平台实时互动功能，学习者可以与教师和其他学习者进行实时交流和互动。这种互动性可以增强学习效果，促进知识的理解和应用。

（3）学习时间与地点不受限　学习者可以根据自己的时间和地点选择学习，无须受限于传统课堂的时间和地点限制。这种灵活性使得学习更加便捷和自主。

（4）学习体验可定制　教育类直播平台通常提供个性化学习功能，根据学习者的学习需求和兴趣，推荐适合的课程和学习资源。学习者可按照自己的学习节奏和风格进行学习，提高学习效果。

（5）名师资源和专业团队　教育类直播平台通常拥有优秀的教师资源和专业团队。学习者可接触到来自不同领域的专业教师，获得高质量的教学和指导。

步骤2：认识教育类直播平台

小英根据对教育类直播平台的了解，找出了以下典型的教育类直播平台，如表1-2-7所示。

表1-2-7　教育类平台简介

序号	平台名称	平台简介
1	腾讯课堂	腾讯课堂是腾讯推出的综合性在线终身学习平台，聚合大量优质教育机构和名师资源，下设职业培训、公务员考试、托福雅思、考证考级、英语口语等众多在线学习精品课程，打造老师在线上课教学、学生及时互动学习的课堂
2	网易云课堂	网易云课堂是网易公司打造的在线实用技能学习平台，该平台于2012年12月底正式上线，主要为学习者提供海量、优质的课程，用户可以根据自身的学习程度，自主安排学习进度
3	学堂在线	学堂在线是由清华大学研发出的中文MOOC（大规模开放在线课程，简称慕课）平台，不仅是教育部在线教育研究中心的研究交流和成果应用平台，还面向全球提供在线课程服务，课程来自清华大学、北京大学、复旦大学、中国科技大学，以及麻省理工学院、斯坦福大学、加州大学伯克利分校等国内外知名高校。截至目前，学堂在线已运营了超过8000门优质课程，覆盖13大学科门类
4	作业帮	作业帮是在线教育品牌，致力于用科技手段助力教育普惠，运用人工智能、大数据等技术，为学生、老师、家长提供学习、教育解决方案和智能硬件产品等

步骤3：探究教育类直播平台的商业模式

小英深入了解了教育类直播平台的特点和区别，之后便要学习教育类直播平台的商业模式，其商业模式虽未有综合类及秀场类平台丰富，但也能为平台带来不少收益。除其他平台所提及的广告推广、会员服务、品牌合作、付费会员模式外，还有如下内容：

1. 付费课程模式

付费课程模式与秀场类等直播平台的电商销售模式类似，不同点在于秀场类直播平台销售活动周边产品，而教育类直播平台更倾向于销售课程、书籍等商品（图1-2-17）。

图1-2-17　付费课程模式

2. 个性化定制模式

平台根据学习者的学习需求和兴趣，提供个性化定制的直播课程。学习者需要支付额外费用来获得定制的课程，从而为平台带来收入（图1-2-18）。

3. 机构/名师合作模式

机构/名师合作模式与其他直播平台的品牌合作模式相似，但教育类直播平台与机构/名师更多是在课程共同开发方面的合作，并非赞助或是平台功能等的合作。平台通过与合作伙伴的合作来获取收入，例如分成合作伙伴的课程销售收入（图1-2-19）。

图1-2-18　个性化定制模式

图1-2-19　机构/名师合作模式

教育类直播平台的商业模式居多，定位不同采取的商业模式也不尽相同，平台运营者可根据市场需求、平台定位、用户群体等方面进行选择。

新兴动态

教育部明确直播类在线教学平台安全标准

教育部研究制定《直播类在线教学平台安全保障要求》，规定了直播类在线教学平台的安全合规要求、安全功能要求及数据安全要求，并作为教育行业标准予以发布，明确自发布之日起施行。其中规定：

（1）直播教学平台应委托专业等级保护测评机构定期开展测评，并提供网络安全等级保护测评报告。

（2）直播教学平台应具备完善的身份认证功能，应支持双因子认证、设备认证和实名认证。

（3）账号信息的注册、使用和管理应符合《互联网用户账号信息管理规定》的要求。

（4）直播教学平台应支持对违规账号实行权限限制；应支持直播教学活动管理者创建黑名单，并将特定用户拉入黑名单。

（5）直播教学平台应支持与用户提供的统一身份认证平台对接，实现用户身份的动态同步。

（6）直播教学平台应至少具备以下一键控制功能：一键暂停功能，一键禁止所有教学互动权限功能，且禁止后学生无法自主开启；一键关停功能，发生网课安全事件且不可控时，一键结束直播教学活动，在用户授权后同步获取文字、图像、音视频等有效证据并向平台举报。

活动技能演练

请同学们根据以下案例内容，完成对相关平台的剖析，并将结果填写或整理在相应的表格中或空白处。

小书是一名资深小语种老师，经常在短视频平台分享自己的学习经验及语言相关知识，粉丝体量较大。为了增加营收，小书曾经利用短视频和直播平台销售自己制作的线上/线下课程，但收益不佳，朋友建议她去专业的教育类直播平台，进行直播授课、课程销售、学习分享，但小书不清楚教育类直播平台的账号如何运营、如何营收。

步骤1： 熟悉教育类直播平台的基本概况

请基于上述的背景情况，协助小书挑选合适的直播平台，并说明各平台的相关基础信息，供小书参考，将结果填写在表1-2-8中。

表1-2-8　平台基本知识整理

平台	平台优势

步骤2： 探究教育类直播平台商业模式

请基于挑选的平台，整理平台商业模式情况，并将结果填写在下列空白处。

商业模式：

 任务小结

通过以上任务内容的学习，同学们可以了解到综合类、秀场类、商务类、教育类直播平台的种类及基本知识，熟悉了各类型直播平台商业模式，为后期运用平台，制定相关营销方案奠定基础。请同学们思考后回答下面问题，对本工作任务内容进行复习与总结。

1. 综合类直播平台的内容运营及商业模式有哪些？
2. 秀场类直播平台的内容运营及商业模式有哪些？
3. 商务类直播平台的内容运营及商业模式有哪些？
4. 教育类直播平台的内容运营及商业模式有哪些？

竞赛直通车

全国职业院校技能大赛直播电商赛项规程（节选）

模块：直播运营

任务1：直播间装修

根据直播策划内容，搭建直播间，并对直播间进行装修，设置直播间标题、欢迎语、屏蔽词、快捷短语、直播间信息以及直播商品详情页等内容。

任务2：直播销售

根据直播脚本，完成直播销售讲解，包括直播开场环节、商品销售促单以及直播收尾等内容，并在直播过程中上架商品链接。

任务3：直播互动

根据直播互动方案，在直播后台完成直播互动的预设。在直播过程中，积极与观众抽奖、发红包等福利互动以及弹幕互动，活跃直播间氛围，同时配合主播讲解进度，完成直播互动推送。

工作任务单

工作任务单　分析直播平台

任务编号：		学时：	课时
实训地点：		日期：	
姓名：	班级：		学号：

一、任务描述

请根据各类直播平台的相关内容，剖析平台的特点、平台内容运营模式及商业模式。

1. 抖音

抖音作为一个视频分享平台，具有社交属性强、互动性强、传播速度快、成本低、碎片化时间利用高等特点，且平台门槛低，粉丝群体庞大，引流手段高效，玩法新颖，变现途径多元，用户黏性好，是大多数年轻人分享生活的首选。

抖音平台的内容方向及形式丰富，运营方法也多种多样，如用户生成短视频、直播内容；增加热门话题和挑战活动；与品牌合作，推出品牌活动、产品推广等内容；通过数据分析和用户画像，为品牌商提供精准的营销推广服务。

抖音的盈利方式主要是广告收入、佣金收入、礼物分成、平台服务（如短视频、直播间推广）收入和付费功能收入等。

2. 虎牙

虎牙直播是一家弹幕式直播互动平台，专注于游戏直播领域，为玩家提供了一个分享游戏技巧、互动交流的平台。支持实时互动，观众可以通过弹幕、礼物赠送、打赏等方式与主播进行互动；积极承办和转播各类电竞赛事，提供专业的赛事解说和报道。

虎牙的内容运营模式同样多样，可与游戏开发商、发行商等合作，策划并推广热门游戏的直播内容；承办赛事解说；增强社交互动模式等。

虎牙的盈利模式也有很多独特性，主要包括直播打赏、游戏联运、广告推广和赛事竞猜，其中直播是虎牙的最主要的盈利模式。

3. 淘宝

淘宝网是一家中国网购零售平台，致力于推动"货真价实、物美价廉、按需定制"网货的普及，帮助更多的消费者享用海量且丰富的网货，获得更高的生活品质；通过提供网络销售平台等基础性服务，帮助更多的企业开拓市场、建立品牌，实现产业升级；帮助更多胸怀梦想的人通过网络实现创业就业。

运营淘宝店铺，除了从商品方面（包括商品标题、描述、展示图、评价、福利活动等）进行优化运营外，还拥有多个内容分发渠道可供店铺运营选择，如微淘、短视频、直播页、淘宝头条、商家会员体系、买家秀、每日好店、有好货、必买清单、爱逛街、猜你喜欢、搜索列表页等。

淘宝平台虽然免费为众多店铺卖家提供销售平台和运营渠道，但其依然有多样的盈利方式，如广告收入、佣金收入、服务费收入、平台服务收入和其他收入。其中广告收入是主要的盈利来源，如直通车、超级钻展、淘客、万相台、极速推、引力魔方等，都可以为淘宝提供广告收入。

4. i博导

i博导智慧教育平台，面向院校教学场景，基于互联网环境，实现教师教学需求，通过资源导入、课堂互动、作业、测验、实战等教学模块的自由应用，配备多样化激励与评价方式，帮助教师激发学生学习热情，实现过程与结果的双重考核，并将学生学习过程数据予以分类汇总，为教师提供教学研究数据，服务互联网时代的智慧教学。平台可以协助教师，轻松开展线上线下融合（OMO）智慧教学；采取多样的互动方式，提升学生的积极性；利用专业的考核管理，让教学结果有章可循；即刻统计课堂教学成果；具有丰富的教学资源；便捷的实训方式。

i博导平台资源丰富，通过整合自有资源、合作引入、用户生成内容以及提供会员定制化服务和付费内容等多种方式，构建了一个多元化、高质量的教育资源生态系统。

i博导平台的盈利模式有付费课程收入、机构/名师合作平台服务费收入、个性化定制培训收入等。

二、相关资源

1. 互联网搜索工具
2. Excel 表格工具

三、任务分配

四、任务实施

活动一　分析综合类直播平台
步骤1：了解综合类直播平台的基本概况
步骤2：认识综合类直播平台
步骤3：研究综合类直播平台的商业模式
活动二　分析秀场类直播平台
步骤1：剖析秀场类直播平台的基本概况
步骤2：认识秀场类直播平台
步骤3：探究秀场类直播平台的商业模式
活动三　分析商务类直播平台
步骤1：了解商务类直播平台的基本概况
步骤2：认识商务类直播平台
步骤3：探析商务类直播平台的商业模式
活动四　分析教育类直播平台
步骤1：熟悉教育类直播平台的基本概况
步骤2：认识教育类直播平台
步骤3：探究教育类直播平台商业模式

五、相关知识

具体请参阅教材中的相关内容。

六、任务执行评价

评定形式	自我评定（20%）	小组评定（30%）	教师评定（50%）	任务总计（100%）
1. 综合类直播平台的特点及优势剖析是否正确、分析内容是否完整				
2. 秀场类直播平台内容运营模式分析是否正确、分析内容是否完整				
3. 商务类直播平台的商业模式汇总是否正确、分析内容是否完整				
4. 教育类直播平台的商业模式汇总是否正确、分析内容是否完整				
得分（100）				

指导教师签名：	组长签名：
	日期：　　　年　　月　　日

七、任务拓展
　　无

学习笔记

工作任务三　策划直播内容

任务情境

　　兰州某农产品电商企业链接"互联网+"，利用新媒体渠道优势，着力于打造专业化、系统化、规范化的"直播+营销"新业态，并与省内多所高校建立校企合作模式，以数字赋能、电商助农为载体，有效帮助更多电商行业求职者寻求合适的职位。某校电子商务专业学生小景便是其中一员，经过层层筛选后，小景顺利成为一名直播策划实习专员。
　　为促进产品销售、提升品牌曝光，近期该企业计划在淘宝直播平台开展十周年店庆直播活动，并安排小景负责完成该场直播内容的策划。

学习目标

【知识目标】
1. 了解常见的直播主题；
2. 明晰影响直播主题选择的因素；
3. 认识不同类型直播的节目；
4. 认识常见的直播互动活动与促销活动；
5. 了解用户参与直播活动的行为。

【技能目标】
1. 能够合理策划直播节目；
2. 能够制定准确、全面的直播互动及促销活动规则；
3. 能够梳理直播互动和用户参与的流程。

【素养目标】
1. 具备用户信息保护意识，能够合理收集用户信息，避免过度使用；
2. 具备社会责任感，能够力所能及地为社会和经济发展作出贡献。

工作计划

序号	典型活动名称	活动操作流程		对接1＋X职业技能标准
010301	选择直播主题	步骤1：认识直播主题		能根据直播策划、品类结构和促销节点，确定直播商品排期和主题
		步骤2：选择直播主题		
010302	准备直播节目	步骤1：认识不同类型直播的节目		具备策划能力和逻辑思维能力
		步骤2：制定直播节目内容		
010303	设计直播互动和用户参与	步骤1：制定直播互动和用户参与的方式和规则		1. 能根据主播特点和商品特征，设计"抽奖、秒杀、投票、话题"等互动玩法。2. 能根据直播目标和活动预算，通过设置直播间专享价、发放优惠券、返现等方式来激发用户的购买欲望，从而引导用户下单
		步骤2：设计直播互动和用户参与的流程		

典型活动一　选择直播主题

 活动前导

小景决定先对常见的直播主题进行深入了解。通过网络搜索，小景查阅了相关行业网站和研究报告，并观看了多个直播平台上不同类型的直播内容。通过对这些资料的分析和总结，小景逐渐形成了自己的认知。

活动分析

为了夯实工作基础，小景需要先认识直播主题，然后了解选择直播主题的方法，最后完成直播主题的选择。

活动执行

步骤1：认识直播主题

在查看了多个直播平台上不同类型和场次的直播后，小景按照直播的不同目的，将直播主题分成了三类：营销推广、IP打造和情感满足。

1. 营销推广

营销推广类直播指通过向用户展示和宣传产品及服务吸引潜在客户并提升销量的直播活动，包括新品发布、促销活动、品牌故事分享等内容。例如，在新品发布直播中，企业详细介绍新产品的特点和优势，并提供购买链接和优惠信息，激发用户的购买欲望；而促销活动直播则借助限时折扣、满赠活动等方式吸引用户参与互动或达成交易（图1-3-1）。

2. IP打造

IP打造类直播是一种通过特定的内容来塑造个人或品牌独特形象的直播活动。这类直播注重展示个性化的风格和独特的创意，旨在通过主播在直播中提供独到见解、分享专业知识或展示突出技能，来打造其作为专家或领域内权威人物的形象。通过持续输出高质量内容并与用户积极互动交流，主播或品牌能够吸引大批忠实粉丝，并逐步发展成一个拥有较大影响力和号召力的个人IP或品牌IP（图1-3-2）。

图1-3-1　某营销推广类主题直播　　图1-3-2　某IP打造类主题直播

新兴动态

微信更新金融科普类直播准入标准

《视频号金融科普类直播准入标准》自2023年1月11日首次发布以来，于2024年6月18日进行了更新。新规则明确了直播准入标准，包括直播封面、主题、商品标题等，并对主播的名称与头像、画面背景、背景音乐、主播展示或叙述的内容等进行了详细规定。

新规则要求主播必须真人出镜，且出镜画面须大于总画面比例的三分之一。此外，主播需提交准入申请并审核通过，且账号仅限本人使用，不得外借、出租或共享。

新规则对主播在直播中的风险提示和投资引导进行了限制。主播不得通过直播诱导用户进行投资，包括引流至外部链接、应用、账号等，不得保证投资收益或鼓吹行业走势，不得诱导未成年人投资。

新规则还强化了主播的执业资质要求。围绕股票、证券、基金、期货等金融产品进行科普直播的主播，须标明个人真实姓名、从业编号及所属公司，并明确执业岗位必须为"证券投资咨询（分析师）"或"证券投资咨询（投资顾问）"。

名词一点通

IP

"IP"是知识产权（Intellectual Property）的缩写。知识产权是指由人类创造出来的智力成果所享有的法律权利，包括专利、商标、著作权和商业秘密等。

在个人IP领域，它通常指一个个体独特而具有吸引力的形象、风格或内容，可以用于推广和营销。这些个体可能是艺术家、演员、音乐家、运动员等，在他们身上形成了一种特定的认知和价值观念，并通过建立自己独特的品牌形象来吸引粉丝和赞助商。

在品牌IP方面，它涉及企业或组织所拥有并与其相关联的独特标识符号、口号与品牌语言以及其他可区分性强的元素。这些元素被用于区别该企业或组织与竞争对手之间在产品或服务上的不同之处，并成为其市场竞争优势的一部分。

无论是个人IP还是品牌IP，构建一个强大而独特的知识产权能够帮助保护创作者或企业者所创造出来的价值，并为他们带来商业机会和经济回报。

3. 情感满足

情感满足类直播是指通过直播提供用户所需或期望获得的情感体验，来吸引他们参与并对内容产生共鸣，从而建立起与受众之间的情感连接。这类直播主题通常具有娱乐性、启发性或以积极价值观为导向。例如，在音乐演唱会直播中，艺人通过精彩的表演给用户带来愉悦和享受；在夜间聊天直播中，主播与用户分享生活琐事、心情故事，并通过倾听和鼓励传递积极的能量（图1-3-3）。

图1-3-3 某情感满足类主题直播

步骤2：选择直播主题

在认识了直播主题后，小景开始思考如何从中选择出最合适的主题，以达到更好的直播效果。经过认真分析后，小景得出了选择直播主题的要点。

1. 评估自身资源

若自身资源充足，能够有力支撑所选的直播主题，那么更有可能创造出理想的高质量内容。为了全面评估自身资源，从而选出合适的直播主题，在实际操作中可以采用著名的FAB法则，具体步骤如下。

> **名词一点通**
>
> **FAB法则**
>
> FAB法则是销售领域中常用的准则，它指的是特征（Feature）、优势（Advantage）和利益（Benefit）。FAB法则可以帮助销售人员向潜在客户传递产品或服务的价值。同时，它也可作为评估自身资源和优势的工具，用于了解自身在市场上所处的位置，并找到突出自己独特价值的方式。

（1）识别资源与特性（Feature） 首先，要识别自己所拥有的各种资源，包括专业知识、技能、经验、产品、服务和品牌故事等。例如，作为一位美容产品专家，可能具备以下资源：

① 掌握美容产品的专业知识；
② 掌握相关技能，如皮肤分析或化妆技巧；
③ 实际试用过多种美容产品并获得真实使用体验。

（2）提炼优势（Advantage） 在明确自身资源后，进一步提炼这些资源相对于其他同类内容的优越之处，并分析它们如何使自己与众不同以及如何满足目标受众需求。例如：

① 美容产品专业知识可以让自己成为该领域的权威，并向目标受众提供准确可靠的建议；

② 实际试用过多种美容产品使自己能够分享真实使用体验和效果评价。

（3）定义利益（Benefit）　利益指通过与自己互动或购买产品而使目标受众获得的好处。将利益明确地与自身优势联系起来，例如：

① 分享美容产品专业知识可以帮助目标受众了解更多关于不同类型的护肤品和化妆品的知识，从而做出明智的购买决策；

② 提供真实使用体验和效果评价可以帮助目标受众找到适合自己肤质和需求的美容产品。

通过以上三个步骤，企业或个人可以在选择直播主题时评估自身资源的状况和能力，确保资源的合理配置和有效利用，达到最佳的直播效果和回报。

2. 分析目标受众

要吸引目标受众的关注并建立稳定的粉丝群体，直播主题必须紧密关联受众的需求和兴趣。因此，深入了解目标受众是选择直播主题的核心要素。分析目标受众的常见方法如下：

（1）收集人口统计学信息　通过收集和分析人口统计学信息，企业可以了解目标受众的特征，如年龄、性别、地理位置、教育水平等，从而选择出更合适的直播主题。例如，目标受众为老年人，则可以选择IP打造类的"健康管理"主题直播，在直播中提供实用的健康管理建议。

> **崇德启智**
>
> 　　收集和处理用户信息时应加强道德和法律的约束，为用户提供更加负责任和安全的网络体验。《中华人民共和国个人信息保护法》第六条规定，"处理个人信息应当具有明确、合理的目的，并应当与处理目的直接相关，采取对个人权益影响最小的方式。收集个人信息，应当限于实现处理目的的最小范围，不得过度收集个人信息"。这一规定旨在保护用户信息免被不良利用，维护网络空间的健康和安全。

（2）市场调查　企业可利用社交媒体数据分析获取目标受众的反馈，或者通过研究竞争对手，了解目标受众在其他平台上的偏好和行为，从而更好地指导直播主题的选择。

（3）用户旅程　用户旅程是指用户与产品、服务或品牌进行互动的过程，通常可以分为以下5个阶段：

① 意识阶段：用户意识到有一个需求或问题，并开始寻找解决方案。

② 探索阶段：用户主动搜索、浏览、研究可选的产品或服务，以便做出决策。

③ 选择阶段：在探索过程中，用户评估不同选项之间的优劣，并最终选择符合他们需求的解决方案。

④ 使用阶段：用户开始使用产品或服务来实现预期目标，包括学习如何使用、获得价值和满足需求等。

⑤ 忠诚度/再购买阶段：如果用户在使用过程中得到良好体验并感到满意，可能会产生忠诚度，并考虑再次购买该产品或服务。

考虑到用户在不同阶段可能对不同类型的内容产生兴趣，企业可以据此来选择直播主题。例如，在意识阶段，针对潜在用户选择营销推广主题，进行新产品介绍或品牌故事分享；而面向现有用户时，则分享用户案例等更深入的内容。

3. 综合平台特点

各个直播平台都有自己独特的定位和特点。例如，某些平台注重游戏直播，而其他平台则专注于教育、娱乐或商业领域等。了解每个平台所关注并擅长推广的领域，可以帮助确定适合该平台受众喜爱并与其价值观相符的主题。

结合以上要点，小景确定此次直播的主题为农产品介绍与推广，利用企业的货源优势，重点展示和介绍各类精选农产品的特点、产地以及营养价值，向观众传达这些农产品的品质保证。

活动技能演练

请同学们根据以下案例内容，帮助小新完成直播主题和内容的选择，并将结果填写或整理在相应的表格中或空白处。

兰州某旅行社是一家在旅游行业中运营多年的公司，拥有专业的团队和丰富的经验，致力于为中高端老年客户群体提供高质量、个性化的旅行服务。然而由于其在线推广和营销方面投入较少，知名度不高。为了吸引客户，提升市场竞争力，该旅行社决定利用微信视频号直播平台来推广自己的产品和服务，于是安排直播策划专员小新负责本场直播主题和内容的策划。

步骤1： 认识直播主题

请根据表1-3-1中的直播场景描述，判断其所属的直播主题。

表1-3-1 直播场景表

直播场景	直播主题
某化妆品品牌在直播间展示他们最新推出的彩妆产品，并邀请知名美妆博主现场试用	
一位具有丰富烹饪经验和创意的厨师在直播中展示他精心设计和制作出来的美味佳肴	
某主播在直播中与用户分享真实的情感故事	
一位艺术家在直播中展示他独特的手工制作技巧和创意设计	

步骤2： 选择直播主题

请结合案例中的企业信息，从多个维度展开分析，将选择直播主题的过程及结论填写在下列空白处。

评估自身资源：
分析目标受众：
综合平台特点：
确定直播主题：

典型活动二　准备直播节目

活动前导

在确定了直播的主题后，接下来便需要将主题转化为具体的、引人入胜的直播节目，以提升用户在整个直播过程中的兴趣和参与度。为了确保直播节目的成功准备，小景首先深入了解了不同类型直播的节目形式。

活动分析

小景利用工作之余，关注了一些知名的主播和企业，通过观看他们的直播，总结和梳理了不同类型直播的常见节目形式。

活动执行

 步骤1：认识不同类型直播的节目

根据内容进行分类，直播可以分为多种类型，包括音乐直播、美食直播和体育直播等。每种直播类型都有其独特的节目形式。小景将常见的直播类型及其相应的节目整理如表1-3-2所示。

表1-3-2　常见直播类型及其相应的节目

直播类型	节目
美食直播	1.烹饪教学：主播在直播中现场烹饪美食，并详细讲解烹饪步骤和技巧，观众可以学习如何制作各种美食。 2.试吃体验：主播试吃各种美食，分享口感、味道等方面的体验，为观众提供购买建议。 3.食材介绍：主播介绍各种食材的特点、营养价值、烹饪方法等，帮助观众了解食材的来源和制作方法。 4.美食探店：主播探访各地的美食店、餐厅等，品尝当地特色美食，分享美食文化。 5.食品制作过程展示：主播展示食品的制作过程，例如面包、蛋糕等烘焙食品的制作过程，让观众了解食品的制作工艺和技巧。 6.美食DIY（自己动手制作）：主播教观众自己动手制作美食，比如自制糕点、饮品等，让观众在家也能享受美食。 7.美食搭配：主播介绍不同食材之间的搭配，例如红酒配牛排、咖啡配蛋糕等，让观众了解不同食材的搭配原则和技巧

续表

直播类型	节目
游戏直播	1. 游戏攻略讲解：主播通过直播分享游戏的策略、技巧和玩法，帮助观众更好地掌握游戏，提高游戏水平。 2. 游戏角色扮演：主播在直播中扮演某个游戏角色，通过角色扮演的方式展示游戏角色特点和魅力。 3. 游戏周边产品推荐：主播向观众推荐一些与游戏相关的周边产品
音乐直播	1. 现场演唱：主播在直播中演唱各种类型的歌曲，与观众分享音乐的美妙和感动。 2. 乐器演奏：主播演奏各种乐器，如钢琴、吉他、小提琴等，展示高超的演奏技巧和音乐才华。 3. 音乐分享：主播分享自己的音乐喜好和推荐音乐作品，向观众介绍不同风格的音乐，激发观众对音乐的兴趣。 4. 音乐互动：观众通过直播向主播点歌、评论、送礼物等方式与主播互动交流，共同感受音乐的氛围和乐趣。 5. 音乐教学：主播通过直播传授音乐知识和技能，如教观众如何弹奏乐器、唱歌技巧等，帮助观众提升音乐素养和技能水平。 6. 音乐会/演唱会直播：一些大型的音乐活动或演唱会通过直播形式呈现给观众，让观众在家就能享受到现场的音乐盛宴。 7. 音乐主题访谈：主播邀请音乐人、歌手等嘉宾进行访谈，分享音乐背后的故事、创作心得等，增加观众对音乐人的了解和认识
教育直播	1. 专家讲座：邀请教育领域的专家进行在线讲座，分享专业知识、教育理念等。 2. 课程直播：针对各类学科或技能，提供在线直播课程，学生可以实时参与学习。 3. 主题讨论：针对教育热点话题，邀请嘉宾或学生参与讨论，分享观点和经验。 4. 名师答疑：邀请知名教师为学生解答学习中遇到的问题，提供个性化指导。 5. 互动实验课：通过在线直播的方式，展示一些互动性强的实验课程，帮助学生更好地理解知识。 6. 家长讲座：针对家长提供家庭教育、亲子沟通等方面的讲座或直播课程。 7. 校园生活直播：通过直播的方式，展示校园生活、课外活动等，帮助学生了解校园文化
体育直播	1. 赛事直播：包括各种体育项目的比赛直播，如足球、篮球、网球等。 2. 赛事预告：在比赛开始之前提供预告节目，介绍比赛的基本情况、参赛队伍、比赛时间等。 3. 体育新闻：报道最新的体育新闻和动态，包括赛事结果、球员动态、球员转会等。 4. 专题节目：针对某个体育项目或某个主题制作专题节目，如篮球、足球等运动项目的专题报道。 5. 体育评论：邀请专业人士对一些重要的比赛或大型赛事进行评论和解说，帮助观众更好地理解比赛。 6. 体育知识普及：介绍一些基础的体育知识和技巧，帮助观众更好地了解和参与体育运动
电商直播	1. 产品展示：主播通过直播展示产品的外观、功能、特点和使用方法，使观众对产品有更直观的了解。 2. 试穿/试用体验：对于服装、美妆等产品，主播会亲自试穿或试用，分享感受和效果，增加产品的可信度。 3. 折扣促销：设置限时折扣、满减优惠等促销活动，吸引观众购买。 4. 互动问答：主播与观众进行互动，解答关于产品的疑问，增强观众对产品的了解和信任。 5. 专家讲解：请相关行业专家对产品进行深入解析和推荐，提高产品的权威性和购买吸引力。 6. 情景模拟：通过模拟产品的使用场景，观众更好地理解产品的用途和优势。 7. 用户评价分享：展示用户真实的评价和反馈，增强其他观众的购买信心。 8. 配套服务介绍：针对某些产品介绍相关的配套服务，如售后服务、安装服务等

步骤2：制定直播节目内容

小景通过观看不同直播类型中高流量和高互动率的直播，总结出制定受欢迎的直播节目内容的要点。

1. 结合热点

热点是制定直播内容时需要考虑的重要因素之一。企业可以通过新闻门户网站、市场调研以及社交媒体等途径获取热点信息。随后，深入理解该热点背后涉及的细节和问题，并找到与品牌或主题相关联且能为用户带来实际价值的切入点。只有在此基础上策划直播内容，才能使热点与直播的结合发挥出更大的价值。

需要注意的是，热点通常具有时效性，因此需要及时把握机会。同时，也要在直播中围绕热点进行话题的延伸，传递长期价值，即创造不仅在当前受关注，而且对受众具有长久吸引力的内容。例如，作为一个时尚品牌，在全球或全国性的盛会召开之际，可以把握热点，在直播中讨论该活动参会人员的时尚造型。接着转向探索更广泛、具有持久性价值的内容，例如，介绍不同季节里常见的流行色彩、衣物材质选择指南或者经典款式回顾等。这些主题能够为观众提供实用的时尚建议，无论是在当下还是未来，都具有实用性和参考价值。

新兴动态

甘肃省直播电商高峰论坛：关注直播电商新方向

首届甘肃省直播电商高峰论坛暨甘肃省电子商务创新创业商会换届大会于2023年11月11日在兰州成功召开。新一届甘肃省电子商务创新创业商会将着重关注以下三个方向：首先是建设各类直播电商基地，构建具有甘肃特色的供应链体系；其次是积极引进高水平的电商人才，提升甘肃直播电商在主播技能、短视频内容以及引流变现方面的不足之处；最后是与政府部门紧密合作，在县城和农村加强直播人才培训，并提升整体竞争水平。

2. 突出重点

突出重点是指直播的内容应围绕明确的主题展开，清晰传达产品或品牌的核心信息，以确保用户在整个直播过程中能够更容易地接收关键信息。在实际应用时，首先应该明确目标受众感兴趣的核心问题，然后结合产品或品牌特点针对该问题制定内容。例如，某品牌美妆产品的目标受众对于化妆感兴趣，那么主播可以使用该品牌的产品来演示正确的化妆步骤、分享不同的妆容效果，从而使用户在直播中获取实用的美妆知识，并更容易地接收到品牌或产品的核心信息。

3. 制造爆点

制造爆点意味着在直播中创造令人印象深刻的亮点或惊喜元素，以增加直播的影响力。一种常见的制造爆点的方式是邀请知名嘉宾、明星艺人或行业专家参与直播，他们的身份和专业知识可以为直播增添权威性和独特性，吸引更多用户的关注。另外，在直播中加入一些有趣的互动环节也是制造爆点的有效方式，例如设立豪华大奖、发起趣味挑战。需要注意的是，在制定直播节目内容时，也需要确保爆点与品牌形象和目标受众的需求相符，以保持内容的连贯性和专业性。

在制定直播节目内容时，小景决定邀请当地著名餐厅的厨师光临直播间，实时演示和分享时令食材的创新制作方法，提供烹饪的创意与灵感，激发年轻观众对农产品的兴趣。

活动技能演练

请同学们根据以下案例内容完成直播节目的准备,并将结果填写或整理在相应的空白处。

兰州某企业A是一家在糕点行业中享有盛誉的生产商。最近,企业A与企业B合作,共同推出了一款精美的联名糕点礼盒。这款联名糕点礼盒以其独特的口感和精致的外观迅速赢得了年轻消费者的喜爱,销量节节攀升。为了进一步提升产品的销量,企业A决定在购物狂欢节即将到来之际举办一场直播活动,希望通过直播的形式,向消费者展示糕点的制作过程、产品特点以及与企业B的合作故事,以吸引更多的消费者关注和购买。

步骤1: 认识不同类型直播的节目

请结合案例背景,判断该场直播的类型,并设计相应的节目。

直播类型:

直播节目:

步骤2: 制定直播节目内容

请围绕此次直播的主题和节目,发掘热点、重点和爆点,完成直播节目内容的策划。

热点:

重点:

爆点:

确定直播节目内容:

典型活动三　设计直播互动和用户参与

 活动前导

在完成直播节目的准备后,小景的直播策划已有了初步的框架。然而,为了实现最佳的互动效果,直播互动和用户参与是必不可少的环节。小景通过网络查询和深入多个品牌直播间进行观察和学习,最终得出了自己的结论。

活动分析

为了能够设计出有效的直播互动活动并获得最佳的用户参与效果，小景先进入多个品牌直播间记录直播互动和用户参与的方式和规则，然后通过网络搜索，并结合自己的理解，总结出了设计直播互动和用户参与的流程。

 活动执行

 步骤1：制定直播互动和用户参与的方式和规则

直播互动和用户参与的方式可以分为两种：互动活动和促销活动。

互动活动指的是能够增加用户与主播之间的交流、提升用户参与感的直播环节。互动活动不仅能够拉近主播与用户之间的距离，也能够提升直播的娱乐性和趣味性。

常见的直播互动活动有抽奖、投票、发红包、弹幕评论、跨界合作等。小景将这些活动及规则要点总结如表1-3-3所示。

表1-3-3　直播互动活动介绍及规则要点

互动活动	介绍	规则要点
抽奖	主播在直播过程中通过抽奖的方式向用户提供奖品或特殊福利，而用户一般需要通过发送弹幕、评论、签到或分享等方式，获得抽奖的机会	1. 奖品设置：根据目标受众和活动目的，选择合适的奖品，如实物奖品、优惠券、礼品卡等。确保奖品有吸引力且符合直播主题。 2. 抽奖规则：明确抽奖方式、参与条件、中奖概率等规则，并在直播中清晰地传达给观众，确保规则公平、透明
投票	主播通过设置投票活动，让用户参与投票表达自己的意见或选择。投票可以用于收集用户的意见、决定活动的内容等	1. 投票主题：投票的主题应与直播的内容相关，且能引发观众的兴趣和参与意愿。 2. 投票规则：明确投票的方式（例如是采用弹幕、点击链接，还是进入特定页面进行投票），以及投票的起止时间。 3. 投票选项：根据主题，设计合理的投票选项。选项应具有明确的意义，且容易让观众理解和选择
发红包	主播通过发红包的形式发放购物抵用金、虚拟积分或提现红包，用户可在指定时间内参与领取	发红包规则：确定红包的发放时间、发放对象（是所有观众还是特定参与活动的观众）、红包的金额或数量等
弹幕评论	用户通过文字、表情符号或者贴图等形式，实时发送评论消息，与主播和其他用户进行互动	1. 弹幕管理规则：制定弹幕评论的规则，如禁止不文明、恶意言论等，确保直播氛围积极、健康。 2. 互动话题：准备一些与直播主题相关的话题或问题，引导观众进行讨论，增加互动深度。 3. 弹幕奖励规则：设计答题、打卡等弹幕互动规则，使用户在发送特定弹幕或完成特定任务后有机会获得奖励，以激发用户的参与热情
跨界合作	不同领域的品牌、企业、机构或个人通过直播联动，将不同领域的资源进行整合，提升直播影响力和销售效果，如邀请知名艺人直播销售商品、与其他主播连线互动	1. 合作伙伴：根据活动主题和目的，选择合适的跨界合作品牌或机构，确保合作内容与直播主题相契合。 2. 合作内容：与合作方共同策划跨界合作的具体内容，如联合推广、互换礼品、共同举办活动等。 3. 合作权益：明确合作双方的权益和责任，进行必要的合作权益谈判。 4. 合作执行细节：与合作方确认跨界合作的执行细节，如活动时间、方式、宣传渠道等

结合直播活动的主题，小景为该场直播选择了抽奖、弹幕评论及跨界合作这三种互动活动形式，并制定了相应的规则。

> **崇德启智**
>
> 快手与甘肃紧密而深入的直播跨界合作在线上引起多方关注。双方整合资源、开拓市场、创新营销方式，在数字时代推动着文化旅游行业向前迈进，并带来经济增长和社会效益。甘肃通过高频次的直播活动、广泛的观众覆盖以及快手平台官方流量支持，吸引了大量观众关注。特别值得一提的是，"宅家游丝路"主题营销宣传，成为快手在全国范围内打造的首个省级文旅短视频和直播集群。这一活动发挥了文旅营销示范效应，并被人民日报评为"云旅游"的典范示例。

除此之外，为了进一步提升直播间的互动氛围并有效促进销售，直播间需要结合特殊的时间、热点、时令变化等准备各种促销活动，包括限时折扣、限量抢购、组合套餐、满额返券等类型。小景将这些直播互动与用户参与方式及规则要点总结如表1-3-4所示

表1-3-4　直播促销活动介绍及规则要点

促销活动	介绍	规则要点
限时折扣	在特定的直播时间段提供超低折扣来激发消费者的购买欲望，促使他们尽快下单购买，包括限时优惠券、限时打折、秒杀活动等形式	包括选择折扣产品，确定折扣的幅度、适用范围、限制条件等
限量抢购	通过设置商品数量上限来创造稀缺感，激发消费者的购买欲望，包括限量折扣、限量赠品、限量款等形式	1. 商品数量：确定参与抢购的商品数量，并确保数量真实有效，以营造紧张的抢购氛围，激发消费者的购买欲望。 2. 抢购规则：制定明确的抢购规则，包括抢购的时间、方式、限制条件等。同时，要确保规则简单易懂，避免产生歧义或误解
组合套餐	将多个相关商品或服务打包为一个整体销售单元，以提供更有吸引力和经济实惠的选择给消费者	1. 组合内容：确定组合套餐的具体内容，包括参与组合的商品或服务、数量、价格等。 2. 定价策略：根据市场调研和目标受众的需求，制定合理的定价策略。需确保组合套餐的价格相对于单独购买更加优惠，以吸引消费者购买
满额返券	在消费者购物达到一定金额后，返还一定数量的优惠券或折扣券，用于下次购物时抵扣	明确满额返券的金额门槛、返券的金额或折扣率、返券的使用期限等，并确保规则简单明了

结合直播活动的目标，小景为该场直播选择了限时折扣、限量抢购及组合套餐这三种促销活动形式，并制定了相应的活动规则。

步骤2：设计直播互动和用户参与的流程

小景对设计直播互动和用户参与的流程梳理如下：

1. 明确直播目的和受众

明确直播目的和受众，即需要清楚地了解为什么要进行直播以及希望吸引哪些观众。

直播的目的包括宣传产品或服务、提供教育内容、推广品牌形象等。明确的直播目的可以指导互动形式的设计，例如针对以产品推广为目的的直播，可以设计产品演示和

问答环节；针对以知识分享为目的的直播，可以设计互动讨论和答疑环节。

受众不仅包括潜在客户，也包括现有用户、行业专家等。通过分析受众的群体特征，有助于选择更适合当前受众的互动方式，并能有效地吸引他们的参与。例如，如果受众主要是年轻人，可以采用更加时尚、多样的互动方式，如线上投票、弹幕互动等；而如果受众主要是中老年人，则可以采用更为传统、稳重的互动方式，如问答环节、抽奖活动等。

2. 设计促销活动和方式

考虑用户的兴趣和需求，选择合适的促销活动和方式，如限时优惠、组合套餐、限量赠品等，以增加用户的参与度和吸引力。

3. 设计互动活动和奖品

选择直播互动活动的类型，例如问答、抽奖、投票、竞猜等，并制定详细的规则，以便参与者了解他们需要做什么以及如何参与。另外，还需要准备相应的奖品以吸引用户参与，并作为奖励。

有吸引力的奖品会促使用户主动分享和宣传直播，吸引更多的用户加入互动，从而扩大直播的影响力。同时，通过提供有吸引力的奖品，可以激发用户的参与欲望，营造热烈的氛围，提升直播的互动效果。

在选择奖品时，应注意以下几点：

（1）奖品应与直播的主题相关。例如，如果直播是关于健身的，可以选择与健身相关的产品，如健身器材、运动装备或健康食品等。这样的奖品对于用户来说更具实用性和价值，可以调动他们参与互动的积极性。

（2）可以设置不同等级或提供多样化的奖品选项。除了物质奖品，也可以提供体验类奖励，例如会员权益、附加服务或个性化定制等。这样能够更好地满足不同观众群体的需求和偏好，并增加他们对直播活动的参与感和认可度。

（3）在确定奖品价值时需要综合考虑直播规模、目标受众和用户期望等因素。针对大型直播活动和广泛关注度较高时，适当提升奖品价值范围可以增加吸引力并激发用户参与热情；而对于小规模直播或特定领域的活动，奖品价值可以更加针对性地满足用户期望，不必过度追求高价值。此外，奖品的价值应该与用户的参与付出相匹配。如果奖品价值过低，用户可能会感到不被重视或认为他们所做出的努力没有得到充分回报，从而降低对直播活动的兴趣；而如果奖品价值过高，则可能引发用户之间不满或产生公平性争议等。同时，在资源有限或预算紧张的情况下，过高价值的奖品也可能导致主办方难以承担成本。

4. 设计直播互动和用户参与的节点

小景发现，在直播中，用户的注意力是极其宝贵的。如果互动环节过于冗长或节奏过于缓慢，可能会导致用户失去兴趣，转移注意力，甚至离开直播间。因此，直播节奏需要保持紧凑，以吸引用户的注意力，使他们更愿意留在直播中并积极参与互动。同时，较高的活跃度可以增加直播的曝光度，吸引更多的用户参与其中，形成一个良性的循环。

因此，将直播分解为不同环节，并设计直播互动和用户参与的节点就显得非常重要。通常直播过程可以分为以下四个环节：

（1）开场环节　在开场环节可以设置礼品抽奖、小游戏，以吸引观众注意力，创造一个令人期待和充满能量的开场效果。

（2）内容呈现环节　根据直播主题，在内容呈现环节要提供有价值且相关性强的互动活动，如投票或问答，以传达清晰而有用的信息，并与观众建立良好的互动。

（3）过渡环节　在内容切换或过渡时，可以设置一些简单的互动小游戏，例如抽奖、猜谜题或快速答题，号召观众通过弹幕或评论区参与，以吸引观众的注意力并使直播更加流畅。

（4）结束环节　在结束环节，主播可以安排总结性的互动活动，例如观众意见分享，并发放福利，例如抽奖或赠送小礼品，给予观众良好的体验，并鼓励他们继续关注未来的直播活动。

5. 制定成本预算

根据设计的互动形式和奖品，评估需要投入的费用，确保将足够的资金分配给关键环节和活动，以提高用户参与度，并能顺利达成活动目标。

活动技能演练

请同学们根据以下案例内容，完成对该企业的直播互动和用户参与的设计，并将结果填写或整理在相应的表格中。

新旺实业是一家智能家居设备生产和销售的企业。为推广其新品智能扫地机器人，该公司计划于双十一购物狂欢节期间在淘宝平台开展一场直播活动，并免费送出5台机器，以增加活动的曝光度，提高品牌声量，同时促进新品的销售。

步骤1： 制定直播互动和用户参与的方式和规则

请为该场直播制定直播互动和用户参与的方式和规则，填写在表1-3-5中。

表1-3-5　直播互动和用户参与的方式和规则

方式	规则

步骤2： 设计直播互动和用户参与的流程

请判断表1-3-6中的描述属于设计直播互动和用户参与流程中的哪个环节。

表1-3-6　设计直播互动和用户参与流程

描述	流程名称
一家在线教育机构决定举办直播活动以推广其Excel培训课程	
某场知识科普直播拟为回答正确或提问有价值的观众提供奖品或礼品	
某家时尚品牌直播间拟设置抽奖环节，奖品为该品牌的新款服装、礼品卡和优惠券	
某运动品牌直播间计划举行年终大促全场八折的活动	
某童书企业直播赠品预算为1000元	

任务小结

通过以上任务内容的学习，同学们可以了解到直播主题的选择方法，不同类型直播的节目，节目内容的制定，设计直播互动和用户参与的形式、规则和流程等相关知识，能够根据案例背景进行直播内容的策划。请同学们思考后回答下面问题，对本工作任务内容进行复习与总结。

1. 常见的直播主题有哪些？
2. 选择直播主题应考虑哪些重要因素？
3. 不同类型的直播有哪些节目形式？
4. 制定直播内容的要点有哪些？
5. 常见的直播互动和用户参与形式有哪两种？
6. 常见的直播互动活动有哪些？分别需要制定什么规则？
7. 常见的直播促销活动有哪些？分别需要制定什么规则？
8. 设计直播互动和用户参与的流程是什么？

竞赛直通车

全国职业院校技能大赛电子商务运营赛项规程（节选）

模块：直播销售及客户服务

任务：直播销售

任务背景

××清源旗舰店主要销售电解质水、西梅汁、奶茶等商品，网店的销量一直很可观，已经积累了很多忠实客户。周年庆活动期间，为了回馈新老客户，准备开展一场直播活动。为了保证直播效果，网店选取了店里销量最好的电解质水和西梅汁两款商品作为直播商品。

任务要求：

根据提供的素材，策划直播内容，设置互动活动和购买页信息，以给定的人物设定身份用普通话完成一场两款商品10分钟的直播销售。

操作过程:
1. 策划直播内容;
2. 设置直播互动活动及购买页;
3. 直播开场介绍;
4. 直播商品介绍与展示;
5. 直播商品上架;
6. 直播弹幕互动;
7. 直播收尾。

工作任务单

工作任务单　策划直播内容

任务编号:		学时:	课时
实训地点:		日期:	
姓名:	班级:		学号:

一、任务描述

某家专业生产和销售洗衣产品的公司,生产线覆盖洗衣液、洗衣粉、洗衣皂等各类洗衣产品,拥有广泛的客户群体和良好的市场口碑。为了更好地与客户互动和提高产品销量,该公司决定开展线上直播活动,并邀请其品牌代言人参与直播间互动环节,以增加用户参与度和直播的吸引力。

请根据该企业的背景为其策划直播内容,包括选择直播主题和内容、准备直播节目、设计直播互动和用户参与。

二、相关资源
1. 互联网搜索工具
2. Excel 表格工具

三、任务分配

四、任务实施

活动一　选择直播主题
步骤1:认识直播主题
步骤2:选择直播主题
活动二　准备直播节目
步骤1:认识不同类型直播的节目
步骤2:制定直播节目内容
活动三　设计直播互动和用户参与
步骤1:制定直播互动和用户参与的方式和规则
步骤2:设计直播互动和用户参与的流程

五、相关知识
具体请参阅教材中的相关内容。

六、任务执行评价：

评定形式	自我评定（20%）	小组评定（30%）	教师评定（50%）	任务总计（100%）
1. 直播主题的选择是否正确				
2. 直播节目的准备是否正确、内容是否优质				
3. 直播互动和用户参与的形式与规则是否明确、流程是否正确				
得分（100）				
指导教师签名：		组长签名：		
			日期： 年 月 日	

七、任务拓展

　　无

学习笔记

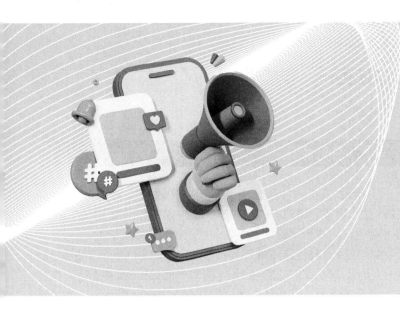

工作领域二

直播销售

思维导图

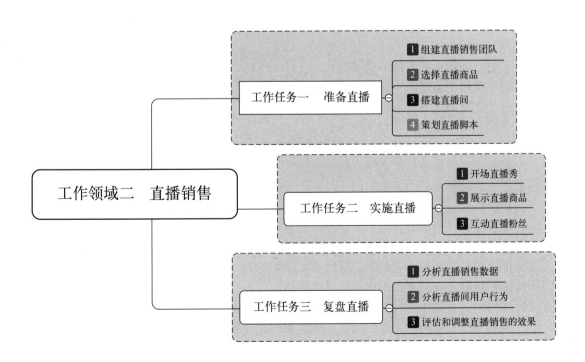

工作任务一　准备直播

任务情境

自2016年直播风口兴起,直播电商作为一种新型电商形态,不仅为消费者带来了更加丰富、直接、实时的购物体验,重塑了消费者的购物方式,也为行业带来了新的活力。一场场数据优异的直播销售活动,彰显了这种新型电商形态庞大的经济价值。

小刘、小何等几位同学大学毕业后,没有选择留在大城市就业,而是回到家乡兰州成为"新农人",直播电商的火热让小刘和他的这几位同学看到了商机,他们决定借助直播这一"新农具"推广兰州特色农产品,让更多人了解家乡的美食和农特产品。

前期小刘已经在抖音平台创建了账号,并持续发布引流短视频,积累了不少粉丝,他们觉得时机成熟了,便着手直播销售的相关准备工作,具体包括直播销售团队的组建、直播商品的选择、直播间的搭建以及直播脚本的策划。

学习目标

【知识目标】
1. 了解直播销售团队的不同类型;
2. 明确直播销售团队不同岗位的职责;
3. 熟悉直播间选品的不同依据;
4. 了解直播间商品不同的渠道来源;
5. 知晓室内直播场地和室外直播场地选择的要点;
6. 明确直播间背景和灯光布置的要点;
7. 了解直播脚本的内涵和作用。

【技能目标】
1. 能够结合自身需求和预算组建相应的直播销售团队;
2. 能够根据不同的选品依据完成直播选品;
3. 能够根据直播目标合理规划直播间商品结构;
4. 能够根据自身直播需求选择合适的直播设备;
5. 能够结合直播主题完成直播间的搭建;
6. 能够根据直播需求完成整场直播脚本和单品直播脚本的设计。

【素养目标】
1. 具备直播电商法律法规意识,并能运用在直播销售活动中;
2. 具备爱岗敬业、诚实守信的职业道德,并能自觉承担社会责任。

工作计划

序号	典型活动名称	活动操作流程	对接1+X职业技能标准
020101	组建直播销售团队	步骤1：了解直播销售团队的类型 步骤2：明确直播销售团队相关岗位的职责 步骤3：了解直播销售团队人员配置的方案	具有团队合作和表达沟通能力、创新思维和创业意识。具有诚实守信的职业道德，遵守互联网直播服务相关的法律法规
020102	选择直播商品	步骤1：了解直播选品的依据 步骤2：梳理直播商品的渠道来源 步骤3：进行直播销售选品规划	能够根据直播业务需求，按照引流款、利润款、常规款及爆款的货品结构形式，进行供应链规划，完善直播品类结构，提高直播品类档次
020103	搭建直播间	步骤1：选择直播场地 步骤2：布置直播场地 步骤3：配置直播设备	能根据直播商品进行直播场域选择、定位及整体设计
020104	策划直播脚本	步骤1：了解直播脚本的内涵和分类 步骤2：明确直播脚本的作用 步骤3：策划整场直播脚本 步骤4：策划单品直播脚本	能够根据直播销售主题，设定直播带货节奏，拟定脚本大纲

典型活动一　组建直播销售团队

活动前导

开展直播销售活动仅凭一腔热情是不够的，需要组建一支架构合理且专业的销售团队，集合团队的力量去实现销售目标。小刘的团队属于初创团队，在组建直播销售团队前，需要借助网络工具查阅相关资料，明确组建团队需要具备的相关知识，随后根据自身需求及预算，确定直播团队的组织架构和人员配置。

活动分析

为了顺利地组建直播销售团队，小刘首先需要了解直播销售团队的类型，然后梳理团队中相关岗位的职责，最后了解直播销售团队人员配置的不同方案。

活动执行

直播电商不是一个人的单打独斗，想要顺利地开展直播销售活动，需要组建一支人员结构合理、优势互补，并且能够分工协作的直播销售团队，小刘在组建团队前，需要了解直播销售团队的不同类型。

步骤1：了解直播销售团队的类型

小刘通过网络搜集资料了解到，直播销售团队主要分为个人直播团队、商家直播团队和MCN机构直播团队这三大类。

1. 个人直播团队

在商家直播、MCN（多频道网络）机构直播发展起来之前，个人直播就已经在消费市场中占据了一席之地，并可以视为直播电商的源头。

个人直播团队是指由个人发起或组建的直播团队，主要是为了满足个人的直播需求。主要由负责前期直播策划、脚本撰写的策划人员，直播过程中进行现场协调配合的场控，负责商品讲解的主播等3～6位核心成员构成，如图2-1-1所示。其团队规模较小，比较适用于规模较小的店铺或者以素人主播等为主体的直播。

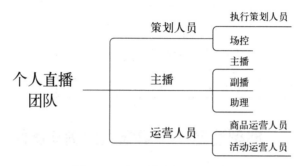

图2-1-1　个人直播团队组织架构

2. 商家直播团队

商家直播团队是指具有一定经营规模的商家发起或组建的专业团队，主要是为了满足商家自身的直播需求。商家直播团队一般由策划人员、主播、运营人员、客服人员等相关人员组成。在选择主播时，商家一般会选择形象、气质与品牌形象相契合的主播，并且要求熟悉商品的信息，塑造的主播人设也要与商品的目标用户群体需求相匹配，可以选择个人主播或与机构主播进行合作。商家直播团队的规模一般由商家自主决定，团队规模可大可小，比较适用于大、中、小型企业为主体的直播，如图2-1-2所示。

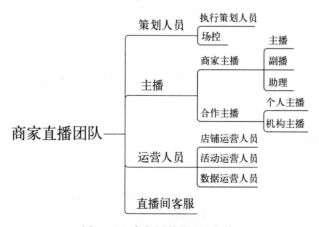

图2-1-2　商家直播团队组织架构

3. MCN机构直播团队

MCN机构直播团队是由MCN机构培养或孵化的直播团队，主要是为了满足MCN机构内部的直播需求或满足由MCN机构对接的外部（企业、商家）的直播需求。MCN机构在组建直播团队时，要做的工作有筛选或孵化直播达人，发现并运营优质内容，帮助直播达人获取流量及粉丝，并进行粉丝管理、平台资源对接、活动运营、商业化变现等系列工作。

MCN机构直播团队一般由主播招募部门、直播部门、招商部门、供应链团队、运营团队等组成，如图2-1-3所示，其团队规模一般由MCN机构的运营模式决定，比较适用于大、中型资金实力雄厚的企业。

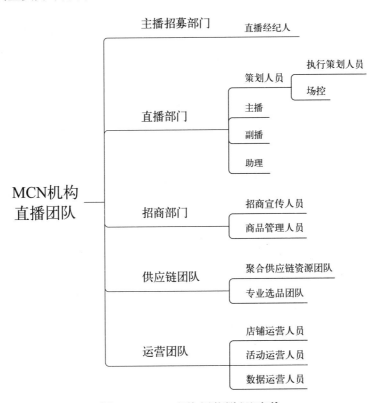

图2-1-3　MCN机构直播团队组织架构

名词一点通

MCN

MCN（Multi-Channel Network），即多频道网络，是一种多频道网络的产品形态，也是一种新的网红经济运作模式。这种模式将不同类型和内容的PGC（专业生产内容）联合起来，在资本的有力支持下，保障内容的持续输出，从而最终实现商业的稳定变现。

MCN持续多元化发展，常见的有电商型MCN，以网红经营、电商为主；营销型MCN，以发行营销为主；知识型MCN，以内容付费为主；泛内容型MCN，以互联网内容创作为主。

步骤2：明确直播销售团队相关岗位的职责

在了解了直播销售团队的不同类型后，根据自身现有的资源和预算，小刘及团队成员一致认为他们适合搭建个人直播团队，为了后期招聘并且从现有团队中选拔合适的直播工作人员，小刘还需要明确直播团队中主要岗位的职责。

1. 主播

主播是一场直播活动的主体，也是直播销售活动的直接执行者，负责展示讲解商品，并和用户进行互动，是一场直播活动的重点角色。主播的岗位职责见表2-1-1。

表2-1-1　主播的岗位职责

岗位名称	岗位职责
主播	1. 直播前需要提前熟悉直播流程，商品的特征和卖点，粉丝福利以及当日活动等； 2. 直播过程中，掌控直播节奏，介绍并展示商品，与用户互动，活跃直播间气氛，介绍直播间活动，引导粉丝关注及下单等； 3. 直播结束后，复盘直播内容，分析和总结直播的效果

2. 副播

副播通常负责在直播间内辅助主播开展直播，能够与主播配合完成整场直播活动。例如，主播暂时离开直播间时，由副播继续完成直播；直播时间较长时，还可以由多名副播轮流替播。副播的岗位职责见表2-1-2。

表2-1-2　副播的岗位职责

岗位名称	岗位职责
副播	1. 直播时协助主播进行样品展示，补充商品卖点，配合主播维护直播活动的正常开展； 2. 协助主播说明直播活动的规则，与粉丝互动，引导粉丝关注和下单； 3. 后台数据统计反馈，协助主播回复来不及解答的粉丝问题

3. 助理

助理即直播助理，在一场直播活动中起到协助现场活动的作用，负责直播间的日常管理事务，是直播前端运营中不常出镜的一个角色。助理的岗位职责见表2-1-3。

表2-1-3　助理的岗位职责

岗位名称	岗位职责
助理	1. 负责直播间的日常管理工作，确认商品和道具的准备是否到位，确保直播间的物品摆设符合直播场景要求； 2. 负责商品来源地的真实性、商品质量和品质等的初步核实，了解所展示、介绍的商品或服务的基础信息； 3. 传递直播间样品，在直播过程中配合场控提醒主播直播活动的关键时间节点

4. 场控

场控是一场直播活动的协调者，相当于直播的现场"导演"，能够对整场直播活动进行秩序的管控。场控的岗位职责见表2-1-4。

表2-1-4 场控的岗位职责

岗位名称	岗位职责
场控	1.在直播前,场控需要搭建与调试直播的软硬件设备,协助主播做好开播前的准备工作; 2.配合主播进行直播间控场,负责直播间秩序管理,维护直播正常进行; 3.管理相关的后台操作,包括直播推送、红包发放、优惠券发放、活动报名、公告信息发布、直播商品的编辑和上下架、商品价格调整等; 4.监控直播后台的数据,如果直播过程中发生异常情况,场控需要将信息反馈给策划,同时还需要将策划给出的信息传达给助理和主播

5. 执行策划人员

执行策划人员是一场直播活动的策划者,负责整场直播的主题和内容,可以说是直播的幕后"导演"。执行策划人员的岗位职责见表2-1-5。

表2-1-5 执行策划人员的岗位职责

岗位名称	岗位职责
执行策划人员	1.负责直播内容的前期策划; 2.负责执行相关文案内容的撰写,如商品脚本、活动脚本、话术脚本等; 3.负责后期跟进,督促及配合后期制作,把控质量

6. 运营人员

运营人员是一场直播活动的执行者,包括店铺运营人员、活动运营人员和数据运营人员等,负责整场直播活动的引流、推广、宣传、监控、复盘等事项。运营人员的岗位职责见表2-1-6。

表2-1-6 运营人员的岗位职责

岗位名称	岗位职责
运营人员	1.负责直播电商活动的整体统筹; 2.负责直播间商品招募以及商家对接,与直播平台的官方资源进行对接; 3.对接直播需求事务,跨部门沟通协调,制定直播内容及执行,达成运营指标; 4.后台管理与操作,进行直播数据统计与分析,挖掘直播数据增长点; 5.实时关注行业动向,热点话题,及时准确地研究、监控、分析各项数据,并提出优化对策

7. 直播间客服

直播间客服主要是在直播时对用户提出的疑问进行解答。直播间客服的岗位职责见表2-1-7。

表2-1-7 直播间客服的岗位职责

岗位名称	岗位职责
直播间客服	1.负责直播间的用户互动和答疑,为用户提供满意的服务; 2.处理直播间商品发货及售后问题,有良好的服务意识,能够换位思考,维护好直播间用户

崇德启智

一些具有较强的流量吸引力和流量变现能力的电商主播或团队,经常被指出存在夸大宣传、虚假宣传、假冒伪劣、偷税漏税等问题,这些行为及其背后的诚信缺失,成为影响行业健康长远发展的重要因素,亟待规范和引导。

> 习近平总书记强调:"对突出的诚信缺失问题,既要抓紧建立覆盖全社会的征信系统,又要完善守法诚信褒奖机制和违法失信惩戒机制,使人不敢失信、不能失信。"2023年10月21日发布的《直播电子商务平台管理与服务规范》强调:"平台应按照《网络直播营销管理办法(试行)》有关规定建立直播营销人员身份或资质核验、黑名单等机制,以规范化管理直播营销人员。如直播营销人员发生违反法律法规等情形时,应采取警示提醒、限流或暂停其直播服务等不同措施,并将严重违法违规或造成恶劣社会影响的直播营销人员列入黑名单,必要时应注销其账号。"这将对直播电商行业中的相关主体起到极大的震慑作用。

步骤3:了解直播销售团队人员配置的方案

小刘了解了直播销售团队主要岗位的职责,接下来就需要根据自身业务发展的需求和预算进行直播销售团队的人员配置。

直播销售团队的人员配置是非常灵活的,新成立的直播销售团队为了节约运营成本,很多岗位人员都可以身兼数职,具有一定财力基础的企业则可以配置专人专职的团队。一般来说,人员配置可分为低配版团队、标配版团队以及相对成熟的升级版团队。

1. 低配版团队

如果预算有限,可以配置低配版团队,即在组建直播团队时,只保留直播团队的核心人员。根据工作职能,低配版团队至少需要设置1名主播、1名运营人员(图2-1-4)。

图2-1-4 低配版团队

低配版团队的配置要求运营人员身兼数职,运营人员需同时承担助理、场控、策划、数据运营、客服等岗位的工作。也就是说,运营人员既要懂选品、能招商,又要懂技术、会分析数据,还要懂策划、能控场,甚至需要掌握一定的销售技巧。相较于运营,团队的主播不仅要做好直播间的直播工作,还需要自己撰写直播脚本,梳理直播话术,协助运营准备直播间道具等。需要注意的是,配置1名主播存在一定的弊端,即无法实现连续直播,一旦主播无法出镜,就会影响直播的正常进行。

2. 标配版团队

当直播间拥有一定的用户基础,并且预算充足,业务规模也有所扩大的时候,可以组建一个标配版团队。一般会按一场直播的完整流程所产生的职能需求组建标配版直播团队,即适当增加团队的岗位和人员数量,如可以设置主播、助理、场控、策划、数据运营、客服这6个岗位(图2-1-5)。

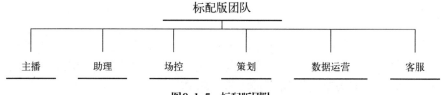

图2-1-5 标配版团队

由于场控、助理等人员的加入，主播和运营人员的工作内容相对来说有所减少，能够更加专注于自身的本职工作，进而提升直播营销效果。

3. 升级版团队

随着团队的不断发展，综合实力的不断增强，商家或企业就可以适当壮大直播团队，将其改造为升级版团队。

升级版团队即在标配版团队的基础上增设新的岗位或增加原有岗位的配置人数，这样可以细化工作内容，工作流程也更优化。团队成员之间相互配合，能有效提高直播的效率和收益。例如，升级版直播团队可以配置1名主播、1名副播、1名助理、1名策划人员、2名运营人员、1名选品人员、1名场控、1名客服等（图2-1-6）。

在升级版直播销售团队中，副播可以在主播不能出镜时代替主播完成直播工作，保证了直播销售活动的连续性。此外，增设的选品岗可以负责品牌合作洽谈、直播间商品的选择等工作，使得运营人员能够更细致地开展直播平台活动运营、直播数据分析与优化、直播内容复盘等工作。

图2-1-6　升级版团队

在全面学习了组建直播销售团队的相关知识后，小刘、小何综合分析了团队成员的优势和自身预算，决定按照标配版团队进行人员配置。其中，除了主播需要进行招聘外，其他岗位如助理、场控、策划、客服等均可以从团队人员中进行选拔。

活动技能演练

请同学们根据以下案例内容，按步骤完成直播销售团队的组建，并将演练内容填写在相应的表格中。

近年来，随着"汉服文化"的流行，越来越多的年轻人穿起汉服，挽起发髻，自信满满地行走在青山绿水间乃至城市的高楼大厦中。这是当代青年彰显文化自信、向世人传达中华优秀传统文化的重要符号。

几位服装设计专业毕业的大学生看到了这一商机，他们联合创建了某汉服品牌，并在抖音平台开通了账号，日常拍摄汉服短视频进行宣传引流。因视频风格迎合年轻人需求，并且设计的汉服样式好看，很快积累了大量粉丝。为了提升汉服的销量，这几位同学想要尝试进行直播销售。为了保证直播电商业务的有序开展，当务之急是组建一支能力互补、团结协作的直播销售团队。

想要打造符合自身需求的直播团队，需要根据自身的业务要求和预算配置直播团队的人员，可参照如下步骤：

步骤1：确认直播销售团队人员配置

因为是初次尝试直播电商，并且预算有限，这几位同学计划打造标配版团队，但配置的岗位有所减少，主要包括主播2名（男女各一名）、运营人员1名、助理1名、场控人员1名。

步骤2：明确团队人员的职能分工

确认团队人员配置后，还需要根据直播的商品特色进一步列出团队人员的职能分工，具体内容如表2-1-8所示。

表2-1-8　直播电商团队人员的职能分工

人员	职能分工
主播	负责出镜直播，主要工作包括结合汉服的设计理念介绍与展示商品、与直播间粉丝进行互动、引导粉丝关注及下单、参与直播脚本优化及直播活动复盘等
运营人员	负责进行整体统筹，策划直播宣传、引流及粉丝福利方案，设计直播脚本，进行直播间数据统计与分析等
助理	协助主播工作，主要工作包括准备直播商品与道具，担任临时主播，进行直播间客户疑问，处理售后问题等
场控人员	负责直播设备调试、直播软件调试，进行直播商品的链接编辑和上下架，监控直播数据并进行反馈

步骤3：团队人员选拔

为了节省开支，这几位同学决定首先从内部进行直播团队人员的选拔。假设你是该团队的一员，你觉得你适合从事哪个岗位，具有哪些技能优势？如适合主播，优势是形象好、了解汉服文化等。此外，从班级中另外选出3～4名适合从事其他岗位工作的同学，写出他们的优势，并将选拔结果填写在表2-1-9中。

表2-1-9　团队人员选拔

组员名称	适合的岗位名称	具有的优势技能

步骤4：团队人员招聘

如果在团队中难以选拔出合适的人员，可以借助招聘网站进行人员招聘。请你参考相关招聘网站，结合直播需求梳理相关岗位人员需要具备的岗位技能和要求，并将撰写的招聘信息填写在表2-1-10中。

表2-1-10　招聘信息

典型活动二 选择直播商品

活动前导

商品是实现直播销售团队与用户共赢局面的关键,直播团队在选择直播销售的商品时,不能完全凭借自身的主观喜好,而是要充分考虑用户需求、市场趋势等诸多因素。小刘需要借助网络工具查阅相关资料,认真总结分析,梳理后得出自己的体系化认知。

活动分析

为了完成直播商品的选择,小刘首先需要了解直播选品的依据,然后需要梳理直播商品的渠道来源,最后再进行直播间销售选品规划。

活动执行

虽然小刘的团队最初已经确定销售兰州美食及农特产品,但商品众多,如何从中选择既能吸引用户关注又能提升转化率的商品,还需要从多个角度考虑,小刘首先对直播选品的依据进行学习。

步骤1:了解直播选品的依据

直播选品需要综合考虑多方面因素,以数据和相关事实分析为依据,具体如下所示:

1. 根据用户画像选品

用户画像一般由性别、年龄、地域、兴趣、购物偏好、消费承受力等组成,如图2-1-7所示。不同的用户群体有着不同的消费偏好和消费需求,如青年人、中年人、老年人以及男性、女性等,其消费差异是非常大的。直播团队在进行选品时要从用户的角度出发,考虑所针对的群体真正需要的产品是什么,需要解决哪些问题,选出符合人群需求的产品进行直播推荐,才能够大大增加用户直播时的下单转化率。例如,如果用户以男性居多,最好选择科技数码、运动装备、游戏、汽车用品等商品;如果用户以女性居多,最好选择美妆、服饰、居家用品、美食等商品。

2. 根据市场需求和趋势选品

(1)性价比高、高频、刚需类商品 性价比高、高频、刚需类商品在直播中是比较好的选择。性价比高的商品自然会对用户产生足够的吸引力,可以作为引流商品,用来吸引

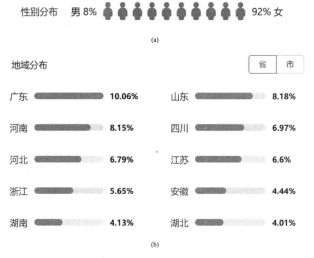

图2-1-7 用户画像

消费者目光。而对于高复购率、刚需类的商品，如女性彩妆、护肤品、服装、零食、生活日用等实用快消品，也是比较好的选择。在直播电商中，产品的购买频次不但会影响直播的收益，还会影响粉丝的活跃度、粉丝黏性与粉丝忠诚度。对于成熟的直播电商销售团队而言，保持固有粉丝活跃度和黏性的成本要低于吸引新粉丝的成本，因此，增加固定粉丝群体的购买频次是最为经济的选择。例如，纸巾是消费者生活日用刚需，如果常用的品牌线上直播销售价格更实惠，消费者就会快速决策，大量囤货，决策成本非常低。

（2）具有市场热度及趋势的产品　市场热度即当前市场上的流行趋势，如某位知名艺人带火的某款商品，或者网络上热捧的某款商品。用户当下对这些商品保持着高度关注，即使不直接购买，也会在直播间热烈地讨论相关话题，从而提升直播间的热度，吸引更多人进入直播间，这在很大程度上也会提高直播间其他商品的销量。此外，还可以有针对性地根据市场趋势进行选品，即应时应景的商品，例如端午节的粽子、中秋节的月饼、夏天的小风扇、冬天的保温杯等，如图2-1-8所示，这些都属于符合市场趋势的产品。

（3）具有市场前景的新品　市场前景是从未来角度考虑，把握具有市场前景的产品需要对市场具有一定的敏感度。例如，随着科技的飞速发展，智能科技产品成为人们生活中不可或缺的一部分，从智能家居到智能穿戴设备，正在被越来越多的用户认可和接受，可以选择这类商品吸引用户的目光。

3. 根据账号定位选品

直播内容与账号定位要尽可能相符。因为平台系统会根据账号的垂直内容为账号贴上精准标签，从而将账号的内容更加精准地推送给相应的用户。同样，开展直播电商活动，也尽可能要保证直播间销售的产品与账号定位属性

图2-1-8 应时应景商品示例

相关联，否则难以为销售的产品带来流量和销量。例如账号主要进行美食内容分享，而直播间销售的产品却是美妆产品，美妆与美食属性不同，会给用户带来一种误导感，难以为直播间产品带来销售转化。

4. 根据主播人设选品

如果是个人主播，选品时还可以从主播自身出发，分析自身对什么感兴趣，如喜欢穿搭、喜欢美食，并且有相关工作及生活经验，选择商品的时候就可以有所倾斜。此外，如果主播通过前期的积累，在垂直领域具有明显的优势，就可以选择与账号定位相关的垂直领域类目。例如抖音平台的某博主，前期以分享美食制作短视频为主，后期开始直播销售后，选品也围绕美食展开，如图2-1-9所示。

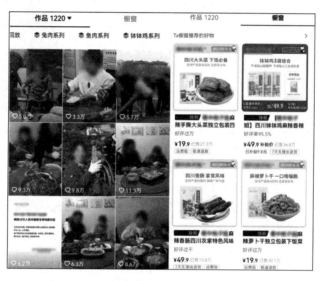

图2-1-9　选品示例

5. 从直播平台角度考虑

从直播平台角度选品需要考虑的是符合平台规则的产品以及平台扶持的产品。

（1）符合平台规则的产品　每个直播平台都有相应的规则，直播团队在进行选品时需要根据相应的平台规则选择直播产品。例如，在进行直播销售选品前应该充分了解直播平台电商允许和禁止销售的产品类别，需要分清哪些商品可以直播销售，哪些商品不能直播销售，从而保护自己的账号安全，维护良好的直播环境。

（2）平台扶持的产品　对于一些直播平台而言，会有一些特定扶持的产品，对于这些产品平台会有相应的扶持政策，商家在选品时可以优先考虑这些商品。

步骤2：梳理直播商品的渠道来源

了解了选品的依据，小刘还需要进一步明确直播商品的渠道来源。来源可靠、品质有保障的商品是直播销售活动可持续的关键。

1. 自营品牌

自营品牌渠道即主播在直播间推荐自己商品库中的商品。自营品牌的商品选择由商家或主播自己掌控，但投入成本较大，对供应链、仓储等的要求较高（图2-1-10）。

2. 合作商

主播或商家与具有一定知名度的品牌商家及其加工工厂进行合作，以较低的价格获得商品的代理销售权，或采用销售抽成的合作形式。

合作商的商品来源渠道有两种，分别是商家通过私信或商务联系的方式主动寻求与主播或直播团队合作；主播或直播团队通过对外招商与商家达成合作。

合作商分为品牌商和工厂，各有利弊：

（1）品牌商　有一定知名度的品牌商品往往更容易被用户所信任和接受，并且品牌商品后端有保障，相较于其他非品牌商品，商品转化率会高一些，但由于直播平台会从中分去一部分利润，品牌商家利润较低。如果是知名主播或团队，品牌商往往愿意给出更低的折扣优惠，有了品牌商的背书以及有竞争力的价格，直播间粉丝黏性会更高，主播及团队的影响力也会进一步扩大。

图2-1-10　自营品牌直播示例

（2）工厂　工厂分为品牌商代工厂和一般工厂。一种是品牌商代工厂，与品牌商有直接合作关系，生产的商品品质相对来说比较有保障，但知名度相对较低。直播团队选择品牌商的代工厂作为供货来源，并在直播中适当强调商品与品牌商"同厂生产"的关系，借助品牌商的影响力为自己直播间的商品进行信任背书。另一种是具有各类商品生产能力的一般工厂，对这类厂家一定要认真筛选，寻求可靠厂家，确保商品品质。需要注意的是，因为产业集聚发展，全国许多地区都有特色产业带或特色生产地，此类地区的工厂数量多且集中，工厂所生产的商品，在货源的品类、品质、价格、供应量、物流等方面均具备一定的优势，可以为直播团队提供一定的货源选择。例如，深圳华强北的电子产品生产基地、浙江义乌小商品生产基地均闻名全国。

🔔 名词一点通

产业集聚

产业集聚是指相同或相近产业在特定地理区域内的高度集中现象。这种集中不仅仅是企业数量的简单增加，更是产业资本要素在空间范围内不断优化和汇聚。

产业集聚促进了区内企业组织的相互依存、互助合作和相互吸引：一方面，产业集聚有利于降低企业运营成本，包括人工成本、开发成本和原材料成本等，因而有利于提高企业劳动生产率，有利于提升企业竞争力；另一方面，产业集聚产生了"整体大于局部之和"的协同效应，最终有利于提高区域竞争力，促进区域创新发展。

3. 货源批发网站

货源批发网站即通过综合类、垂直类的货源批发网站寻找合适的供货商。

例如，某货源批发网站以批发和采购业务为核心，以企业对企业(Business to Business，B2B)、企业对个人(Business to Consumer，B2C)的商务模式为主，网站中的商品覆盖服饰、家居百货、食品、工业品等多个行业类别，是一个综合性的采购批发市场。直播团队可以先从这个网站中寻找几家评价较好的供货商，并先行购买少量样品，对比不同供货商的商品质量、服务质量、发货速度等要素，从而选出性价比最高的供货商（图2-1-11）。

图2-1-11　某货源批发网站

4. 营销联盟

直播团队还可以通过直播平台的官方营销联盟平台进行商品选择，这是一种高效且便捷的合作方式。

（1）淘宝联盟　淘宝联盟隶属于阿里妈妈，阿里妈妈是阿里巴巴集团旗下的媒体流量营销与运营平台，内含多个板块。

淘宝联盟是为淘宝商家与用户服务的、以按销售付费（Cost Per Sales, CPS）业务合作模式为主的推广平台。淘宝联盟分为"淘宝联盟-商家中心"与"淘宝联盟-生态伙伴"两大板块。前者的使用主体为淘宝商家，入驻的淘宝商家可以将自家商品添加至淘宝联盟的商品库中并设置佣金，以供淘宝客推广。后者的使用主体是淘宝客，淘宝客是指通过淘宝联盟推广淘宝商家的商品并赚取佣金的淘宝用户。

（2）蝉妈妈　蝉妈妈是国内较为知名的抖音、小红书一站式数据分析服务平台，帮助机构、商家与"达人"进行精准营销。其中，蝉妈妈的"商品"板块，为抖音、小红书平台的直播团队提供了各种品类的高佣金商品、潜力商品，能够有效地节约直播团队寻找合适商品的时间（图2-1-12）。

图2-1-12　蝉妈妈平台

除了以上选品渠道，还有诸如批发市场、分销平台等，需要个人及商家根据自身情况进行合理选择。

步骤3：进行直播销售选品规划

直播间通常不会只销售一种商品，而是商品结构多样化，各自发挥不同的作用，共同促进用户的转化。小刘还需要进一步了解如何合理规划直播间内的商品结构，商品结构规划不仅会影响直播间的销售业绩，还会影响直播间抵御风险的能力。

一般来说，直播间内的商品应该包括引流款、福利款、利润款、畅销款、品质款等5种类型：

（1）引流款　引流款商品，就是能够吸引用户在直播间停留的商品。为了吸引流量，提高用户关注度，每个直播间都要设定一款或多款引流商品。

引流款商品大致可以分为以下几类：首先是超值商品，以"让利"的形式吸引流量是直播销售的常用手法，由于人们大都有趋利心理，价格低的商品自然会吸引用户停留，但除了低价外，还需要让用户觉得"用得到"。这意味着，直播团队可以选择覆盖人群广的大众化商品作为引流款商品，并为其设置一个几乎不需要决策成本的低价，如9.9元、19.9元等。其次是新品，用户都具有猎奇心理。直播间的新品首发活动，同样可以吸引想要尝鲜的用户。此外，也可以选择具有独特卖点的商品作为引流款商品，通过展示同类商品的差异来提升直播间的流量。

（2）福利款　福利款是直播团队为加入粉丝团的用户专门提供的商品，也就是所谓的"宠粉款"，直播间的用户需要加入粉丝团以后，才有机会抢购福利款商品。

"宠粉款"商品的特点是保持高品质，但价格低廉。有的是直接免费送某款商品作为福利，回馈粉丝；有的是直播团队将某一款比较有知名度的商品以极低的价格限时出售给粉丝的。例如，正常售价为199元的某商品，粉丝团的用户可以参与29.9元限时秒杀，限量500件，以此来激发粉丝们的购买热情。

直播间销售福利款商品，从收益来看，很可能是亏损的，其目的主要是用于提升直播间人均在线时长、增强用户黏性。

（3）利润款　直播团队在打造利润款商品时，首先要锁定目标人群，精准分析目标人群的喜好，如适合该群体的款式、设计风格、价格区间等。利润款一般品质较高，或者产品有独特卖点，用户对这类商品的价格敏感度不高。利润款的引入时间一般会在引流款将直播间人气提升到一定程度以后，在直播间氛围良好的时候推荐利润款，趁热打铁，这样更容易促成交易，提高转化率。

（4）畅销款　畅销款也称为"跑量款"，主要用于提升直播间的商品销量和转化率。畅销款商品的价格通常不像引流款那么低，能被大部分用户所接受，但也相对来说不会太高，给直播间带来的利润较低。

畅销款商品在上架之初，往往定价较低，以性价比取胜，待商品销量有所起色后，直播团队可利用销量带来的影响力，将商品的价格逐步调高，以增加利润率。

（5）品质款　品质款又称形象款，它起到提升品牌形象的作用。品质款的意义在于引导用户停留观看，但又让用户觉得价格和价值略高于预期。

品质款要选择一些高品质、高格调、高客单价的小众商品，如某设计师定制款的限量商品，某个季节限定款珍贵食品等，其真实目的并不一定在于成交，而是提升直播间的定价标准。

通常情况下，直播间会设置2～3个引流款来调动直播间气氛，1～3个福利款来吸引粉丝，5～7个畅销款来冲业绩，1～2个品质款来彰显实力。而利润款，则根据不同的直播目标进行分配，比如以吸粉为目的的直播间，利润款的占比多在10%～20%，而以转化为目的的直播间，利润款的占比可能会高达50%。当然，商品结构并不是固定的，直播团队可以根据直播复盘的结果进行适应性调整。

在正式的直播销售活动中，直播团队通常会提前确定选品清单，以确保直播商品的及时上架和正常销售。直播商品的选品清单主要包含商品分类、商品序号、商品名称、直播间定价、优惠说明、上架数量、库存数量、上架渠道及负责人等，如表2-1-11所示。

表2-1-11 直播间商品清单

商品分类	商品序号	商品名称	直播间定价	优惠说明	上架数量	库存数量	上架渠道	负责人
引流款								
福利款								
利润款								
畅销款								
品质款								

崇德启智

为了维护消费者合法权益，营造良好的直播电商环境，商家在开展直播电商活动时，应认真贯彻落实《网络直播营销选品规范》（以下简称《规范》）的要求，主动作为，规范选品。

《规范》要求，主播和机构不得推销法律、行政法规禁止生产、销售的商品。其推销的商品必须符合国家关于商品质量和使用安全的相关法律法规要求，符合使用性能、宣称采用标准以及商家的允诺等，符合保障人身与财产安全的要求。认真核对商家资质，鼓励与信用良好的商家合作；认真核对商品资质，鼓励选择信誉良好的品牌商品。

主播和机构推销的商品中涉及商标、专利、认证等证书以及代言人证明等用于确认产品实际情况的其他必要文件资料的，应认真进行核对。涉及他人名义形象的，主播及机构须向权利方索要相关权利证明文件，必要时，予以公示。

活动技能演练

请同学们根据以下案例内容，按步骤完成直播选品的各项操作，并按要求将步骤图或选品结果整理在相应的表格中。

笑笑是一位美食达人，日常不仅喜欢自己制作各类美食，还热衷于去不同的美食店铺打卡。最初只是为了记录，笑笑将美食制作的过程、美食探店感受甚至新奇零食拆箱过程等均拍摄成短视频分享在抖音平台。因为视频风格活泼有趣，结果吸引了大批年轻粉丝，并且还总是被催促更新，笑笑制作短视频的热情大增，短短半年就积累了数百万粉丝。

随着直播电商的火热，笑笑也想凭借自己积累的美食经验进行美食直播销售。因为前期拍摄的短视频积累了足够多的粉丝，笑笑顺利开通了抖音商品分享功能。在开始直播前，笑笑想选择一些符合自身粉丝喜好的热销零食。

由于是新人主播，目前还没有稳定的合作商家，笑笑计划借助专业的选品平台进行选品，对比后选择了较为知名的联盟平台——蝉妈妈，请你协助笑笑完成首场直播选品。

步骤1：结合主播人设定位，分析目标用户画像，确定直播商品的类别和价格区间。

笑笑通过后台粉丝数据可知，账号粉丝以女性居多，年龄集中在18～23岁，以学生群体为主，地域分布集中在兰州、太原、西安等城市。笑笑初步确定销售的品类为零食/坚果/特产以及方便速食，价格区间为10～50元。

步骤2：从PC端浏览器搜索关键词"蝉妈妈"，进入其官方网站，单击首页右上角的"登录"选项，在跳转的登录页面中输入账号、密码，单击登录页面下方的"登录"选项，即可完成登录。

步骤3：点击"商品"选项卡，在"商品库"页面，将鼠标指针移到"带货分类"栏中的"食品饮料"选项卡上，将操作结果页面进行截图，粘贴在表2-1-12中。

表2-1-12　操作页面截图

步骤4：笑笑首场直播主要目的还是吸引粉丝，其次才是转化。根据自身的美食达人人设和首次直播需求，笑笑进一步确定销售类目，并设定了一些筛选要求，如表2-1-13所示。

表2-1-13　直播选品要求

商品来源	抖音小店
类目	西式糕点、面包、饼干、地方特产、肉干肉脯、方便粉丝、方便米饭
佣金比例	5%～10%
抖音销量	≥2000
价格	10～50元
带货	直播带货为主

步骤5：单击搜索框左侧的"食品饮料""生鲜蔬果""日用百货"等选项，进入细分品类页面，搜索需要的商品。找到感兴趣的商品后，单击该商品的主图或标题信息，跳转至商品详情页面，查看该商品的"商品介绍""推广数据""商品评价"等相关信息，如图2-1-13所示。

图2-1-13　查看商品详情

步骤6：结合上述笑笑的情况，选取20个商品进入商品库，完成相关商品信息的填写，并给出选品依据，具体信息填入表2-1-14。

表2-1-14　直播间商品库

商品序号	商品分类	商品名称	商品规格	日常价格	直播间定价	库存量	选品依据
1							
2							
3							
4							
5							
6							
7							
8							
9							
10							
11							
12							
13							
14							
15							
16							
17							
18							
19							
20							

步骤7：对于选出的商品，主播需要逐一进行试用，并详细了解和记录其使用方法、主要功能、使用注意事项等，必要时可以多使用几天进行观察，以保证其品质，对用户负责。

步骤8：最终确定直播选品，但在确定之后直播开始之前，主播还需要对确定的商品信息进行详细了解，提前做好功课，以备在直播时能够灵活应对。

典型活动三　搭建直播间

　活动前导

无论是个人直播团队还是商家直播团队，均需要选择合适的直播设备，搭建适宜的直播间场景，因为直播画面的呈现效果直接影响用户的第一印象，进而决定用户是否会长时间在直播间停留并产生消费行为。在搭建直播间前，小刘需要系统地了解直播间搭建的相关知识。

　活动分析

为了顺利地完成直播间的搭建，小刘首先需要了解直播场地的选择，然后还需要进行直播场地的布置，最后根据直播预算配置合适的直播设备。

　活动执行

直播销售活动是人、货、场的全面配合，通过之前的学习，小刘已经了解了直播团队组建和直播商品选择的相关知识，为了提升直播效果，还需要进一步了解直播间规划和搭建的要点。

📖 **步骤1：选择直播场地**

合适的直播间场地不仅可以带来较为稳定的直播效果，还可以有效提升用户的购物体验。小刘了解到，直播间场地分为室内直播间场地和室外直播间场地，在选择搭建场地时需要考虑到直播的主题、商品的特色及适用场景等。

1. 室内场地

室内场地，即主播在室内进行直播，常见的室内直播间场地有办公室、会议室、工作室、线下门店、仓库、住所等。室内场地有利于搭建风格多样的直播间，在选择室内直播场地时，需要注意以下事项（图2-1-14）。

（1）场地大小适宜　室内直播场地既能让用户感受直播间的丰富和视觉上的舒适，又不会太过拥挤。直播场地的大小要根据直播的内容进行调整，如果是

图2-1-14　室内直播

个人主播，直播场地面积一般为8～15平方米，团队直播的场地面积一般为20～40平方米。如果直播中需要展示一些体积较大的商品，如钢琴、冰箱、电视机等，要注意场地的深度，如果场地深度不够，在拍摄商品时可能会因为摄像头距离商品太近，而导致直播画面不能完整地展示。

直播场地的层高一般控制在2.3～2.5米，保证既能给顶光灯留下足够的空间，避免因位置过低而导致顶光灯入镜，影响画面的美观度。此外，又不会因为层高过高导致环境光发散、话筒不易收音的问题。

（2）环境安静、隔声效果好　在室内进行直播，为了实现良好的播音效果，需要挑选一个环境相对来说比较安静、隔声效果好的房间，这样可以有效避免杂音干扰。此外，要有较好的收音效果，避免在直播过程中产生回声，影响用户的观看体验。

（3）保证光线效果　室内直播场地的自然光要充足，以便保证直播的真实感和美观度。如果直播场地较为封闭，光线不足，需要借助灯光设备补充光源，提升直播画面的视觉效果。

2. 室外场地

室外场地即主播在室外进行直播，常见的室外直播间场地有田间地头、果蔬种植园、茶园、水产品养殖地等，还包括商品的室外打包、加工场所、露天集市等。

室外场地适合直播体积较大的商品，或者需要展示商品货源采摘、采购现场，带领用户近距离观看商品的加工、包装、发货等真实过程，力求给用户带来沉浸式体验。例如当主播需要推荐某种应季水果时，可以直播果园环境，并现场采摘、品尝，不仅可以带给用户沉浸式体验，还更容易获得用户信任，促进下单（图2-1-15）。

直播团队选择室外场地直播时，需要注意以下事项：

（1）室外的天气状况良好　室外直播尽可能选择在晴朗的天气进行，并要做好下雨、刮风等天气的应对措施。另外要准备室内直播备用方案，避免在直播中遭遇极端天气而导致直播延期。如果选择在傍晚或夜间直播，室外需要配置补光灯。

（2）场地范围不宜过大　室外直播需要限制场地的范围，因为在直播过程中主播不仅要介绍各类商品，还要回应用户提出的一些问题。如果场地过大，主播容易把时间浪费在频繁移动，并影响观众的观看体验。

（3）场地环境不脏乱　室外直播间场地的环境应当干净清洁，让用户观看直播时能保持舒适的心情，特别是对画面美观度要求较高的室外直播。无论是哪种室外直播，直播场地中都不宜出现杂乱的人流、车辆等。

步骤2：布置直播场地

步骤2-1：进行直播间空间布局

直播间的空间布局即对直播场地的区域进行规划，需要直播团队按照直播画面的需要进行设定。一个规划

图2-1-15　室外直播

合理的直播场地，通常包括直播区、硬件摆放区、商品摆放区、工作人员活动区以及其他区域，不同区域有着不同的功能和大小，如表2-1-15所示。

表2-1-15　直播场地区域规划

直播空间布局	功能及面积
直播区	即主播、副播或助理直播区域，直播区位于直播间的中心位置，是用户进入直播间第一眼会注意到的区域，包括直播间背景区、商品及道具展示区等，可以根据直播商品体积来进行灵活调整，建议空间大小为3～5平方米
硬件摆放区	即摄像机、监视器、补光灯等摆放的区域，面积根据设备的大小和多少进行灵活调整，建议空间大小为2～3平方米
商品摆放区	摆放直播中需要讲解的商品样品。如果商品数量较多，则需要安排货架，将商品按照类别整齐地归置好，以便让幕后工作人员在最短的时间内找到所需的商品，可以根据直播商品体积来进行灵活调整。建议空间大小为8～10平方米
工作人员活动区	直播幕后工作人员活动的区域，如场控、运营、客服等岗位的人员，根据直播间整体空间大小灵活调整
其他区域	主播试衣间或者放置其他直播物料的场地，根据直播间整体空间大小灵活调整

步骤2-2：进行直播间的背景布置

直播间的背景需要根据直播间的定位及直播主题内容来确定，合适的背景可以有效营造良好的直播氛围。目前较为常见的直播间的背景分为实景背景和虚拟背景。

1. 实景背景

实景背景包括背景墙、商品摆放背景、自然环境背景等。

（1）背景墙　直播间背景墙多用墙纸装饰，建议以纯色、浅色为主，纯色背景墙可以给人以简洁、大方之感。如果想要营造神秘的氛围，还可以使用黑色、深灰色的背景墙，但非常忌讳选用复杂的图案样式，这容易给用户留下杂乱的印象。此外，为了避免单调，还可以添加品牌LOGO以及一些装饰性的元素，比如书架、壁画、节庆元素等，即在背景中融入与直播主题或直播商品相关的特色元素（图2-1-16）。

（2）商品摆放背景　商品摆放背景即将商品置于展示柜或展示架中，具有较强的营销目的，例如美妆类直播将各类产品摆放在身后的置物架上；服装类直播将部分款式挂在衣物陈列架上。在这类背景布置中，商品的展示数量可以根据展示柜或展示架的大小而定，但是从用户的观看感受出发，商品数量不宜过多（图2-1-17）。

（3）自然环境背景　自然环境背景不需要添加过多的装饰元素作为背景，其重点在于选择与直播定位、内容相契合的自然、真实的场景，例如当前较为火热的农副产品产地直播、各类食品的加工车间直播、工业制品的生产车间直播等。自然环境背景向用户展示了平时较少见到的场景，给用户以真实感、新鲜感（图2-1-18）。

2. 虚拟背景

直播间背景还可以选择绿幕搭建虚拟场景，虚拟场景是运用电影电视行业的色键抠像技术，将蓝、绿幕实时抠除，再实时替换成直播需要的理想场景的一种直播技术。

绿幕虚拟背景的优势在于一品一景，非常灵活。直播团队可以根据主播讲解的商品实时更换背景，提高整体的适配度（图2-1-19）。

图2-1-16　背景墙背景　　　图2-1-17　商品摆放背景　　　图2-1-18　自然环境背景　　　图2-1-19　虚拟背景

新兴动态

直播电商数字化再升级

近几年，人工智能、元宇宙等新技术越来越多地被运用到直播电商中，虚拟主播、数字人主播逐渐被大众接受。

随着AI技术的发展，AI数字人主播在品牌店播领域的应用正逐渐展现出其巨大的潜力和价值。AI数字人主播可以24小时不间断地进行直播，并且具有专业过硬、情绪稳定的特点，不仅降低了人力成本，还解决了人力短缺的问题，可以为企业沉淀下大量可复制、可管理、可迭代的数字资产。

随着该技术的发展，高质量的店播服务将不再是大品牌的专属，技术的革新能帮助企业和品牌降低成本，还能给实体经济发展插上数字翅膀。

步骤2-3：进行直播间的灯光布置

直播间的灯光布置也非常重要。因为灯光不仅可以营造气氛，塑造直播画面风格，清晰、真实地展现商品的亮点，还能起到为主播美颜的作用。

按照灯光的作用，直播间的灯光可以分为主光、辅助光、轮廓光、顶光和背景光等，各有不同的布置技巧，如表2-1-16所示。

表2-1-16　直播间灯光作用和布置技巧

分类	作用	布置技巧
主光	主光是主导光源，承担着主要照明的作用，它决定着画面的主基调。此外，主光也是映射主播外貌和形态的主要光线，可以使主播脸部受光匀称，并且具有美白的作用，是灯光美颜的第一步	可将构成主光的灯具放在距离主播1米的正前方，一般来说可以将灯头升高至主播头部30～40厘米，俯视灯头30°左右，使得主播眼角下方形成三角形的光区。 直播间的主光灯一般选择中性色的LED灯即可，LED灯的功率一般根据直播间的大小而定

续表

分类	作用	布置技巧
辅助光	辅助光是从侧面照射过来的光,能够对主光起到一定的辅助作用,可增加被拍摄对象整体的立体感,起到突出侧面轮廓的作用	负责构成辅助光的灯具一般安装于画面主体的左前方或右前方45°,位于主光的两侧,使用辅光时,要注意避免光线太暗和太亮的情况,且光线不能强于主光,以免干扰主光正常的光线效果。 对于前置的辅灯,最好选用能够改变光源强度的灯
轮廓光	又称逆光,从主播的身后位置照射,形成逆光效果,让主播的轮廓突显出来,使主播的形象相对突出,避免与身后的背景过度融合,增强直播画面的空间感	为了营造逆光效果,轮廓光的光源一般放于主播侧后方。在布置轮廓光时,要注意调节光线的强度,如果轮廓光的光线过亮,就会导致主播前方显得昏暗。有时候也会使用反光板代替补光灯,通过反射辅助光或者主光的光线来营造出立体的感觉
顶光	顶光是次于主光的光源,从头顶位置照射,给背景和地面增加照明,同时加强瘦脸效果,更好地塑造主播轮廓	顶光一般被置于主播上方2米以下的位置,使用时会给人以投影的感觉
背景光	又称为环境光,是主播周围环境及背景的照明光,主要作用是烘托主体或渲染气氛,让直播间光线均匀	背景光常使用低光亮、多光源的方式布置,均匀照射在直播间,需要注意的是,背景光的设置要尽可能地简单,切忌喧宾夺主

虽然有多种布光方式,但可以根据自身需求灵活调整。对于发展初期的个人主播,可以采用单灯布光法,即使用环形灯作为主灯,适用于手机直播,操作简单,成本低廉,可以较为快捷地实现美颜及照明效果。

对于相对比较成熟的直播团队,可以采用三点布光法这种主流的布光方案,三点布光法主要应用三类光源,分别为主光、辅助光、轮廓光,如图2-1-20所示。其中主光是三类光源中最亮的一类,也是直播间的主要光源,位于主播的侧前方,可以使用亮度较强的环形灯。辅助光的亮度弱于主光,一般为散射光源,位于主播的侧前方(主光的另一侧),建议直播团队配置带有灯罩的柔光灯具,经过柔光处理后的光源,能令主播长时间直播也不会感觉灯光刺眼。常见的构成辅助光的灯具有四角柔光箱、八角柔光箱、球形柔光灯等。轮廓光放置在主播的侧后方,与辅助光呈对角线。这种布光法多适用于服装、美妆、珠宝、人物专访等直播场景,具有很强的适用性。

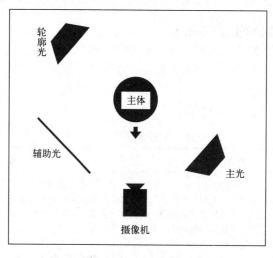

图2-1-20 三点布光法

步骤3：配置直播设备

直播设备的选择比较多，直播团队应在预算范围内，尽可能配置性价比高的直播基础设备。一般来说，直播间的设备包括硬件设备、软件设备以及其他辅助设备。

1. 硬件设备

（1）智能手机　对于刚起步的个人主播或直播团队而言，使用一部智能手机就可以进行直播，并且大部分的直播平台更支持使用智能手机进行竖屏直播。

直播团队在选择用于直播的智能手机时，应选择摄像头像素在800万以上，续航时间长，支持4G或5G网络通信的智能手机。此外，手机的内存也很重要，内存越大，手机的运行速度越快，运行内存在8GB以上，储存空间在128GB以上即可。

（2）计算机　相较于智能手机，使用计算机直播具有网络更稳定、续航能力更强、散热效果更好、显示屏尺寸更大的优点。

直播团队在选择用于直播的计算机时，可优先选择台式计算机，其次为笔记本电脑。其中计算机的型号选择内存8GB以上的，中央处理器（CPU）尽量选择Core i5系列12代以上或Core i7系列10代以上的。

（3）摄像设备　虽然现今的智能手机及部分计算机自带录像功能，但是为了摄制更清晰、美观的直播画面（主流直播平台要求直播画面清晰度为720P），许多直播团队选择配置更专业的摄像设备。常见的摄像设备包括摄像头、单反相机和摄像机。

目前直播常用摄像头有三种，分别是带有固定支架的摄像头、软管式摄像头和可拆卸式摄像头，它们的区别和优势如表2-1-17所示。对直播画面的画质要求较高的直播团队，可以考虑配置单反相机或专业的摄像机，如图2-1-21所示。此类设备所拍摄的画面更为清晰、细腻，拍摄角度也更为广阔和灵活。

表2-1-17　不同视频摄像头的区别

类别	区别和优势
带有固定支架的摄像头	带有固定支架的摄像头可以独立置于桌面，或者夹在计算机屏幕上，使用者可以转动摄像头的方向。这种摄像头的优势是比较稳定，防止拍摄过程中产生的震动现象
软管式摄像头	该类摄像头带有一个能够随意变换、扭曲身形的软管支架，这种摄像头上的软管能够多角度自由调节，即使被扭成S形或L形仍可以保持固定状态，让主播实现多角度的自由拍摄
可拆卸式摄像头	可拆卸式摄像头是指可以从底盘上拆卸下来的摄像头。单独的摄像头能够被内嵌在底盘上，主播可以使用支架或其他工具将摄像头固定在屏幕顶端或其他位置

图2-1-21　专业摄像机

> **名词一点通**
>
> **720P**
> 720P是美国电影电视工程师协会制定的高等级高清数字电视的格式标准，有效显示格式为：1280像素×720像素。其中的"P"代表英文"Progressive"，中文译为"逐行扫描"，1080P的参数要比720P的参数高，在图像显示方面，前者的清晰度要高于后者。

（4）话筒　在直播过程中，直播时的音质和视频画面一样，也会直接影响直播的质量。直播时常用的话筒分为两类：动圈话筒和电容话筒。

动圈话筒分为无线动圈话筒和有线动圈话筒，其结构牢固、性能稳定，优势是声音清晰，能够将高音真实地进行还原；不足之处在于其收集声音的饱满度较差。目前大多数的无线动圈话筒支持苹果及安卓系统。

电容话筒的收音能力极强，音效饱满、圆润，让人听起来很舒服，不会产生高音尖锐带来的突兀感。但需要注意的是，由于电容话筒敏感性很强，容易形成喷麦，因此使用时需要给其装上防喷罩。

需要注意的是，如果是在户外直播或者直播的过程中需要经常移动，还可以选择领夹式话筒，更加小巧便携（图2-1-22）。

（5）声卡　声卡是直播时使用的专业收音和声音增强设备，一台声卡可以连接多个设备，可以连接电容话筒、伴奏用手机、直播用手机和直播用耳机等。

图2-1-22　领夹式话筒

2. 软件设备

直播所需的软件设备有直播软件及直播推流软件，直播软件包括淘宝直播App、抖音App、快手App等手机应用程序，用户可在手机的应用商城中搜索下载后安装。另外，还有直播推流软件，即直播助手，淘宝直播的推流软件是淘宝直播PC版，抖音直播的推流软件是抖音直播伴侣，快手直播的推流软件是快手直播伴侣。直播推流是指将直播现场的视频信号传输到网络的过程，同时，推流软件也可用于直播团队监控直播数据、推进直播流程等，相当于直播后台。

3. 其他辅助设备

（1）网络设备　相较于摄像、音响设备，网络设备也极为重要。如果网络状况欠佳，直播的过程中会发生卡顿、掉线等情况，直播的效果也会大打折扣，所以直播团队必须在直播活动开始之前，确保直播的网络保持良好状态。如果是在室内直播，直播团队可以提前进行网速测试，如果经测试发现网速不达标，需要提前联系运营商进行优化。如果是在户外直播，对流量的消耗较大，并且在户外比较难找到稳定的Wi-Fi信号，因此，直播团队需要配置流量卡，以确保户外直播时流量充足。常见的流量卡包括无线网卡、随身Wi-Fi等。

（2）支架　支架用来放置摄像头、手机或话筒，它既能解放主播的双手，让其做一些动作，也能增加摄像头、手机、话筒的稳定性。

常见的支架包括桌面手机支架、三脚架以及手持云台稳定器。当直播画面只需要展示主播上半身时，可以使用能小范围调节高度的桌面手机支架，如图2-1-23所示。当直播画面需要展示主播全身或商品的全貌时，需要使用调节范围更大的三脚架，三脚架可以将智能手机或其他直播设备的摆放高度调整至2米甚至更高。在室外做直播，通常需要到处走动，一旦走动，镜头就会出现抖动，这样必然会影响用户的观看体验，这时需要主播配置手持云台稳定器来保证拍摄效果和画面稳定。手持云台稳定器可以分为手机稳定器与相机稳定器，直播团队在选择稳定器时需着重考虑其可承载重量的上限（图2-1-24）。

图2-1-23　桌面手机支架　　　图2-1-24　手持云台稳定器

（3）提词器　一场直播销售活动，短则1～2小时，长则4～5小时，主播需要讲述的内容较多，虽然有直播脚本的辅助，但直播要求主播即时互动，不适合低头念稿。为了避免遗漏关键内容，保证直播节奏的流畅度，建议直播团队配置一台提词器。提词内容包括商品介绍、优惠信息、后续活动预告等。

直播中使用的提词器，目前包括专业提词器和便携式提词器两种。专业提词器自带镜像显示器，适合预算充足的直播团队。便携式提词器不带镜像显示器，但直播团队可以用自备的大屏幕手机或平板电脑作为镜像显示器，适合预算有限的直播团队。

（4）自拍杆　使用自拍杆能够使直播画面呈现得更加完整，更加具有空间感。就室外直播而言，带美颜补光灯的自拍杆和能够多角度自由翻转的蓝牙自拍杆更受欢迎。

（5）移动电源　很多直播设备都需要用电，而室外不像室内直播那样充电方便，所以做室外直播需要配备移动电源，以便随时给直播设备补充电量，避免影响到直播的正常进行。

 活动技能演练

请同学们根据以下案例内容，完成直播间的搭建工作，并将操作结果整理在相应的表格中。

小王的父母在兰州某旅游景区经营一家农副特产销售门店，主要销售百合干、三炮台、甜胚子等产品。因为店里的产品质量好，很多游客买回家品尝后，会委托当地的朋友再次购买，并且会免费在自己的微信、微博、抖音等平台宣传。口口相传，多年来积累了大量客源。小王看到了这一商机，他鼓励父母尝试直播，既方便了客户购买，又拓展了销售渠道。

由于多年的门店销售经验，父母都可以承担主播的工作，懂运营的小王可以担任助理，商品更是现成的，无须选品。接下来就需要搭建直播间，请同学们协助小王完成直播间的搭建。

步骤1：选择直播场地

父母最初想要在门店直播，但小王觉得门店在旅游景区，现场环境太嘈杂，会影响用户的观看体验。综合考虑后，计划将家中比较安静的一间客房改成直播间，面积为20平方米。

步骤2：准备直播设备

确定了直播场地之后，接下来需要准备直播设备。一般而言，室内场景搭建需要的直播设备有视频摄像头、耳机、话筒、声卡、灯光设备、计算机和手机、支架等。小王对于直播设备的预算是20000元，请同学们在购物网站对比各种设备的性能，确定一套合适的直播设备，列出的直播设备参考清单包括设备名称、数量、参数说明、参考价格等，具体内容填写在表2-1-18中。

表2-1-18 直播设备参考清单

设备名称	数量	参数说明	参考价格

步骤3：农特产品类直播间搭建参考学习

在正式搭建前，小王计划参考学习其他直播间的搭建方案，请同学们分别浏览三个流量较好的农特产品类直播间的场景搭建，并分析其优点和缺点，将分析的内容填写在表2-1-19中。

表2-1-19 直播间场景对比

直播间名称	直播间场景（截图）	场景优点	场景缺点

步骤4：搭建直播间

结合之前对其他直播间搭建风格的学习，总结优点，规避缺点，帮小王设计直播间的搭建方案，包括背景设置、直播场地空间布局、直播间灯光布置等。通过文字和图片的形式进行呈现，填写在表2-1-20中。

表2-1-20　直播间搭建方案

典型活动四　策划直播脚本

 活动前导

直播脚本是直播销售团队成员之间相互协作的基础，也是主播进行商品讲解，提升直播间氛围，推进直播流程的依据。为了顺利地开展直播电商活动，小刘需要借助网络工具查阅相关资料，明确何为直播脚本，并就不同类别直播脚本的设计进行梳理学习。

 活动分析

为了顺利地完成直播脚本的策划，小刘首先需要了解直播脚本的内涵和分类，然后明确直播脚本的作用，最后分别对整场直播脚本和单品直播脚本的设计进行学习。

 活动执行

成功的直播销售活动不是随机、随性的行为，而是需要通过直播脚本提前规划直播的活动和内容，梳理直播流程，以便直播活动按照直播团队的预想顺利开展。小刘在撰写直播脚本前，首先对直播脚本的相关概念进行了学习。

步骤1：了解直播脚本的内涵和分类

直播脚本是指直播团队通过规范化、结构化、流程化的描述性语言，针对某一场直播编写的规划方案，为主播在直播间的内容输出提供指引，以确保直播活动有序且顺利地开展，并且能够保证直播内容的输出质量。

直播脚本分为单品直播脚本和整场直播脚本。单品直播脚本就是针对单个产品的脚本，以单个商品为单位，规范商品的解说，突出商品卖点。整场直播脚本就是以整场直播为单位，规范正常直播节奏、流程和内容。

 步骤2：明确直播脚本的作用

一份清晰、详细、可执行的直播脚本是直播销售活动顺利开展的关键，具体来说，直播脚本的作用主要体现在以下6个方面。

1. 有助于直播筹备工作的开展

在直播开始之前，直播团队需要提前规划直播主题如何设置、直播场景如何搭建、直播商品如何讲解、优惠活动如何设置、工作人员如何配置等。通过直播脚本进行梳理，能够帮助参与直播的人员了解直播流程、明确职责，让团队中的每个人各司其职，从而保证直播筹备工作能够有条不紊地进行。

2. 梳理直播流程

熟悉直播流程对于主播来说非常重要。直播脚本能够帮助主播清晰地梳理本场直播的流程，让主播可以依照既定流程铺设内容，清楚地知道在每个时间点应该做什么、说什么，避免出现在直播中无话可说、漏讲商品或者对优惠活动规则解释不清楚等情况的发生。

3. 进行话术管理

直播话术贯穿直播始终，一份详细的直播脚本可对主播每一分钟的动作行为及话术进行指导，能够帮助主播保持语言上的吸引力，游刃有余地与用户进行互动。

4. 把握直播节奏

开场、预热、促单、收尾，直播销售活动如同一出戏剧，同样需要起承转合，以便吸引用户长时间停留，调动用户的情绪，因此需要通过直播脚本合理安排直播过程中各个环节的时间、时长以及顺序。尤其是商品讲解环节，需要在脚本中明确所有商品的规划定位，哪些商品是引流款，哪些商品是福利款，这样可以让主播在直播中有所侧重，在粉丝互动和价格机制上更有针对性，实现效益最大化。此外，直播脚本能避免主播被观众弹幕问题牵扯太多而脱离直播主题，避免对讲解进度和讲解内容把控不准而脱离直播目标。

5. 控制直播预算

对于新人主播或者中小卖家来说，虽然直播预算有限，但为了吸引粉丝，需要设定一些优惠活动，可以在直播脚本中提前设计好自己能够承受的优惠券面额、红包金额、赠品支出等，从而提前控制直播预算。

6. 便于直播复盘

结合直播脚本，可以分时间段记录下直播过程中的各项数据和问题，在直播团队进行直播复盘时，有利于帮助团队成员回顾起整个直播过程，对不同时间段、不同岗位人员的表现进行总结、改进和优化。

工作领域二　直播销售　　093

> **崇德启智**
>
> 直播电商自出现以来，无疑为行业带来了新的活力，一场场数据优异的带货直播，彰显这种新兴销售形式的庞大经济价值。然而，直播电商所带来的不只是经济价值，更蕴含着深远的社会价值。
>
> 2022年3月，国家互联网信息办公室、国家税务总局、国家市场监督管理总局等三部门联合制定了《关于进一步规范网络直播营利行为促进行业健康发展的意见》，肯定了直播行业对稳就业、促消费发挥了积极作用，同时指出网络直播平台、网络直播服务机构以及主播要依法规范开展生产经营活动、积极承担社会责任。

步骤3：策划整场直播脚本

整场直播脚本是对整场直播销售活动内容、流程的详细说明，通常来说，整场直播活动脚本应该包括的要素如表2-1-21所示。

表2-1-21　整场直播脚本的要素及说明

整场直播脚本要素	具体说明
直播主题	直播主题是一场直播活动的"中心思想"，整场直播的内容应该紧紧围绕直播主题展开。直播主题可以根据自身需求、节日话题、平台大促，以及直播产品和品牌等元素来策划。例如"XX店铺5周年店庆福利放送""XX文具开学大乐购"等
直播时间	明确直播从开始到结束的时间，例如时间设定为"2023年12月25日20：00—22：00"。形成一个固定的直播时间是非常重要的，如果不定时进行直播，很多粉丝就会错过直播，这对增强粉丝黏性是很不利的。主播及直播团队一定要守时，尽可能做到准时开播，这有助于培养粉丝准时观看直播的习惯
直播地点	对于有多个直播间的团队，需要明确某场直播的地点，例如"5号直播室"，避免地点的安排发生冲突
主播介绍	介绍主播的姓名
直播目标	通过具体数据设置目标，可以使每一场直播的目标性更强。例如观看量要达到多少，点赞量要达到多少，进店率要达到多少，转化率及销售额要达到多少等
商品数量	注明各个商品的数量
商品卖点	直播脚本应该记录直播中将销售的每一个产品的卖点、优势以及介绍该产品的方式，以防止主播在直播的过程中忘词
人员分工	直播脚本需要描述清楚团队每个人员的分工、职能及相互配合的方式。例如主播负责引导用户关注、介绍产品、解释活动规则，直播助理和直播运营负责互动、回复问题、发放优惠信息等，客服负责修改商品价格、与用户沟通订单信息等
互动玩法	互动玩法也是直播脚本中非常重要的部分，互动的形式有很多，例如：抽奖福利、话题投票、嘉宾做客、才艺展示、连麦等。需要注意的是，在设计直播间互动玩法的时候，需要充分考虑粉丝需求
直播的流程细节	直播是一个动态的过程，一场完整的直播包含开场互动、整场产品的预告、产品介绍、互动、下场预告等环节，每一环节的时间规划需要具体到分钟，并按照计划执行，比如晚上8点开播，开播后5分钟时间在直播间进行预热，和观众互动。用于商品讲解的总时长是100分钟，总共10款商品，根据引流款、畅销款、福利款的不同分类，每个商品分别设计不同的时长
注意事项	其他在直播过程中需要注意的事项

了解了整场直播脚本的要素，就可以进行整场直播脚本的策划，一般来说，直播脚本通常以表格的形式呈现，如表2-1-22所示。

表2-1-22 整场直播脚本框架示例

直播主题	冬季家居好物温暖放送			
直播时间	××××年×月×日		直播时长	20：00—22：00
直播地点	××直播室			
直播目标	销售额×万，涨粉×××			
直播人员	主播×××			
商品数量	11			
	直播设备	高配置电脑、领夹式耳麦、直播插件、高清摄像头（直播前测试无误）		
	灯光设备	球形灯、美颜灯（直播前测试无误）		
素材准备	展示样品，配合样品展示的道具			
优惠活动	1. 商品优惠券/主播抽奖加送优惠券； 2. 直播间商品买三送一，赠品准备			
注意事项	1. 丰富直播间互动玩法，提高粉丝活跃度，增强粉丝黏性。 2. 直播讲解占比：60%介绍产品+30%回复粉丝问题+10%互动，把控讲解节奏。 3. 注意粉丝提问，适当进行答疑，不要冷场			
直播流程细节				
时间段	流程	人员分工		
		主播	助理	场控/客服
20：00—20：05	开场预热	主播进行自我介绍，向进入直播间的用户问好，进行暖场互动，介绍抽奖规则	助理进行简单的自我介绍，演示抽奖方式，回答用户的问题	向用户群、各个平台分享开播信息及链接
20：06—20：10	活动预告	预告直播间今日推荐商品和优惠，强调开播时间，引导进入直播间的用户关注直播间	引导用户点赞、关注，补充主播遗漏的问题	向用户群、各个平台分享开播信息及链接
20：11—20：15	福利抽奖	介绍奖品，简短介绍抽奖规则，引导用户参与抽奖	提示抽奖的时间节点	收集获奖信息，联系获奖用户
20：16—20：26	商品1介绍（引流款）	讲解、试用或试穿第一款商品，全方位展示商品外观，详细介绍商品的品牌、特点等，回答用户问题，引导用户下单	协助主播展示商品，与主播完成"画外音"互动，协助主播回复用户问题	在直播间添加"引流款"商品链接，回复用户关于商品和订单的咨询，收集在线人数和转化数据
……	……			
……	……			
……	……			
21：40—22：50	商品返场	对销售情况较好的商品进行返场讲解	向主播提示返场商品，协助主播回复用户问题	收集、分析每款商品的在线人数和点击转化数据，向助理和主播提示返场商品，回复用户的订单咨询
21：51—22：00	结束语	主播再次引导用户关注直播间，并对下一场直播的主题、时间、环节、商品、活动等内容进行简短介绍，以吸引用户观看下一场直播	协助主播进行内容补充，引导用户关注直播间	回复用户关于订单的咨询

工作领域二　直播销售 095

步骤4：策划单品直播脚本

一场直播销售活动会推荐多款商品，为了避免主播在介绍商品时手忙脚乱出差错，不能精准、有效地给直播间用户传递商品的特色和价格优势，直播团队需要为直播间的每一款商品设计单品直播脚本，并以表格的形式将商品序号、商品名称、商品讲解时间、展示方式、商品卖点、直播间利益点等标注清楚。通常来说，单品直播脚本应该包括的要素及说明如表2-1-23所示。

表2-1-23　单品直播脚本的要素及说明

单品直播脚本要素	具体说明
讲解时间	说明某款商品在几号链接，在什么时间开始讲解，讲解多长时间等
品牌介绍	介绍商品所属的品牌历史、资质等内容，利用品牌价值为商品进行背书
商品基础信息	包括材质、颜色、尺码、规格等商品的基础信息
商品卖点	总结提炼出商品的核心卖点，如属性、功能、作用、使用场景等，并结合商品展示，向用户说明商品"为什么值得买"
商品展示	记录主播在讲解时如何展示商品，比如现场使用、细节展示或者对比试验等
直播间利益点	说明直播间的福利政策，包括直播间优惠价格、直播间赠品、优惠商品数量、优惠券等

了解了单品直播脚本的要素，就可以进行单品直播脚本的策划，如表2-1-24所示。

表2-1-24　单品直播脚本示例

××产品单品脚本	
商品序号	2号
商品名称	××全新×××
讲解时间及时长	几点开始讲解，讲解时长×分钟
品牌介绍	介绍品牌理念、品牌优势
商品基础信息	快速介绍商品基础信息，型号、尺码、颜色等
商品卖点	功能价值、材质优异、先进的生产工艺
展示方式	拿出产品展示外观，随后主播一边试用一边讲解产品细节
适用场景	列举商品的使用场景
优惠价格　日常价格	×××
优惠价格　直播间价格	×××
利益点	3000单享受直播间专属优惠，前1000名下单即送定制礼盒

 活动技能演练

请同学们根据以下案例内容，完成单品及整场直播脚本的设计，并将结果整理在相应的表格中。

兰州某高校与当地的一家知名电商企业开展校企合作，共建直播电商实训基地，旨在以实战化的企业运营模式创新人才的培养方式，提升人才的培养质量。近日，小玉等几名同学在企业导师的带领下参与一场扶贫助农直播项目。前期直播间已经搭建完成，直播商品也已经确定了，计划在本周六12月30日晚上19：00—22：00开始直播。为了保证直播效果，小玉等几名同学需要分别撰写整场直播脚本和单品直播脚本，避免主播在介绍产品时混淆不清，并帮助主播精准、有效地给直播间用户传递商品的特色和价格优势。

请同学们协助小玉完成直播脚本的撰写。

步骤1： 小组成员经过讨论选择一名小组长。

步骤2： 小组成员开会，梳理直播前的准备工作，小组长根据成员情况进行分工，明确各项工作的时间要求。

步骤3： 明确直播各个环节的促销策略，设计粉丝互动环节等。

步骤4： 已知本场直播销售的商品如表2-1-25所示，请结合直播主题和时间撰写整场直播脚本，并整理在表2-1-26中，注意整场直播脚本元素的完整性。

表2-1-25 直播商品汇总

商品	规格	日常销售价/元	直播价/元
兰州三炮台茶	年货礼盒450克	50	32（买2件赠送盖碗）
兰州百合干	铁盒装300克	158	99.9（买赠百合干小包装20克）
速食兰州牛肉面	5袋装	39	19.9
甘南蕨麻	袋装250克	88	88（买三袋送一袋）
灰豆子	礼盒罐装200克×8	78	58
甜醅子	礼盒罐装200克×8	88	56
苦水玫瑰花茶	罐装50克×2	78	49.9
红枸杞	250克	44	19.9
当归	铁盒装300克	210	161
农家真空鲜百合	500克	78	59.9
速食定西土豆粉	215克×3	58	38.8

表2-1-26 整场直播脚本撰写

步骤5： 撰写单品直播脚本

请选择一款商品，完成单品直播脚本的撰写，并整理在表2-1-27中。

工作领域二 直播销售 097

表2-1-27 单品直播脚本撰写

 任务小结

通过以上任务内容的学习,同学们可以了解到组建直播销售团队、选择直播商品、搭建直播间、策划直播脚本等相关知识,能够根据直播需求和预算完成直播前的各项准备工作,请同学们思考后回答下面问题,对本工作任务内容进行复习与总结。

1. 如何根据自身的需求和预算组建合适规模的直播销售团队?
2. 直播选品的依据有哪些?
3. 直播间商品的供应渠道包括哪些?
4. 如何根据自身直播需求选择合适的直播设备?
5. 直播间背景和灯光布置的要点有哪些?
6. 直播脚本的作用体现在哪些方面?
7. 如何进行整场直播脚本和单品直播脚本的设计?

竞赛直通车

全国职业院校技能大赛电子商务运营赛项规程(节选)

模块:直播销售及客户服务

任务:直播销售

任务背景:××鲜果旗舰店主要销售冰糖橙、苹果、龙眼等商品,网店的销量一直很可观,已经积累了很多忠实客户。恰逢网店周年庆活动,百分鲜果旗舰店为了回馈老客户和吸引新客户,计划开展一次直播活动。为了保证直播效果,网店选取了店里销量最好的冰糖橙和苹果两款商品作为直播商品。

任务要求:根据提供的素材,策划直播内容,设置互动活动和购买页信息,以给定的人物设定身份用普通话完成一场两款商品10分钟的直播销售。

操作过程:

1. 组建直播销售团队;
2. 选择直播商品;
3. 搭建直播间;
4. 策划直播脚本。

工作任务单　准备直播

任务编号：		学时：	课时
实训地点：		日期：	
姓名：	班级：		学号：

一、任务描述

为深入学习贯彻党的二十大精神关于全面推进乡村振兴的战略部署，进一步拓宽农产品销售渠道，提高特色农产品品牌知名度，打造农产品消费新场景，兰州市某乡镇的大学生村官积极牵头，想要借助直播电商的东风，将藏于"深巷"的"酒香"传播千里，用小屏幕撬动大市场，为当地农户、农产品加工企业带来实实在在的收益。

随着移动互联网的快速发展和普及，农户们尤其是回乡发展的"新农人"对于直播并不陌生，但当地的大学生村官明确意识到依靠普通农户的单打独斗很难获得流量，因此需要整合乡镇电商资源，集中力量办大事。

为了保证直播销售活动的持续开展，乡镇首先需要打造自己的直播销售团队，即在乡镇招募懂直播、懂运营、表达能力较强的直播人员；其次，从众多农特产品中选出一批有代表性、品质好的产品，打响当地农产品的知名度；再次，需要打造具有既具有当地特色，又美观大方的直播间；最后，为了保证首场直播的顺利开展，需要提前策划整场直播的脚本，如直播主题的确定、直播嘉宾的邀请等。

二、相关资源
　　（1）互联网搜索工具
　　（2）Excel表格工具

三、任务分配

四、任务实施
活动一　组建直播销售团队
步骤1：了解直播销售团队的类型
步骤2：明确直播销售团队相关岗位的职责
步骤3：了解直播销售团队人员配置的方案
活动二　选择直播商品
步骤1：了解直播选品的依据
步骤2：梳理直播商品的渠道来源
步骤3：进行直播销售选品规划
活动三　搭建直播间
步骤1：选择直播场地
步骤2：布置直播场地
步骤3：配置直播设备
活动四　策划直播脚本
步骤1：了解直播脚本的内涵和分类
步骤2：明确直播脚本的作用
步骤3：策划整场直播脚本
步骤4：策划单品直播脚本

五、相关知识 具体请参阅教材中的相关内容					
六、任务执行评价					
评定形式	自我评定（20%）	小组评定（30%）	教师评定（50%）	任务总计（100%）	
1. 直播团队人员配置是否合适，职责分工是否清晰						
2. 直播商品选择是否有明确的依据						
3. 搭建的直播间是否与直播主题相适应						
4. 撰写的直播脚本是否要素齐全，流程清晰						
得分（100）						
指导教师签名：		组长签名：			
					日期： 年 月 日

七、任务拓展
　　无

 学习笔记

_____
_____
_____
_____
_____
_____
_____
_____
_____
_____
_____
_____

工作任务二 实施直播

任务情境

位于兰州市某商业园区的知名电子商务公司A是一家规模较大的服装公司,该公司成立以来一直致力于经营各类高品质的女装业务,涵盖时尚、休闲、运动等多种风格。为了庆祝公司成立五周年并提升品牌知名度,该公司决定举办一场直播庆典活动,通过电商直播的形式向消费者展示公司最新款式的服装,带给观众视觉和购物的双重享受。同时,也为该公司进一步开拓市场营销渠道,提高品牌曝光度和美誉度。为了实施这场直播,他们需要一支专业的直播团队,其中包括直播主播、直播运营人员和技术支持人员等。近期,该企业引入了一批电商行业的实习生作为人才储备,某院校电子商务专业即将毕业的大学生小秦就是这一批实习生中的一员,他非常热衷于直播销售岗位,并希望通过这次实习,积累直播营销的实践经验,为将来的职业发展打下基础。

公司在经过新人培训之后,要求所有实习生上交一份关于直播庆典活动直播实施的分析内容,其中包括开场直播秀、直播商品展示、直播粉丝互动等内容,小秦随即便展开了准备。

学习目标

【知识目标】
1. 了解直播开场秀的发展与现状;
2. 熟知直播开场秀的实施技巧;
3. 熟悉直播间商品陈列的方法及展示技巧;
4. 了解直播间粉丝互动的常用物料;
5. 知悉与直播间粉丝互动的相关技巧。

【技能目标】
1. 能够策划并实施一场引人瞩目的开场直播秀;
2. 能够对不同直播商品进行展示;
3. 能够策划出多样化的直播间粉丝互动活动。

【素养目标】
1. 具备社会主义核心价值观,并能将其运用在直播营销工作中;
2. 具备法律法规意识,能够在直播销售中传播良好的法律意识,做一名爱国守法的好公民。

工作计划

序号	典型活动名称	活动操作流程	对接1＋X职业技能标准
020201	开场直播秀	步骤1：了解直播开场秀	具备互联网营销创新思维能力和创意策划能力
		步骤2：策划并实施开场直播秀	
020202	展示直播商品	步骤1：了解商品展示的重要性	具备市场竞争意识与判断能力
		步骤2：规划直播间商品陈列	
		步骤3：梳理直播商品展示技巧	
020203	互动直播粉丝	步骤1：了解直播互动的物料	具备良好的粉丝互动思维能力和线上沟通能力
		步骤2：实施直播粉丝互动	

典型活动一　开场直播秀

活动前导

小秦首先要对直播开场秀进行分析，需要借助网络搜索工具，利用工作之余，研究新人培训提供的学习资料以及网络搜索资料，同时请教专家，认真总结分析，梳理后得出自己的体系化认知。

活动分析

为了顺利完成直播开场秀的分析工作，小秦首先需要对直播开场秀进行深入的了解，这包括开场秀的演变过程与发展现状，随后再策划并实施一场引人瞩目的直播开场秀。

活动执行

小秦了解到，在直播电商迅速发展的当下，一场引人瞩目的开场秀对于吸引观众、激发兴趣和营造氛围至关重要。然而，要设计一场令人难忘的直播开场秀，首先需要研究开场秀的演变过程，了解不同阶段、不同行业的开场秀形式和特点，并深入分析现今直播开场秀的发展现状，才有可能策划出具有吸引力和创新性的直播开场秀。

步骤1：了解直播开场秀

小秦经过资料搜集了解到，开场秀是一种在活动、演出或节目正式开始前进行的表演或引导，旨在吸引观众注意、营造氛围，并为接下来的内容作铺垫。开场秀在各种类型的活动中都有广泛应用，其形式和特点在不同的时期和行业有所不同。总体来说，开场秀经历了"起源—发展—变革"这几个重要的阶段。

开场秀最早可以追溯到舞台表演的早期历史。在古希腊和古罗马时期的戏剧表演中，开场秀被称为"普罗洛戏"（Prologue），是戏剧的开场部分，由演员在观众面前进行独白、对白或与合唱团互动，其目的是向观众介绍剧情和角色，为接下来的剧情作铺垫，如图2-2-1所示。随着电影和电视行业的发展，开场秀演变成了吸引观众的艺术形式，在屏幕上为故事展开作铺垫。电影和电视节目的开场秀通过视觉和听觉刺激，让观众迅速进入故事情节。现如今，在娱乐、时尚、体育等领域中，开场秀变得更加丰富多彩，以先进技术和艺术形式创造令人惊叹的场面和氛围，如图2-2-2所示。随着科技时代的发展，投影技术、LED屏幕等先进技术的运用，加上社交媒体和网络直播的互动性，让开场秀得以在媒体平台上发展出新的形式，吸引观众的参与和注意力，如图2-2-3所示。

图2-2-1　宫廷音乐剧开场秀

图2-2-2　某体育赛事开幕式

图2-2-3　某大型演唱会开场直播秀

名词一点通

普罗洛戏

普罗洛戏（Prolouge）是一种戏剧形式，指戏剧作品中的开场部分或者导言部分。它通常出现在正式剧情开始之前，用来向观众介绍背景信息、设定故事情节或者引导观众进入戏剧的氛围。它可以出现在舞台剧、歌剧、音乐剧、戏曲等各种类型的戏剧作品中。普罗洛戏的具体形式和内容会根据不同的作品和创作者的风格而有所不同，但它们的共同目标是为观众提供一个引人入胜的开端，为整个戏剧作品打下基础。

在当前直播电商的大背景下,直播开场秀呈现出多个发展现状。

1. 表演形式越来越多样化

随着直播技术的进步和创新,直播开场秀的表演形式变得更加多样化。过去,直播开场秀主要通过传统的歌舞表演、音乐演奏和喜剧小品等方式进行,以吸引观众的关注。如今,在直播电商的推动下,直播开场秀的形式不断创新,出现了更多丰富多样的表演形式。现在的直播开场秀常常会融入音乐、舞蹈、时尚秀、游戏互动等元素,使得整个开场秀更加生动有趣。

2. 场景打造呈现创新化趋势

为了提升直播开场秀的观赏效果和观众体验,越来越多的直播平台和内容创作者开始注重场景打造的创新化。比如,他们通过精心设计的舞台布景、道具装饰以及背景视觉元素等,营造出与直播内容相符合的氛围和主题;还通过灯光的变换、投影等技术手段,直播开场秀可以营造出各种不同的光影效果,使整个场景更加生动和有吸引力;此外,还通过应用特效技术,如虚拟现实、增强现实等,使直播开场秀在视觉上给观众带来全新的感受。

3. 明星和"网红效应"明显

在"网红经济"下,明星和"网红"的参与成为直播开场秀的一大亮点,进而促进产品的销售。他们通常拥有自己的粉丝基础,观众通常会因为明星或"网红"的参与而对直播开场秀产生兴趣,更加关注后续的产品展示和推荐。他们可能会因为明星或网红的背书效应而对产品产生信任感,进而增加购买的意愿。

4. 品牌推广和商业合作融合发展

在直播开场秀的发展现状中,品牌推广和商业合作与直播活动融合发展成为一种常见趋势。许多直播平台和内容创作者与品牌进行合作,将品牌的产品或服务融入直播开场秀中,通过赞助商宣传、产品展示等方式实现双赢。这种商业合作不仅为直播开场秀提供了更多资源和支持,还为品牌带来了曝光和推广机会。

5. 更加注重观众的参与和互动

在直播开场秀中,如今越来越注重观众的参与和互动。为了增加观众的参与感和购买欲望,直播开场秀采取了多种方式来与观众进行互动,比如,抽奖环节、互动游戏、小问答等。这样的开场秀不仅能留住观众,激发观众的兴趣,而且还能拉近与观众之间的距离,并为后面产品的销售创造了更多的机会。

> **崇德启智**
>
> 弘扬社会主义核心价值观,凝聚社会共识,推动社会向着更加文明、和谐的方向迈进是我国文化建设的重要任务,直播开场秀作为一种艺术形式,可以通过创造性的表演和艺术形象将这些精神理念融入直播节目中。

> 近年来，很多开场直播秀通过舞台布置、服装设计、音乐选择等方式，以艺术的形式呈现爱国、团结、自由、平等、法治、诚信等社会主义核心价值观。通过表演者的情感表达和艺术创作，直播开场秀能够激发观众的共鸣和认同，引起他们对社会和个人责任的思考；并通过与观众的互动和参与，直播开场秀还能够更广泛地传播这些精神理念，凝聚社会共识，这促进了社会的文明进步与和谐发展。

步骤2：策划并实施开场直播秀

对直播开场秀进行深入了解后，小秦准备制定出该电商公司直播庆典活动的直播开场秀策划方案，并实施。针对情境中的直播活动，小秦首先需要重点关注以下几个方面，为开场直播秀的成功实施打好基础。直播开场秀策划方案见表2-2-1。

表2-2-1 直播开场秀策划方案

项目	说明	举例
目标	即通过直播开场秀想要达到的效果，如增加观众参与度、吸引注意力或者传达特定的信息	例如，通过精心设计的开场秀，给观众留下深刻的印象，增加他们对直播内容的期待和兴趣，提高直播推广效果和观众留存率等
主题	直播开场秀的主题应根据直播内容和目的来确定，以体现出独特性和吸引力，提高观众对直播的期待和参与度	例如，直播内容是新品发布会，可选用"新品盛典"作为开场秀的主题，通过视频片段、才艺表演和产品展示等多种方式，将品牌形象和产品特点展现出来，引起观众的关注和兴趣
时长	取决于开场秀活动的类型和内容，通常没有固定的时长标准，最好在直播前通过设定详细的时间框架，确保开场秀的时间控制在合理范围内，从而维持观众的高关注度	例如，在音乐会或体育赛事的直播中，开场秀包括音乐表演、烟花秀等，时长可能会稍长以营造气氛。而在一档访谈节目的直播中，开场秀则包括简短的欢迎致辞、介绍嘉宾或展示直播内容，时长相对比较短
人员安排	将直播开场秀活动中的工作内容具体到个人，做到合理分配，共同协作完成直播开场秀工作	例如主持人负责直播开场秀的主持和现场引导，表演者负责吸引观众注意力、营造活跃氛围，灯光/音效员负责舞台布置、灯光效果和音响效果的调控，安全人员负责活动现场的安全管理和紧急情况的处置等
内容形式	是指通过哪种形式进行直播开场秀活动	例如通过音乐表演、舞蹈表演、主持人致辞和介绍、特效展示、互动环节以及特技表演等
场地	即直播开场秀活动的开展场地，这取决于直播活动的内容性质和规模	例如一些直播会选择在专门的直播间或者影视棚进行，以确保设备齐全、背景布置得体。另外，也有一些直播会选择在实体商店、仓库或展厅进行，这样可更好地展示产品，并与观众互动。总之，直播的场地选择需要根据直播内容和形式来合理安排

在了解了直播开场秀的一些必备要素之后，小秦准备实施一场引人注目、充满活力的开场直播秀。因此，他提出了以下方案来实施该场开场直播秀。

1. 制定直播开场秀的目标和主题

在制定开场秀的目标和主题时，小秦着眼于提高观众参与度、吸引注意力，以提高直播间的观众量和销量，并确定了"展示A公司服装魅力，引领时尚潮流"为主题，旨在突出公司服装的时尚性和多元化。

2. 直播开场秀的时长

在确定主题之后，小秦需要根据直播内容来调整开场秀的长度。如果开场秀时间过长，观众可能会感到疲劳，而时间过短又难以充分展示创意主题，因此，小秦开场秀的时长控制在了5～8分钟，紧凑而不失精彩，使观众对接下来的直播活动充满期待。

3. 确定开场秀的内容形式

鉴于公司服装业务的特点，小秦计划结合"时尚走秀+产品介绍"的形式来展现产品的细节和优势，并与观众进行实时互动。力求以既有趣味性又充满时尚感的开场直播秀，来吸引观众的目光。

4. 人员安排

一场精彩的开场秀也离不开一个优秀的团队合作。小秦确定了主持人、模特、化妆师、摄影师等相关工作人员，并与他们沟通，确保每个人了解自己的任务和责任，做好准备迎接直播开场秀。

5. 场地选择

小秦与团队决定选择一个开放而宽敞、音响吸声效果好的场所，以满足开场直播秀的需求。小秦可以选择公司的展示中心或者在电商公司创意办公区内进行，同时也要确保场地面积和设备都能够充分配合此次直播庆典活动的规模和需求。

总的来说，小秦根据公司的需求和目标，逐一制定了直播开场秀策略和方案，保证了直播的精准性和针对性，并且扩大了直播的参与面，让观众和消费者能够更好地参与并且感受到高品质的女装品牌形象，提升公司的曝光度和美誉度。

活动技能演练

请同学们根据以下案例内容，完成对该品牌直播开场秀的策划，并将结果整理并填写在相应的表格中。

ABC是一家以时尚潮流为主打的新兴品牌，致力于提供独特而具有前卫设计的服装、鞋履以及配饰。该公司通过线上线下多渠道销售，并以独特的设计风格在市场上树立了卓越的口碑。在直播电商兴起之前，ABC主要依赖线下销售，并通过时尚秀、展览以及传统媒体发布等方式将顾客吸引至线下门店。然而，随着消费者行为的变化，ABC决定迎头赶上直播电商的浪潮，并开始注重直播开场秀的设计，通过引入各种技术创新与主题元素，以吸引更多目光，让观众对接下来的直播内容充满期待与兴趣。

如今，该企业积极活跃于各大直播电商平台，充分把握住了直播红利。近年来该企业不但重视整场直播的内容质量，而且将直播开场秀视为引流的关键一步。ABC通过不断创新多样化直播开场秀形式，邀请明星和"网红"参与开场直播秀或者将观众感兴趣的其他品牌产品或服务融入直播开场秀中，使直播间在每次开场预热时就高达数万观众。通过独特而引人瞩目的开场秀，成功引发了消费者的兴趣。这种创新不仅令直播间在预热时迅速积累了数万名观众，同时也为品牌树立了更为独特和前卫的形象。

步骤1：了解直播开场秀

请基于上述的案例背景，将该企业直播开场秀的发展历程及现状进行整理，并将结果填写在下列表格2-2-2中。

表2-2-2　企业直播开场秀情况

发展历程	具体描述
……	……
发展现状	

步骤2：策划并实施开场直播秀

请基于上述案例背景并结合已学知识，为ABC企业策划出一个引人注目的开场直播秀方案，并将结果填写在下面空白处。

策划并实施开场直播秀：

典型活动二　展示直播商品

 活动前导

小秦接下来要对直播商品展示进行探究，需要借助网络搜索工具，利用工作之余，研究新人培训提供的学习资料以及网络搜索资料，同时请教专家，认真总结分析，梳理后构建自己的体系化认知。

 活动分析

为了顺利地完成对直播商品展示的探究，小秦需要了解商品展示的重要性，接下来对直播商品的陈列进行规划，最后再探究出直播商品展示的方式。

 活动执行

小秦认为，想要对直播商品展示进行合理的规划与探究，首先需要了解商品展示的重要性，并规划直播间商品的陈列策略，才有可能梳理出直播商品展示方式。小秦在有了大概的思路后，进行了以下步骤的学习。

步骤1：了解商品展示的重要性

小秦通过资料搜集，了解到商品展示是指在商业环境中以各种方式展示和介绍商品的过程。商品展示旨在吸引顾客的注意力，凸显产品特点，促使顾客产生购买欲望，并最终促成商品的销售。商品展示在商业环境中非常重要，它是吸引顾客注意、突显产品特点、促进销售的关键策略之一。通过巧妙的陈列和展示，商家可提高产品曝光度、塑造品牌形象，并刺激消费者的购买欲望。在当今信息时代，人们对信息的需求不断增加，因此，有效、全面地展示商品就显得尤为重要。

首先，商品展示可以提供详细的产品信息。商家通过展示商品的外观、功能、特点和优势，消费者可以更好地了解产品，并对其质量和价值进行评估。商品展示可以通过图片、文字描述、视频等多种形式来呈现，以便消费者全面了解商品。其次，商品展示可以创造情感共鸣和购买欲望。通过巧妙的视觉设计、产品陈列和营销手法，商品展示可以激发消费者的情感共鸣，引起他们的兴趣和情感回应，从而促使他们下单购买。此外，商品展示还可以建立品牌形象和品牌认知度。独特而专业的商品展示可以帮助企业树立自己的品牌形象，与竞争对手区分开来。通过一致的展示风格和标识，消费者可以更容易地辨认和记住品牌，增加品牌的认知度和忠诚度。最后，商品展示在电子商务和线上销售中尤为重要。在线购物缺乏实体店面的触感和体验，因此一个好的商品展示可以弥补这个缺陷，提供更直观、生动和真实的购物体验。通过高质量的产品图片、详细的描述和客户评价，可以帮助消费者更好地评估产品，减少购买风险。

综上所述，深入了解商品展示的重要性对企业和消费者都至关重要。它不仅可以满足消费者对商品信息的需求，还能创造情感共鸣、建立品牌形象，并在电子商务中提供更好的购物体验。因此，在设计和实施商品展示策略时，应该充分认识到其重要性，并致力于提供高质量和有吸引力的展示内容。

崇德启智

遵守法律规范，传播良好的法律意识，做一名爱国守法的好公民，是加强我国法治建设的重要任务，直播商品展示也不例外。

在直播商品展示中，知识产权保护是一项关键的法律要求。商家必须确保所展示的商品或使用的标识不侵犯他人的知识产权，包括商标、专利和版权等。此外，商家在直播中的宣传活动必须符合《中华人民共和国广告法》的规定，需确保所提供的商品信息真实准确，不夸大其词，不使用虚假宣传手段。还应提供清晰的商品介绍，包括商品特性、功能、使用方法等，并明确告知退换货条件和售后服务承诺。此外，商家还应遵守《中华人民共和国消费者权益保护法》等法律法规，保障消费者的合法权益。这都有助于建设公平竞争的市场环境，促进经济的健康发展。

步骤2：规划直播间商品陈列

商品陈列在直播间扮演着烘托购买氛围的角色，通过合理规划商品陈列，可以为主播卖货提供一个完美的舞台。而商品是陈列的重点，将陈列方式、空间设计、商品三者完美融合是关键。当用户进入直播间时,他们首先对商品陈列产生视觉反应,而商品陈列的优劣直接影响到用户留存人数和消费意愿。小秦通过以往观看直播的经验,将直播间商品陈列总结为三种形式,即主题式、品类式和组合式。

1. 主题式商品陈列

主题式商品陈列的主要特征是统一,即与直播间的主题风格或场景保持一致。这种陈列方式可以帮助观众更好地理解商品的使用场景,并增加购买欲望。一般来说,直播间的直播主题可分为季节、节日、商品三类。

表2-2-3　直播间直播主题分类表

主题	子主题	具体内容
季节	春季	春季新品、烧烤、旅游、露营等
	夏季	清凉降火、防晒、防蚊虫、饮品、海滩玩具等
	秋季	秋季新品、民宿、旅游等
	冬季	保暖御寒、火锅、润肤乳等
节日	中国传统节假日	春节、端午节、元宵节、中秋节、清明节、国庆节等商品
	文化历史节假日	儿童节、教师节、母亲节、父亲节、劳动节等商品
商品	服装	裙子、衬衫、裤子、西装等
	美食	干果、罐头、薯片、酸奶、牛奶、糖果、巧克力等
	美妆护肤	口红、眼影、面膜、精华、水乳、面霜等
	厨卫	洗涤用品、餐具、锅具等
	……	

例如,主题为"品牌坚果"的直播间,可通过陈列不同类别的坚果来烘托氛围;主题为"旅行箱包"的直播间,可在直播间陈列特定风格的箱包;主题为"冬日童装"的直播间,可在直播间陈列各类童装羽绒服、毛衣等相关商品来呈现冬季寒冷的氛围,如图2-2-4所示。

图2-2-4　主题式商品陈列

2. 品类式商品陈列

品类式商品陈列方式主要是根据商品的种类或类别进行展示,为用户营造琳琅满目、可以充分选择的购物氛围。观众进入直播间后可以快速找到自己感兴趣的商品,方便他们进行选择和比较。这种陈列方式适用于商品种类繁多的情况,有助于提高购物效率和用户体验。

如图2-2-5所示为某厨具百货直播间,该直播间所陈列的商品品类繁多,有垃圾桶、锅碗瓢盆、烤箱、厨房抹布、保鲜膜等,如同一个百货商店,应有尽有,为用户提供了很多选择。

3. 组合式商品陈列

组合式商品陈列是将多种相关的商品组合在一起展示。这种方式通常用于推广套装、搭配销售或跨品类推广。通过组合型陈列,可以提升商品的销售量,并为观众提供更多购买选择。但需要注意的是,在直播间陈列商品时,尽量不要把品类相似、价格相似的商品一起陈列。

例如,对于服饰类主播来说,可以将搭配好的上衣、裤子和鞋子放在一起展示,让观众一目了然地看到整套搭配效果;对于销售厨房用具的主播来说,可以通过把锅和燃气灶组合起来进行销售,如图2-2-6所示。

图2-2-5 品类式商品陈列

图2-2-6 组合式商品陈列

针对本次直播庆典活动,小秦需要对直播间的商品进行规划和陈列,以增加观众的购买欲望和便利度。基于前面总结的商品陈列方式,小秦制定了以下方案。

考虑到A公司是一家女装公司,小秦计划以"品类式"和"组合式"的商品陈列为主,以突出展示公司丰富多样的女装商品及其搭配方式。针对女装商品,小秦将按照外套、连衣裙、上衣、裤装等分类进行陈列,并为每个区域设计相应的主题配色和道具,以增强商品陈列效果。此外,他计划让主播贴近商品本身,在直播中穿着对应产品进行展示,从而加深观众对服装的实际效果的理解,提高购买欲望。另外,小秦还打算通过组合方式展示风格相似、兼容性较强的商品,例如将外套、衬衫、裤子、鞋子等店内热销商品进行组合展示，以展现出搭配和穿着的灵感。

步骤3：梳理直播商品展示技巧

在以上步骤中，小秦准备了"品类式"和"组合式"的商品陈列方式，为每个区域设计了相应的主题配色和道具，并让主播在直播中穿着对应产品进行展示。然而，小秦清楚地意识到，成功的产品展示不仅仅是看起来漂亮，更需要主播掌握有效的展示技巧以便激发消费者的购物欲望。因此，他总结了以下直播商品展示技巧，以确保本次直播的成功。

1. 明确产品的优缺点，寻找卖点

小秦认为每款产品都有其特定的材质、使用方法等，从而导致不同的优缺点。因此在产品展示前，主播需要仔细研究产品的优缺点（可以通过向厂商咨询、查阅资料、试用等多方面途径获取信息）。例如，在A公司的这场直播中，主播要展示一款雪纺打底衫，那么"设计新颖""款式百搭"等就是产品特有的优点，而"质地轻薄""透气性好"等则是这种材质的特点，"易变形""易勾丝"等就是雪纺材质的部分缺点，主播需要掌握弥补产品缺点的方法，并在直播中分享这些信息给观众。最后，在展示产品流程的设计上，主播需要重点强调产品的优点，同时也不能忽略产品的缺点，从而获得更好的销售效果。

2. 合理安排展示顺序，确定压轴产品

在确定产品展示顺序时，小秦认为主播可以根据产品的品类、风格和受众等进行分类，以提高直播销售效率。最后，在对要展示的产品进行排序时，小秦提出了两种排序技巧，并建议在具体情境中灵活运用。

第一种是按照"新品折扣类—品牌经典类—品牌清仓类"排序。

小秦认为，通过展示新品折扣类产品来吸引消费者的目光，激发购物热情，并强调产品的品质优势。接着，介绍该品牌的经典类产品，加强产品品质优势，并重点介绍销量，以吸引追求品质的消费者。最后，在展示产品的最后阶段，展示品牌清仓类产品，即使款式单一或断码，也能吸引追求实惠的消费者抢购。

第二种是按照"春、夏、秋、冬"季节排序。

在A公司的这场直播庆典中，如果以"季节"为主题，小秦认为可按照季节顺序为产品排序。例如，在春季部分，可展示清新轻盈的连衣裙和薄款外套；夏季则介绍透气清爽的短袖衬衫和凉爽的裙装；秋季展示保暖舒适的毛衣和修身牛仔裤；冬季则推荐保暖大衣和羊毛裙。这样的排列方式可以帮助观众更好地了解服装在不同季节的穿着效果，提供更具针对性的购物建议，激发他们的购买欲望。

除了以上排序技巧，直播排序还有多种其他技巧，在选择时需要针对具体直播情境灵活运用。

3. 重点介绍观众想要了解的内容，解决其痛点

小秦认为抓住消费者的需求，重点介绍消费者想要了解的内容，是直播商品展示的另一重要技巧。比如，小秦可分享A公司的品牌故事和价值观，让观众更深入地了解其品牌文化，为他们提供一种情感上的认同感。此外，详细介绍女装面料的选材原因、舒适度和品质保证，以及产品安全无害的特殊成分，帮助消费者解决对产品成分的担忧。然后，选择一些同类型的产品进行对比，分析其不同之处，凸显该产品的优势，从而激发消费者的购买热情，提高产品的销量。

4. 分享产品试用体验，营造体验感

相对于传统的在线购物方式，通过直播购物可以给消费者带来更好的购物体验。为了向消费者传达真实的试用体验，小秦认为主播可实时试穿，直观地展现服装的款式设计、搭配效果，并分享个人的使用体验和穿着感受，帮助观众更好地了解产品的实际效果，增强购物体验感。

5. 强调产品优势，塑造高性价比

在直播过程中，小秦觉得强调产品的优势，突出性价比，可以让消费者更好地了解产品，并激发他们的购买欲望。例如，可以形象地描述服装款式的新颖之处，让消费者记住其特色，在试穿或展示产品时，要说明产品的适用体型、材质和合适的场景，让消费者进一步了解产品的优势。比如介绍产品的质感、手感以及制作工艺等细节，强化消费者对产品优点的认知。为了塑造产品的高性价比，主播需要多次提醒消费者产品的优惠信息，并与其他品牌同类产品比较，突出产品的性价比，增加购买的动力。

新兴动态

新技术为直播商品展示注入新活力

近年来，直播商品展示方面的新兴技术应用不断涌现，并在5G网络的推动下迎来了快速发展。在电商直播中，通过5G网络传输的超清4K画质让观众可以清晰地看到主播和商品的细节，甚至能够放大观察局部细节，使其几乎无法区分线上观看与实体店现场观察之间的差异。同时，云导播台等高科技设备的引入提升了直播间的真实感和场景感。虚拟现实（VR）、增强现实（AR）技术为观众带来沉浸式购物体验，并让他们可以在虚拟环境中互动或将虚拟物品叠加到现实环境中。

随着5G时代的到来，电商直播将扩展应用领域，即使在农村等信号较弱的地方也能享受清晰顺畅的直播体验。这些技术应用提升了观众的参与度和购物体验，推动了电商直播行业的发展。

活动技能演练

步骤1：了解商品展示的重要性

通过提供的有关直播商品展示的学习资料、微课，或借助网络搜索的方式，了解商

品展示的重要性,并根据自己所学以及对所接触的知识进行总结,阐述自己对于商品展示的理解。

_____
_____
_____

步骤2:规划直播间商品陈列

请同学们阅读下面两则案例后,分析两则案例中的直播商品应该如何陈列,并阐述这样陈列的意义是什么,最后将结果记录在下面空白处。

案例背景1:

临近"双十二",某销售各类化妆品和美容产品的企业,准备在抖音平台举办一场促销活动直播,为注重保养的女性观众带来特别优惠的购物体验。在直播开始前,主播精心挑选了一系列热门品牌的香水、美容仪、护肤品、彩妆等作为促销商品,他们希望通过这些热门产品吸引观众的关注,并带动某些清仓品的销量。直播开始后,主播以亲切友好的语气向观众介绍促销活动的细节,并提醒观众可以通过评论区或私信留言的方式参与购买。主播依次展示每个促销商品,并详细介绍它们的功能、适用人群以及特殊优惠。在展示过程中,主播会重点强调每个商品的特点和与其他同类产品的差异。观众通过直播过程中显示的商品图片、产品信息和价格,选择自己感兴趣的商品,并直接在直播间下单购买,或通过提供的购买链接跳转至企业的电商平台进行购买。

案例背景2:

某线下百货公司受"后疫情时代"的冲击,导致大量商品积压。为了应对这一问题,企业经理决定利用直播平台开展一次直播销售活动,以清理库存、吸引消费者并提升销售额。在直播开始前,企业经理对积压的货物进行了分类和整理。这些货物包括服装、家居用品、电子产品等。

案例1 直播商品陈列方式:	案例2 直播商品陈列方式:
原因分析:	原因分析:

步骤3:梳理直播商品展示技巧

请基于上述两个案例背景并结合已学知识,分别梳理出这两个企业在直播过程中商品展示的技巧,并将结果填写在下面空白处。

直播商品展示技巧呈现处:

典型活动三 互动直播粉丝

活动前导

直播时引导粉丝互动十分重要，营造一种热闹且活跃的氛围，可以调动粉丝的热情，从而吸引更多用户进入直播间。因此，小秦首先要对直播中的粉丝互动进行分析，需要借助网络搜索工具，利用工作之余，研究新人培训提供的学习资料以及网络搜索资料，同时请教专家，认真总结分析，梳理后得出自己的体系化认知。

活动分析

为了顺利地完成直播粉丝互动的分析，小秦首先需要梳理出直播间粉丝互动的物料，然后结合任务情景分析与粉丝互动的形式、节点及选择原因等。

活动执行

了解直播间粉丝互动的物料是实施直播互动活动的基础。只有明确了直播互动时所需要的物料，才能更好地开展互动活动，以实现预期的效果。

步骤1：了解直播互动的物料

在直播开始之前，直播运营团队需要根据实际需要准备充足的直播互动相关物料，以满足观众的参与需求和直播的互动性。直播互动物料主要包括以下几种：

1. 道具

道具是丰富直播内容和增加互动趣味性的关键。道具通常包括手卡、展示板（图2-2-7）、标记笔、实物样品、氛围道具等。主播可以通过使用自己设计或定制的道具，为观众提供一个全新的观看体验。手卡、展示板和标记笔可以用来展示文字、图片信息，例如在服饰类直播中提示用户如何确定尺码，介绍当日宠粉活动或福利产品等。此外，氛围道具用于丰富直播的场景，包括礼品盒、气球、烟花、照明灯光等，能够让观众沉浸在直播中，增加直播的趣味性和参与感。同时，通过实物展示吸引观

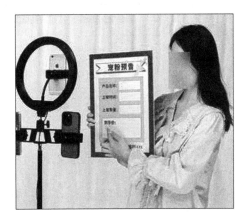

图2-2-7 直播间展示板

众注意力,不仅增加直播的真实感和吸引力,还有助于增强用户的信任感,是促成转化下单的有力武器。

2. 奖品

奖品是直播互动中不可或缺的一部分,常见的奖品包括福袋、红包(图2-2-8)、赠品等。福袋内通常含有一定数量或价值的商品样品、小礼品或虚拟礼品卡,可以作为抽奖或参与互动活动的奖励,吸引观众积极参与互动。此外,红包也是一种受欢迎的奖品形式,能够直接传递给获奖观众,增加观众参与互动的愿望。赠品则可以作为带货的一种手段,提供给购买产品的用户,增加促销转化率和用户留存率。

图2-2-8 直播间红包

3. 其他

除此之外,装饰物、贴纸(图2-2-9)和背景音乐等也是提升直播互动性的重要物料。装饰物和贴纸可被用于丰富直播场景,营造出更生动、有趣的氛围,增强观众的参与感和愉悦感。同时,在互动环节选择合适的背景音乐也能够增加直播的观赏性和吸引力,为观众带来更好的视听体验。此外,在直播过程中可以适当地放置品牌的符号或名称,还可以强化品牌效应。

图2-2-9 直播间贴纸

新兴动态

新技术在直播粉丝互动中的应用

据深圳新闻网2023年6月14日讯:在某个视频里,几百平方米的空旷房间内看不到工作人员,屏幕上的"主播"正在全自动直播带货;在某餐饮抖音账号,一名主播正情绪饱满地介绍产品,此时,"她"连续直播已经超过24小时。7×24小时直播,已经超出人体的生理极限。是什么支撑他们能承受这样的工作强度？原来，其背后是AI数字大军，即数字人。

近年来，随着CG、语音合成、深度学习算法、自然语言处理等技术的进步，"数字人"在直播粉丝互动中的应用得到了快速发展。通过全自动直播带货，数字人能够吸引观众并与粉丝进行互动，成为电商、直播和营销等领域中的重要角色。

这些数字人通过技术手段实现了声音、嘴型、动作和表情的匹配，在和弹幕的互动中可实时推理话术，既可以专业地介绍产品，又能回答粉丝问题。目前，这样的数字人至少已经在几十万个大V账号中出现。未来，随着技术的不断创新和应用，数字人在直播粉丝互动中的应用前景将会更加广阔。

名词一点通

数字人

数字人是一种基于人工智能技术创建的虚拟人物，具有人类的外表、声音和行为特征。它们可以通过计算机生成的图像、语音合成和自然语言处理等技术实现与人的交互。数字人可以在虚拟世界中扮演不同的角色，如主播、虚拟偶像、虚拟代言人等，用于直播带货、营销推广、教育培训等领域。

CG（Computer Graphics）

CG是指利用计算机技术来生成、处理和显示图像的学科领域。计算机图形学包括了许多子领域，如三维建模、渲染、动画、虚拟现实、增强现实等。通过计算机图形学技术，可以创建出逼真的虚拟场景、角色和特效，用于电影、游戏、广告、工程设计等领域。

步骤2：实施直播粉丝互动

小秦了解到，与直播粉丝进行有效互动对提高观众的关注程度和增强品牌认知度至关重要，通过互动还能吸收观众的反馈和需求，为公司提供更好的发展方向。因此小秦认为，A公司的这场直播庆典活动，在选择互动形式、节点以及选择原因时需要谨慎考虑。

1. 问答/分享互动

在直播开场阶段，通过与粉丝分享品牌故事，设计相关问题引导粉丝了解公司产品的特点和公司文化等，并通过弹幕等方式向观众展开提问，等待观众回答。回答正确的粉丝将有机会获得奖品（如品牌周边产品或者现金红包），这样的互动能够增强粉丝的参与度和互动积极性，同时拉近品牌与粉丝的距离。同时借此机会，邀请已经使用过公司产品的客户参与直播，让他们分享使用该产品的经验和相关故事，既能增加客户黏性，也能让观众了解到公司产品的特点。

2. 游戏互动

在直播特定时间内，邀请多名观众参与虚拟试衣间体验，展示不同服装风格。与此同时，通过限时优惠形式的快闪购物车挑战，让观众在游戏的过程中享受购物的快感，并让他们更好地认识公司的产品。通过这种互动方式，将迅速激发观众的兴趣和参与欲望，同时也可以促进产品销售，提高直播的人气和关注度。

3. 抽奖互动

在直播结束前，设置抽奖环节，向积极参与互动的观众赠送一些福袋或红包等小奖品，引导粉丝参与互动，提高对商品的关注度。这样的互动方式能够迅速激发观众的兴趣和参与欲望，同时也可以促进产品销售，提高直播人气和关注度。

4. 意见调查互动

在直播最后，通过提出关于品牌、产品质量、设计风格等问题，邀请观众提供反馈，了解他们的需求和期望。这样的互动方式将让观众感到自己的意见得到了听取和关注，提升观众的参与和满意度，同时也可以为公司提供宝贵的反馈，并指导公司的发展方向。

综上所述，在直播粉丝互动的过程中，需要充分注意观众的参与和反馈，并充分考虑公司的品牌形象和观众的期望。同时，在选择互动方式和节点时，也要考虑到直播内容和公司的品牌形象，例如什么样的互动方式和节点会与公司形象相符，符合企业定位。通过良好的互动方式和节点，来提高直播的效果，增加观众的关注度和品牌认知度。

活动技能演练

请同学们根据以下案例内容，完成对直播粉丝互动的分析，并将结果整理并填写在相应的表格中。

XYZ公司是一家知名的电子产品制造商，专注于生产高品质的智能手机和智能家居设备。为了增加品牌曝光和产品销售，XYZ公司决定利用直播平台与消费者建立更紧密的联系，并打造一个互动的直播空间，以吸引更多的粉丝和潜在客户。在即将到来的"双十一"活动中，公司将展示产品的创新性、品质和设计理念，并且与观众建立更深层次的互动，以提升品牌知名度和好感度。公司希望通过直播互动，吸引更多的粉丝关注，并在销售业绩上获得提升。

步骤1：准备互动的物料

请基于上述案例背景，你认为该企业在这场直播中应该准备哪些互动的物料？这些物料会发挥什么样的作用呢？进行整理后将结果填写在表2-2-4中。

表2-2-4　准备互动物料

直播互动物料	发挥作用

步骤2： 实施直播粉丝互动

请基于上述案例背景，你认为在这场直播中，应该如何与粉丝进行有效互动？比如与粉丝互动的形式、节点以及选择原因是怎样的？进行整理后将结果填写在下列空白处。

实施直播粉丝互动

 任务小结

通过以上任务内容的学习，同学们可以了解到开场直播秀、直播商品展示、互动直播粉丝等相关知识，能够根据直播实施的相关案例背景进行直播内容的分析。请同学们思考后回答下面问题，对本工作任务内容进行复习与总结。

1. 直播开场秀目前处于怎样的发展现状？
2. 如何规划直播间的商品陈列方式？
3. 直播商品展示的技巧是怎样的？
4. 常见的直播间粉丝互动物料有哪些？
5. 如何与直播粉丝进行互动？

竞赛直通车

全国职业院校电子商务职业技能大赛赛项规程（高职组）

企业背景： 优越商贸有限责任公司是一家经营范围涵盖办公、居家、食品、数码配件、母婴、箱包、美妆、饰品、运动器械等的综合贸易公司。公司成立于2018年，负责人是陈石。企业经营商品种类多样，贴合用户需求。企业在不断提高商品质量的前提下，力争提供完善的品牌服务，让用户安心购买，并且商品价格实惠，日常销量较好，积累了一批忠实客户。恰逢平台开展"购物狂欢节"活动，陈石计划围绕"购物狂欢节"策划并实施一场福利直播，回馈企业新老用户。

5款备选商品：水杯、牛奶、婴儿湿巾、双肩包、太阳镜。

任务要求： 直播团队根据直播互动方案，开展优惠券、"秒杀"等活动，在直播过程中积极与观众进行抽奖、发红包、订单处理等互动，引导直播间用户参与，活跃直播间氛围。团队人员要配合主播讲解进度推送抽奖、发红包等互动活动。当评论区有弹幕问题弹出时，主播需要组织合适的话术，及时完成弹幕问题处理。

工作任务单 实施直播

任务编号:		学时:	课时
实训地点:		日期:	
姓名:	班级:		学号:

一、任务描述

"智享科技"是一家致力于提供创新、高品质的智能手机和智能家居设备的领先制造公司。公司以技术创新和用户体验为核心竞争力,不断推动智能科技的发展,以满足用户日常生活和工作的需求。近年来,智享科技意识到通过直播平台可以更好地与消费者互动,并提供更生动的产品展示和解说,从而增加潜在客户的体验和购买欲望。为了实现品牌曝光和产品销售的增长,智享决定在直播平台上开展一系列直播活动,以提升品牌知名度、促进产品销售和加强与粉丝的互动关系。公司的战略目标是通过直播活动建立更紧密的联系,增加品牌曝光度,提升产品认知度,并增强消费者对产品的信任感和购买意愿。

为了实现这一战略目标,智享科技制定了一系列具体的落地方案。首先,公司将通过分析消费者互动行为和喜好,精准规划开场直播秀,吸引更多观众进入直播间。其次,智享科技将制定直播间商品陈列规划,结合产品特点和用户需求,提高直播商品展示效果。最后,公司将策划多样化的直播间粉丝互动活动,增加用户参与度和黏性,提升粉丝互动体验。通过这些具体的落地方案,智享科技希望在直播平台上实现品牌知名度的提升、产品销售的增长和与粉丝的更紧密互动,为公司未来的发展奠定坚实的基础。

二、相关资源
1. 互联网搜索工具
2. Excel 表格工具

三、任务分配

四、任务实施

活动一　开场直播秀
步骤1:了解直播开场秀
步骤2:策划并实施开场直播秀
活动二　展示直播商品
步骤1:了解商品展示的重要性
步骤2:规划直播间商品陈列
步骤3:梳理直播商品展示技巧
活动三　互动直播粉丝
步骤1:了解直播互动的物料
步骤2:实施直播粉丝互动

五、相关知识
具体请参阅教材中的相关内容

六、任务执行评价

评定形式	自我评定（20%）	小组评定（30%）	教师评定（50%）	任务总计（100%）
1. 开场直播秀的剖析是否正确、分析内容是否完整				
2. 直播商品展示分析是否正确、分析内容是否完整				
3. 互动直播粉丝剖析是否正确、分析内容是否完整				
得分（100）				
指导教师签名：		组长签名：		
			日期： 年 月 日	

七、任务拓展

无

学习笔记

_____
_____
_____
_____
_____
_____

工作任务三　复盘直播

任务情境

2023年中共中央、国务院印发的《质量强国建设纲要》中提出"提高生产服务专业化水平，规范发展网上销售、直播电商等新业态新模式。"直播销售已经成为电商行业中一种重要的推广和销售方式。通过直播，产品可以以生动有趣的方式展示给观众，观众则可实时互动并购买感兴趣的产品。然而，直播销售的成功并不仅依赖于直播的进行，且直播模式的更新不仅依赖于技术的创新，而更需要对直播过程进行深入的分析和评估。

在这个竞争激烈的市场环境中，如何提升直播销售效果，如何规范直播操作成为了每个销售团队的关键问题。而直播复盘作为一种有效的方法，通过回顾和分析直播过程，可以帮助直播团队发现问题、总结经验，并制定改进策略，从而提升直播销售的效果，制定出更为规范且高效的直播模式。

小舒是某大型综合性直播基地的直播运营实习生，近期小舒参与了公司咖啡直播间的"品牌周年庆"直播销售活动，通过本场的直播情况与目标进行对比，发现本场活动的关注用户与成交转化并未达到预期效果，直播目标详情数据如下：

直播基础目标：
（1）直播时长：6小时　　　　　　　　（2）进入直播间人数：30000人
（3）涨粉数量：1500个　　　　　　　　（4）加团数量：450个
（5）引流短视频数量：6个　　　　　　（6）人均停留时长：2分30秒

直播销售目标：
（1）GMV（商品交易总额）：90000元　（2）成交人数：680人
（3）UV价值（每个访客为店铺带来的价值）：2:1　（4）综合ROI（投资回报率）：5%
（5）投流ROI：4%

直播转化目标：
（1）GPM（千次曝光成交金额）：1250元　（2）曝光-观看率：30%
（3）观看-商品曝光率：89.63%　　　　（4）商品曝光-点击率：21.3%
（5）商品点击-成交率：11.84%

为了提升后期直播的营销及转化效果，运营经理要求小舒复盘本场直播情况，通过回顾和分析直播过程，发现问题并制定有效的改进策略。

学习目标

【知识目标】
1. 了解直播销售数据指标；
2. 了解直播间用户行为含义及指标；
3. 熟知评估及调整直播间效果的方法。

【技能目标】
1. 能够运用数据分析工具收集直播数据指标；
2. 能够根据评估标准判定直播指标完成情况；
3. 能够利用优化技巧调整直播间运营策略。

【素养目标】
1. 具备严谨认真的职业素养，明确直播目标，在复盘过程中，能够做到实事求是，精益求精；
2. 具备较强的数据驱动及数据分析能力，能够根据复盘过程中的数据分析和评估结果，快速发现直播问题，提出运营改进策略，提升直播效果。

工作计划

序号	典型活动名称	活动操作流程	对接1+X职业技能标准
020301	分析直播销售数据	步骤1：研究直播流量&成交转化漏斗模型	1. 能基于商品浏览量、曝光量、客件数、订单量、销售额等数据，分析直播的转化效果。 2. 具备良好的数据分析思维能力
		步骤2：解析直播销售数据	
020302	分析直播间用户行为	步骤1：梳理用户购物行为路径	1. 能基于涨粉数、点赞数、评论数等数据，分析直播的用户活跃度。 2. 具备较强的复盘总结能力
		步骤2：探究直播用户行为数据	
		步骤3：剖析直播人群数据	
020303	评估和调整直播销售的效果	步骤1：评判直播目标达成情况	1. 能根据直播效果分析，提炼各环节亮点、总结不足，做好复盘。 2. 具备批判性思维和问题解决能力
		步骤2：深研直播间问题与亮点	
		步骤3：探析直播效果策略调整方法	

典型活动一　分析直播销售数据

活动前导

小舒首先要分析销售数据，需要借助网络搜索工具，利用工作之余，研究公司提供的学习资料以及网络搜索资料，同时请教专家，认真总结分析，梳理后得出自己的体系化认知。

活动分析

小舒想要全面分析直播销售数据，便要从实际直播销售成交模型相关知识开始学习，了解销售数据各优化维度，才能多角度分析直播销售数据全面、真实的情况。

活动执行

随着互联网的普及和消费者行为的改变，直播销售逐渐成为现代商业领域的重要组成部分。而直播销售数据作为一场直播销售活动的关键参考维度，成为运营人员评判直播效果的重点分析环节。在一场直播销售中，直播流量与成交之间的关系是密不可分的，并且在直播复盘中，首先要分析的便是直播销售数据。小舒在进行直播销售数据分析前，需要先掌握直播流量与成交的关系模型，便于后续分析工作的开展。

步骤1：研究直播流量&成交转化漏斗模型

1. 直播流量&成交转化漏斗模型概述

直播流量&成交转化漏斗模型也称为"五维四率"模型，是一种用于分析直播平台上用户转化路径的分析模型。流量&成交转化漏斗模型的核心思想是将直播销售流程拆分为各个步骤，通过相邻步骤的转化率衡量每个步骤的表现，协助运营人员找出问题环节，从而解决问题，优化该步骤，最终达到提升整体销售转化率的目的（图2-3-1）。

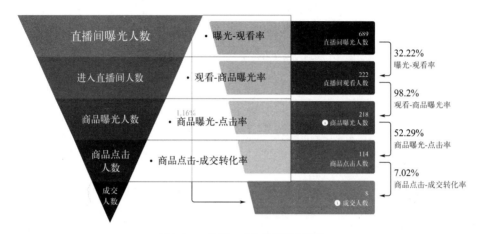

图2-3-1 流量&成交转化漏斗模型

2. 流量&成交转化模型中的指标

了解直播流量&成交转化模型中的指标是评估直播效果和优化转化的关键。流量&成交转化模型中主要包括"五维四率"指标，具体如下：

（1）"五维"指标 "五维"指标指的是直播间曝光人数、直播间观看人数、商品曝光人数、商品点击人数、成交人数，其指标具体内容如表2-3-1所示。

表2-3-1 "五维"指标定义

序号	指标	指标定义
1	直播间曝光人数	直播间曝光人数指的是直播间在任何渠道被展示给用户的次数，也称为外部用户点击进入直播间的人数
2	直播间观看人数	直播间观看人数指的是直播过程中观看直播的实际人数，也指进入直播间的人数
3	商品曝光人数	商品曝光人数是指进入直播间的人中，看到直播产品的人数
4	商品点击人数	商品点击人数指在直播间中点击商品的人数。其中包含点击进入商品详情页人数和直接添加购物车人数
5	成交人数	成交人数指的是已完成支付的人数

（2）"四率"指标 "四率"指标指的是观看点击率、商品点击率、商品点击率、点击支付率（D-O率），其指标具体内容如表2-3-2所示。

表2-3-2 "四率"指标定义

序号	指标	指标定义
1	观看点击率	曝光-观看率，外层用户点击进入直播间的人数/直播间总展示人数，指曝光到进入直播间转化率
2	商品曝光率	观看-商品曝光率，商品曝光人数/直播间进入人数
3	商品点击率	商品-曝光点击率，商品点击人数/商品曝光人数
4	点击支付率（D-O率）	商品-点击成交转化率，商品成交人数/商品点击人数

步骤2：解析直播销售数据

小舒通过直播后台结合第三方数据分析平台得到本次直播的销售数据，具体情况如表2-3-3所示。

表2-3-3 直播销售数据

序号	直播数据种类	销售数据
1	直播销售数据	GMV：51950元
		成交人数：419人
		UV价值：1.7:1
		综合ROI：4.5%
		投流ROI：2%
2	直播转化数据	GPM：721.5元
		曝光-观看率：30.5%
		观看-商品曝光率：89.85%
		商品曝光-点击率：18.3%
		商品点击-成交率：8.85%

直播流量数据情况如表2-3-4所示。

表2-3-4 直播流量数据

序号	流量来源	流量渠道	活动前-流量占比/%	活动前-成交金额占比/%	活动后-流量占比/%	活动后-成交金额占比/%
1	免费流量	直播推荐	12.06	19.96	25.06	12.11
		搜索	30.02	24.1	36.54	24.54
		关注	8.41	0.00	29.11	18.06
		个人主页&店铺&橱窗	9.45	19.54	9.45	7.20
		短视频引流	14.96	4.85	3.99	7.99
2	付费流量	付费推广	25.10	31.55	31.10	30.10

主推品及新品表现情况如表2-3-5所示。

表2-3-5　主推品及新品表现情况

序号	商品类型	商品点击人数	点击成交转化率/%	累计成交金额/元
1	主推品	12598	45.2	21540
2	新品	5963	11.1	9535

由表2-3-3～表2-3-5可知：

（1）销售转化数据　转化数据可知流量转化除观看-商品曝光率情况符合标准，商品曝光-点击率、商品点击-成交率转化均不佳。

（2）流量数据　在免费流量渠道中短视频引流效果不佳；搜索流量占比较大；关注占比次之。本次直播推荐流量虽有一定提升，但仍需提高。付费渠道流量较好，但成交情况较差。

（3）商品数据　本次直播商品表现中主推品表现较好，但新品销售情况不佳。

崇德启智

2023年10月，习近平总书记在江西景德镇市考察调研，同中华全国总工会新一届领导班子成员集体谈话时指出"要大力弘扬劳模精神、劳动精神、工匠精神，发挥好劳模工匠示范引领作用，激励广大职工在辛勤劳动、诚实劳动、创造性劳动中成就梦想。"工匠精神是一种执着专注、精益求精、一丝不苟、追求卓越的精神。

在直播复盘工作中，运营人员同样也要秉持认真严谨的职业素养，发扬精益求精、一丝不苟的工匠精神。对直播过程中的每一个环节进行深入剖析，不掩盖问题，不夸大成果。关注每一个细节，包括直播的节奏、语言表达、产品展示等。同时，对于每一个问题都要有深入的反思和总结，对于数据和用户反馈也要进行科学、精准地分析，找出问题的根源和解决方案。这样才能够不断提高直播的质量和效果，提高自身的专业素养和综合能力。

新兴动态

快手主播通过差异化货品强势出圈，月销售额达到2000万

快手家纺类某主播凭借差异化竞争，精准对标目标群体需求，在近一个月的时间里，直播带货收割了近2000万的销售额，且凭借差异化的货品，还涨了11.2万关注用户。

通过分析账号情况得知，这位主播通过2种运营手段提高直播营收，分别是差异化货品销售及多方位持续预热。

其中差异化货品销售，指的是主播在货品方面走自主研发路线，除了家纺四件套，还会设计同色系的家居服。配套的产品设计，用户在购买家纺用品的同时产生联单，提升了店铺销量的增长。同时，该主播还紧跟潮流、坚持创新，用布料制作了"大白鹅""小熊""小狗"等玩偶，也吸引了一波宝妈消费者的青睐。在营销推广上，近30天主播开设了29场直播，上架3006个商品，整体平均客单价为88.83元。日播的带

货节奏，增加了产品的曝光度。商品款式的多样化，消费者选择性增多，能够更好地转化潜在用户。更重要的是，该播主虽然上新速度很快，但所售商品均是现货仓储，足够多的现货在一定程度上也提升了消费的购物体验。

多方位持续预热，体现在以下几点：①直播带货时，播主身穿家居服，以亲切的聊天式直播方式，拉近了与关注用户之间的距离，提升关注用户黏性。② 在上播的第一时间，主播上架了多款引流产品，通过"限时秒杀"的方式进行预热，迅速为直播间聚集了大量的人气，也促进了新客的转化。③主播在上新前会发布大量的预告视频，保持稳定的直播预热；在直播中，主播截取侧拍场景实时发布视频，为当场直播增加曝光，触达更多的潜在客群。

该主播能有如此收获，并非一蹴而就。而是经历过长时间的账号内容、方向打磨，积极复盘每场直播数据及内容效果，研究市场情况及竞品账号，才能有如此的销售成绩。

活动技能演练

请同学们根据以下案例内容，完成对该平台的剖析，并将结果填写或整理在相应的表格中。

"618"大促活动前夕，某美妆电商平台决定通过在直播平台进行产品推广和销售，以吸引更多用户并提高销售额。在过去的直播活动中，该电商平台发现虽然观众数量较多，但直播的转化率和销售量并不理想。

由此，运营人员将分析重心放在了直播成交转化方面。已知本次直播目标如表2-3-6所示。

表2-3-6　直播销售数据

序号	直播数据种类	销售数据
1	直播销售数据	GMV：64520元
		成交人数：968人
		UV价值：2:1
		综合ROI：5%
		投流ROI：4%
2	直播转化数据	GPM：1000元
		曝光-观看率：19.98%
		观看-商品曝光率：88.96%
		商品曝光-点击率：20.89%
		商品点击-成交率：13.17%

运营人员查看后台转化数据得知：直播间曝光人数为88350人，直播间进入人数为15650人，商品曝光人数为15001人，商品点击人数为2080人，直播间成交人数为255人。

运营人员汇总直播流量数据如表2-3-7所示。

表2-3-7 直播流量数据

序号	流量来源	流量渠道	流量占比/%	成交金额占比/%
1	免费流量	直播推荐	30.06	35.11
		搜索	5.54	8.54
		关注	12.64	18.06
		个人主页&店铺&橱窗	6.3	7.20
		短视频引流	21.36	18.99
2	付费流量	付费推广	24.1	12.1

运营人员汇总主推品及新品表现情况如表2-3-8所示。

表2-3-8 主推品及新品表现情况

序号	商品类型	商品点击人数	点击成交转化率/%	累计成交金额/元
1	主推品	10266	35.99	18654
2	新品	12598	50.2	21540

步骤1：解析直播销售数据

请基于上述的背景及数据情况，计算曝光-观看率，并将结果填写在表2-3-9中。然后与行业标准或平台以往数据进行对比，判断此次直播的曝光-观看率是否达标。

表2-3-9 直播销售数据情况

直播数据	分析结果
直播销售数据	

步骤2：解析直播流量数据

请基于上述的背景及数据情况，计算商品曝光-点击率，并将结果填写在表2-3-10中。然后与行业标准或平台以往数据进行对比，判断此次直播的商品曝光-点击率是否达标。

表2-3-10 直播流量数据情况

直播数据	分析结果
直播流量数据	

步骤3：解析主推品及新品数据

请基于上述的背景及数据情况，计算商品点击-成交率，并将结果填写在表2-3-11中。然后与行业标准或平台以往数据进行对比，判断此次直播的商品点击-成交率是否达标。

表2-3-11 直播主推品及新品数据情况

直播数据	分析结果
主推品及新品数据	

典型活动二　分析直播间用户行为

 活动前导

小舒要对直播间用户行为进行分析,需要借助网络搜索工具,利用工作之余,研究新人培训提供的学习资料以及网络搜索资料,同时请教专家,认真总结分析,梳理后构建自己的体系化认知。

 活动分析

小舒在完成了直播销售数据的分析后,接下来便要对用户行为数据进行复盘。小舒想要全面分析直播间用户行为,便要充分了解用户购物行为路径相关知识,熟知直播间用户行为指标及人群数据指标,并结合购物行为路径,全面分析相关数据内容,才能制定精准用户营销策略。

 活动执行

在直播销售活动中,用户的行为对于直播效果和用户体验有着至关重要的影响。了解和分析直播间用户行为,对于提高直播质量,优化用户体验,了解用户偏好、需求及属性,促进直播业务的发展具有重要意义。小舒在进行直播用户行为数据分析前,需要先了解直播用户购物行为路径,充分了解直播销售逻辑。

- 步骤1:梳理用户购物行为路径

直播用户购物路径整体分为两个板块,吸引用户进入直播间和引导用户下单购买。具体内容如图2-3-2所示。

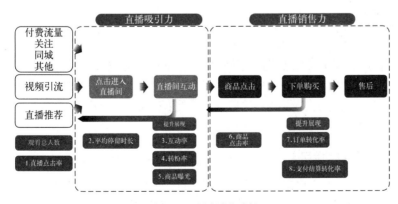

图2-3-2　用户购物路径

由图2-3-2可知，用户购物路径主线从左往右依次为：平台推荐发现直播间—点击进入直播间—直播间互动—商品点击—下单购买—售后。其中前三个步骤属于吸引用户进入直播间板块，后三个步骤属于引导用户下单板块。

1. 吸引用户进入直播间

从图2-3-2左侧可看出吸引用户进入直播间有三种主要方式，分别为付费流量、视频引流及直播推荐，通过这三种方式促使用户点击进入直播间，之后用户因直播间产品或主播话术产生停留，发生互动。用户一旦进行互动，便会提升直播间热度，从而增加平台推荐，最终吸引更多用户。此板块在一定程度上可以表明直播间吸引力的强弱。

2. 引导用户下单购买

在直播间进行互动的用户，大部分都对产品具有高购买意愿，当用户对直播间促销活动、产品质量等内容产生较大兴趣时，便会点击商品详情；若商品满足用户需求，用户便会下单购买。用户一旦进行下单操作，平台将判定该直播间具有较好的带货能力，从而增加平台推荐，为其带来更多用户。此板块在一定程度上可以表明直播间销售能力的强弱。

由直播用户购物路径可知，用户在直播间的任何行为都会对直播间热度产生促进作用。充分证明分析直播间用户行为是提升直播效果、优化营销策略的关键。其中直播间互动数据及停留时长、点击、购买等行为数据，便是以下需要重点探讨的内容。

步骤2：探究直播用户行为指标

用户行为的核心指标包含两个方面，分别是直播用户互动数据指标和直播人群属性数据指标。先进行直播用户互动指标分析。

1. 直播用户互动指标种类

直播用户互动行为包括"点赞、评论、关注、加关注用户团、分享、送礼、连麦PK"等，与带货相关的互动行为除了上述内容，还包括商品点击、购物车点击等。

> **名词一点通**
>
> **直播间的"连麦PK"**：是指在直播过程中，两个主播通过视频通话的方式进行互动，这种互动方式通常被称为PK。PK可以是一种比赛形式，两位主播通过各种方式展示自己的才艺或魅力，吸引观众投票，获得更多投票的一方即为胜者。

2. 直播用户互动指标定义

运营人员在分析互动数据时，需结合互动行为分析以下4个指标，分别是互动率、转粉率、加团率及人均观看时长，具体情况如表2-3-12所示。

表2-3-12　直播用户互动指标定义

序号	指标	指标定义
1	互动率	参与互动行为的用户数/直播间观看人数，其中参与互动行为的用户数指参与任意直播互动行为用户数的总和
2	转粉率	新增关注用户数/直播间观看人数
3	加团率	新增加团人数/直播间观看人数，其中新增加团人数指新加直播团人数或新加购物团人数。在秀场直播中新增加团人数指新加直播团人数，而在带货直播中则指的是新加购物团人数，在本节内容中指新加购物团人数
4	人均观看时长	直播间内平均每位用户观看的时长

3.直播人群属性指标种类

根据电商平台后台可了解的人群属性信息如表2-3-13所示。

表2-3-13　直播人群属性数据指标

序号	人群属性数据指标	种类内容
1	人群特征	性别、年龄、地域分布、人群类型
2	人群偏好	行业偏好、商品偏好、内容偏好、店铺商品偏好、营销工具偏好
3	交易行为	消费能力、购买天数、最近消费时间、交易来源构成、交易账号构成

注：地域分布包括省市分布；人群类型指Gen Z（Z世代）、小镇青年、资深中产、小镇中老年、新锐白领、精致妈妈和都市蓝领；营销工具偏好指用户在不同营销工具上的偏好，如满减、优惠券、"秒杀"等；消费能力分为高、中高、中、低消费人群；交易来源构成指用户在不同来源渠道的交易金额占比；交易账号构成指用户在不同账号类型的交易金额占比，如联盟账号、官方账号、渠道账号等。

> **名词一点通**
>
> 　　Gen Z指Gen Z人群，也称"Z世代""网生代"是指1995年至2005年出生的一代人。他们是"数字原生代"或"互联网一代"，这一代人自出生起就受到互联网的影响，众多科技产品伴随他们成长。这一代人的社交习惯、学习和娱乐方式都深受数字世界的影响，因此对短视频、直播等新媒体平台产生了浓厚兴趣。对于品牌而言，传达品牌信息也可通过短视频和直播这种新的渠道来实现。

步骤3：剖析直播用户行为数据

小舒通过直播后台，结合第三方数据分析平台得到本次直播的用户行为指标。

1.直播用户互动指标情况

（1）互动率：11.1%。

（2）转粉率：2.7%。

（3）加团率：0.7%。

（4）人均观看时长：1分55秒。

由以上数据结合直播目标可知，本次直播人均观看时长未达标，转粉率、加团率也较低。

2. 直播人群属性情况

（1）消费者主要在北京、上海、浙江等地，25～30岁及30～35岁的女性用户居多，如图2-3-3所示。

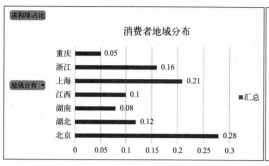
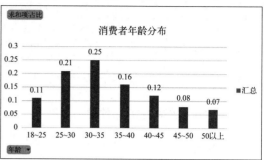

图2-3-3　消费者地域及年龄分布

（2）消费者的行业偏好，更偏向于服饰鞋包、食品饮料、美妆行业，如图2-3-4所示。

（3）消费者的商品偏好，更偏向速溶咖啡、天然粉粉食品、调味料等商品，说明账号标签较为准确，如图2-3-5所示。

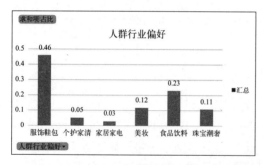

图2-3-4　消费者的行业偏好

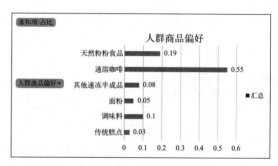

图2-3-5　消费者的商品偏好

（4）消费者的内容偏好，更偏向于时尚、随拍、剧情演绎等内容，如图2-3-6所示。

（5）消费者的营销工具偏好，更偏向于优惠券这类营销工具，如图2-3-7所示。

（6）消费者的消费能力，属于中高级别，如图2-3-8所示。

（7）消费者大多通过直播间而来，短视频则较少，如图2-3-9所示。

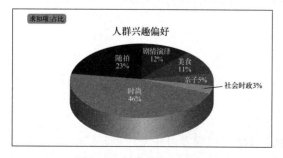

图2-3-6　消费者的内容偏好

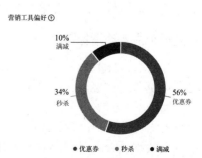

图2-3-7　消费者的营销工具偏好

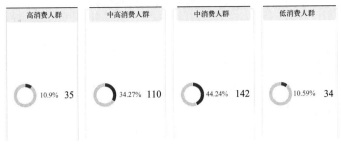

图2-3-8 消费者的消费能力　　　　　图2-3-9 消费者交易来源

活动技能演练

请同学们根据以下案例内容，完成对该平台的剖析，并将结果整理并填写在相应的表格中和空白处。

小齐是某黑咖啡直播账号的运营人员，该账号主要以减脂塑形饮品为主题。在过去的直播活动中，小齐发现虽然直播观众数量较多，但用户的互动参与度低，忠诚客户人均观看时长未达标，成交转化情况较差且关注用户成交情况并不理想。为了提升用户体验和促进用户参与，该平台决定通过深入分析直播间用户行为数据，了解用户的互动行为和人群特征，并根据分析结果优化直播内容和互动策略。

步骤1： 梳理用户购物行为路径

请基于上述的背景情况，协助小齐梳理直播用户路径，并说明小齐所面临的问题，将结果填写在表2-3-14中。

表2-3-14 用户路径可能问题点汇总

路径模块	问题点

步骤2： 剖析直播用户行为数据

请基于上述的背景情况，协助小齐思考应从哪些方面分析用户行为，并将结果填写在下面的空白处。

分析维度：

典型活动三　评估和调整直播销售的效果

活动前导

小舒想要评估和调整直播销售的效果,需要借助网络搜索工具,利用工作之余,研究公司培训提供的学习资料以及网络搜索资料,同时请教专家,认真总结分析,梳理后构建自己的体系化认知。

活动分析

小舒在学习了直播销售数据的模型与分析维度,熟悉了直播间用户的行为路径、数据指标等基础知识,要根据数据分析结果调整直播效果。通过科学的评估,有助于企业了解营销活动的实际情况,为企业提供宝贵的反馈,以优化未来的营销策略。

活动执行

小舒通过电商平台后台及第三方直播后台获得销售及用户行为数据,还针对直播过程中的产品表现、场景摆设、团队协作等方面的信息及问题点,进行整理汇总,结合评估和调整直播销售效果流程,对本次直播效果进行复盘,找到问题原因,提出优化调整策略。

步骤1:评判直播目标达成情况

1. 了解直播目标分类及指标

每场直播前,直播团队均会根据市场、产品、团队情况设置直播目标及主题,评判直播效果时首先会查看各类目标达成情况,未达成则判定直播效果未达标。直播目标包括:直播基础目标、直播销售目标、直播转化目标。

其中,直播基础目标指标包括:直播时长、进入直播间人数、涨粉数量、加团数量、引流短视频数量、人均停留时长。直播销售目标指标包括:GMV(成交金额)、成交人数、UV价值、综合ROI、投流ROI。直播转化目标指标包括:GPM(千次播放产生的成交额)、曝光-观看率(观看点击率)、观看-商品曝光率(商品曝光率)、商品曝光-点击率(商品点击率)、商品点击-成交率(点击支付率)。

> **名词一点通**
>
> 投流ROI即ROI,投资回报率,也称为投入产出比,用于衡量投资活动的效率和效果。具体来说,它表示的是投资所带来的收益与投资成本之间的比例关系。

2. 评判目标达成情况

直播目标是根据各公司实际情况进行灵活调整，因为不同公司的品牌定位、产品特性、受众群体以及市场环境等因素都可能存在差异。小舒所在公司的咖啡直播间在进行了多场直播后，基于实际经验总结如下：

（1）直播基础目标达标情况

① 人均停留时长：新关注用户人均观看时长不低于45秒，记为合格；不低于1分30秒，记为优秀；而持续关注用户人均观看时长不低于1分30秒，记为合格。

② 涨粉数据：完成进入直播间人数的3%～5%。

③ 加团数据：完成进入直播间人数的1.5%，记为合格。

④ 引流短视频数量：大约为3～6个，根据实情也有多达10个/天的直播账号。

⑤ 直播时长：直播时长需≥45分钟，才算是有效直播，一般直播时长为2～3小时，但也有直播间实行6小时、12小时、24小时轮换主播的方式，进行连轴直播，具体时间安排以公司设定为准。

（2）直播销售目标达标情况　直播销售目标需根据销售类目、市场行情、公司实际需求进行设定，一般而言UV价值为1，即为合格；根据行业报告，ROI平均值在1.5%～3%之间。当然，此类指标还需根据公司实际进行设定，如公司要求ROI达到4%～5%才算合格，那ROI的值便是4%～5%。

（3）直播转化目标　直播转化目标中GPM数值需根据行业及竞争对手数据进行设定及评判，若公司想将直播在线人数稳定在30～50人，那就需找到直播在线人数为30～50人的同行，查看其销售过程中每5分钟的销售额。若同行在直播过程中，1小时的销售额达到2万元，那么同行每5分钟的销售额为：$\frac{20000}{60/5} \approx 1667$元，则公司可以将自己的每5分钟销售额目标设定为1700元。其他转化率指标则需查看电商平台工具，进行在线评判，不同类目转化率指标不同，需根据类目实情进行判断。

小舒通过总结咖啡直播间的相关数据，并将数据与直播目标对比，汇总成表2-3-15所示。

表2-3-15　直播数据目标完成情况

序号	直播数据种类	直播目标	直播达成情况
1	直播基础数据	直播时长：6小时	直播时长：6小时
		进入直播间人数：30000人	进入直播间人数：31500人
		涨粉数量：1500个	涨粉数量：856个
		加团数量：450个	加团数量：216个
		引流短视频数量：6个	引流短视频数量：6个
		人均停留时长：2分30秒	人均停留时长：1分55秒
2	直播销售数据	GMV：90000元	GMV：51950元
		成交人数：680人	成交人数：419人
		UV价值：2:1	UV价值：1.7:1
		综合ROI：5%	综合ROI：4.5%
		投流ROI：4%	投流ROI：2%

续表

序号	直播数据种类	直播目标	直播达成情况
3	直播转化数据	GPM：1250元	GPM：721.5元
		曝光-观看率：30%	曝光-观看率：30.5%
		观看-商品曝光率：89.63%	观看-商品曝光率：89.85%
		商品曝光-点击率：21.3%	商品曝光-点击率：18.3%
		商品点击-成交率：11.84%	商品点击-成交率：8.85%

由表中得知，本次直播：

直播基础目标方面：仅直播时长、进入直播间人数、引流短视频数量达成目标，涨粉数量、加团数量及人均停留时长均未达标。

直播销售目标方面：仅综合ROI、UV价值方面接近达标，GMV、成交人数、投流ROI均未达标。

直播转化目标方面：仅曝光-观看率、观看-商品曝光率达标，GPM、商品曝光-点击率、商品点击-成交率均未达标。

总体来说，直播情况未达标。接下来，小舒便要结合销售数据、用户行为数据，以及直播间团队、商品、场景问题，全面分析造成结果未达标原因。

步骤2：深研直播间问题与亮点

在进行直播复盘时，只分析直播相关数据是无法全面了解直播情况的，还需结合直播营销推广、直播团队、直播产品、直播场景等情况，具体分析直播效果。

1. 直播营销推广亮点与问题

直播营销推广问题包括流量、销售及用户行为情况问题等。小舒通过分析本次直播发现营销推广方面存在以下亮点与问题：

直播营销推广亮点包括：直播爆款选择正确；直播推荐流量提升，依靠于主播互动、直播间画面优质等操作；根据用户偏好分析发现直播账号标签较为精准。

直播营销推广问题包括：直播流量转化不佳；自然流量渠道利用率不高；引流情况较差；直播互动情况整体未达标；直播画像还需在用户年龄、行业偏好等方面再求精准。

2. 直播团队问题与亮点

关于直播团队需复盘的内容包括主播、场控、助理、投手问题等。小舒通过分析本次直播发现直播团队方面存在以下亮点及问题：

直播团队亮点包括：主播留人能力和表现力增强；场控及时反映直播间实时热度情况，为投手提供加投辅助；助理及时配合主播完成商品讲解；投手通过推广计划吸引较多流量。

直播团队的问题包括：在主播方面，主播虽在互动表达能力方面较好，但在促单及控场方面能力欠缺；在投手方面，投手在推广引流方面较好，但在定位精准消费人群欠缺。

3. 直播商品问题与亮点

在直播前需确认商品库存、链接、金额是否准确，样品是否齐全。除此之外，还需确认直播间商品分配方案的合理性，过款流程是否准确。

本次直播在商品方面也出现了以下亮点与问题：

小舒询问运营得知，直播商品亮点在于本次直播在商品过款流程方面并无问题，说明商品过款流程符合直播账号发展方向及消费者偏好，能快速吸引消费者眼球，令其在直播间停留并下单。

直播商品问题主要出现在选品逻辑上，由于新品对用户吸引力不大，造成新品销售情况较差，同时影响了直播间的互动数据，热度降低。并且还出现了新品库存量不够、链接无法下单等突发问题。

4. 直播场景问题与亮点

直播场景对于直播间观看点击率的转化有很大的影响，直播场景决定用户在刷到视频时是否被吸引，决定停留的第一步。

小舒通过查看直播间评论，发现关注用户对直播场景，主播形象给予肯定，多次评论主播及直播背景好看。并且小舒通过查看直播回放，发现直播场景并没有过多问题，直播画面质量、背景及主播形象没有出现问题，进入率也符合标准。所以本次直播场景方面亮点颇多，没有出现较大问题。

步骤3：探析直播效果策略调整方法

小舒根据复盘内容要点、步骤及公司设定目标，将收集数据及其他方面信息整理分析，评估出本次直播效果。

可根据直播间相关数据情况提出以下优化策略：

1. 直播营销推广方面

（1）提升主播控场、促单能力，优化转粉及加团话术，或增加福利品下单门槛；

（2）营造直播间的紧张抢购氛围，如报库存或设定时间限制规则等；

（3）减少熟人直接搜索账号次数，减少分享朋友圈次数，否则影响直播推荐流量；

（4）优化短视频内容、形式，也可增加短视频的推广投入；

（5）直播间关注用户及忠诚客户占比较高的情况下提升产品上新频率，增强持续关注用户互动率；

（6）根据25～35岁女性的兴趣及偏好推广产品，可通过"咖啡可促进人体新陈代谢""具有减肥功效"等优化相关话术，吸引具有该类需求的用户。

2. 直播间团队方面

（1）可增加主播培训频次，并要求主播下播后反复查看直播回放，找出自身问题；

（2）加强主播上身或展示商品的视觉效果，讲解商品时运用生动丰富的语言及形体表达，从商品细节、设计、材质等方面突出产品优势；

（3）助播/评论区客服对观众提问进行详细解答，帮助其充分了解商品；

（4）还需加强投手推广计划建立能力，提升数据分析能力，将范围缩小至进入直播间可下单的精准人群。

> **名词一点通**
>
> 直播中的投手：指的是在直播平台上负责为账号进行广告投放的专业人员，他们通过精准的广告投放策略，为账号吸引更多的流量，进而提升粉丝量，为账号的商业目标提供更好的基础。

3. 直播间产品方面

（1）更换新品上架次数，或直接去除新品链接；

（2）提升商品主图的美观度，标题和商品卖点突出特色及利益点，如风格、优惠等，增加商品点击率；

（3）提升商品价格的竞争力，与其他商家同类商品相比更具有性价比；

（4）加强与供应商沟通，并在直播前反复确认商品链接、库存问题等，避免出现突发状况。

4. 直播间场景问题

直播场景并未出现较大问题，后续可继续依据本次直播场景标准进行直播。

> **崇德启智**
>
> 国务院发布的《"十四五"数字经济发展规划》中提出"支持有条件的大型企业打造一体化数字平台，全面整合企业内部信息系统，强化全流程数据贯通，加快全价值链业务协同，形成数据驱动的智能决策能力，提升企业整体运行效率和产业链上下游协同效率。"
>
> 在直播复盘中，运营人员应以数据为依据，对直播过程进行客观、精准的分析。对数据进行深入挖掘和分析，发现问题的根源并制订解决方案，为下一次直播提供更有针对性的改进方向。同时，运营人员还要掌握数据分析方法和工具，具备敏锐的洞察力和判断力，能够从数据中提炼出有价值的信息和趋势，为决策提供科学、精准的依据。

> **新兴动态**
>
> **直播日报与周报的复盘重点**
>
> 直播日报与周报的数据分析重点并不相同，以下根据某直播平台数据化运营学习单元的内容，对直播日报与周报复盘重点的详细分析。

1. 日报

日报重点查看流量、商品、人群数据。

其中，查看流量数据，根据流量情况定位流量下跌和转化不佳的原因；查看商品数据，根据商品销售情况把握主推品及新品表现；查看人群数据，根据人群特点识别直播间核心人群画像。

2. 周报

直播间日常情况通过日报便可及时分析汇总，周报则重点分析直播全局，盘点人货场情况及定位优/劣直播间。盘点人货场情况，需统计当周所有直播场次的汇总及明细数据，汇总数据核心关注人群画像变化、top成交/转化/拉新商品榜、流量漏斗及分渠道结构。此外，还需查看直播间本周数据，及时识别优/劣直播间，参考直播日报的分析思路，拆解为流量、商品和人群三大模块进行深入分析，并制定优化策略或沉淀优秀经验。

活动技能演练

请同学们根据以下案例内容，完成对该平台的剖析，并将结果整理并填写在相应的表格中或空白处。

小惠是某服装电商公司的运营人员，今日刚组织完成本次上新福利直播活动。小惠查看直播数据时，发现直播销售情况、流量情况较差，没有完成本次的直播目标。并且在直播过程中产品链接及产品过款流程出现问题，直播间互动情况较之前也有所降低。为此小惠准备进行直播复盘，分别从直播数据、内容及其他状况分析直播效果，找出直播问题，优化直播策略。

已知本场直播的数据目标如表2-3-16所示。

表2-3-16 直播数据目标

项目名称	项目内容
直播目标	直播基础目标： （1）直播时长：6小时　　　　　　（2）进入直播间人数：15000人 （3）涨粉数量：750个　　　　　　　（4）加团数量：225个 （5）引流短视频数量：6个　　　　　（6）人均停留时长：3分钟 直播销售目标： （1）GMV：30000元　　　　　　　　（2）成交人数：360人 （3）UV价值：2:1　　　　　　　　　（4）综合ROI：5% （5）投流ROI：4% 直播转化目标： （1）GPM：5000元　　　　　　　　　（2）曝光-观看率：29.41% （3）观看-商品曝光率：92%　（4）商品曝光-点击率：27.54% （5）商品点击-成交率：8.16%

直播实际数据情况分别为见表2-3-17。

表2-3-17 直播实际数据

项目名称	项目内容
直播目标	直播基础目标： （1）直播时长：6小时　（2）进入直播间人数：8000人 （3）涨粉数量：240个　（4）加团数量：80个 （5）引流短视频数量：6个　（6）人均停留时长：1分20秒 直播销售目标： （1）GMV：8000元　（2）成交人数：162人 （3）UV价值：1:1　（4）综合ROI：4% （5）投流ROI：2% 直播转化目标： （1）GPM：2000元　（2）曝光-观看率：29.41% （3）观看-商品曝光率：92%　（4）商品曝光-点击率：25.15% （5）商品点击-成交率：5.66%

步骤1： 评判直播目标达成情况

请基于上述的数据情况，协助小惠判断直播目标是否达成，并说明哪些目标未达成，将结果填写在表2-3-18中。

表2-3-18 直播目标达成情况

目标达成情况	未达成目标

步骤2： 深研直播间问题与亮点

请基于上述数据内容，判定出现问题的可能原因，并将结果填写在空白处。

可能存在的原因：

步骤3： 探析直播效果策略调整方法

请基于上述数据内容，思考营销优化策略，并将结果填写在下列空白处。

营销策略：

任务小结

通过以上任务内容的学习，同学们可以了解到直播间的复盘要点及流程、直播间销售、流量、互动数据指标，能够根据直播相关数据评估及调整直播营销效果。请同学们思考后回答下列问题，对本工作任务内容进行复习与总结。

1. 直播间流量&成交转化模型包含哪些转化指标？

2. 直播间用户购物的行为路径是什么？
3. 可以从哪些方面评估直播间效果？
4. 可以从哪些方面调整直播间营销效果？

竞赛直通车

全国职业院校技能大赛数据分析赛项规程（节选）

模块： 网店运营推广

任务： 网店运营推广数据分析与应用

任务背景：

恒致运动在进行连续3个周期的网店运营推广过程中，每结束一个周期的运营推广后，需要对网店运营推广的效果进行分析，诊断推广过程中存在的问题，制定下一周期的网店运营推广优化策略，不断优化网店运营推广效果，提高网店运营推广的投资回报率。

任务要求：

1. 根据第一周期网店运营推广数据，分析第一周期搜索引擎优化、搜索引擎推广及推荐引擎推广效果，制定第二周期网店运营推广优化策略；

2. 根据第二周期网店运营推广数据，分析第二周期搜索引擎优化、搜索引擎推广及推荐引擎推广效果，制定第三周期网店运营推广优化策略。

操作过程：

1. 第一周期网店运营推广数据分析与应用

分析第一个推广周期的网店运营推广数据和商品数据，制定第二周期网店运营推广优化策略。

2. 第二周期网店运营推广数据分析与应用

分析第二个推广周期的推广数据和商品数据，进一步制定第三周期网店运营推广优化策略。

工作任务单

工作任务单　复盘直播

任务编号：		学时：	课时
实训地点：		日期：	
姓名：	班级：		学号：
一、任务描述 请根据收集的零食直播间相关数据及其他问题说明，评估直播间直播目标完成情况、确定销售数据及用户行为数据分析指标，结合直播团队、商品、场景问题，制定营销优化策略。			

资料：
　　某零食直播间刚完成圣诞节的促销直播，运营人员发现直播销售额未完成目标值，决定导出直播后台数据，了解团队状态、产品问题及场景搭建问题，分析具体影响原因，思考优化策略，以便于制定元旦直播方案。
　　1. 直播间目标

项目名称	项目内容
直播目标	直播基础目标： （1）直播时长：6小时　（2）进入直播间人数：8000人 （3）涨粉数量：400个　（4）加团数量：120个 （5）引流短视频数量：6个　（6）人均停留时长：3分钟 直播销售目标： （1）GMV：24000元　（2）成交人数：280人 （3）UV价值：2:1　（4）综合ROI：5% （5）投流ROI：4% 直播转化目标： （1）GPM：3000元　（2）曝光-观看率：20% （3）观看-商品曝光率：90.75%　（4）商品曝光-点击率：27.96% （5）商品点击-成交率：13.79%

　　2. 直播间实际数据

项目名称	项目内容
直播目标	直播基础目标： （1）直播时长：6小时　（2）进入直播间人数：8000人 （3）涨粉数量：260个　（4）加团数量：98个 （5）引流短视频数量：6个　（6）人均停留时长：1分30秒 直播销售目标： （1）GMV：12000元　（2）成交人数：280人 （3）UV价值：2:1　（4）综合ROI：5% （5）投流ROI：3% 直播转化目标： （1）GPM：2000元　（2）曝光-观看率：18% （3）观看-商品曝光率：91.75%　（4）商品曝光-点击率：23.56% （5）商品点击-成交率：8.79%

　　3. 流量&成交转化问题
　　流量转化除观看-商品曝光率情况符合标准，商品曝光-点击率、曝光-观看率、商品点击-成交率转化均不佳。
　　流量下滑幅度不大，其中付费渠道流量及成交情况均较差；免费渠道短视频引流效果尚可；关注占比较大；直播推荐情况良好。
　　商品表现中主推品表现较差，新品销售情况尚可。
　　4. 用户行为情况
　　用户行为数据方面，互动情况有待提高，但涨粉、加团情况基本合格，人均停留时长合格。
　　用户人群数据方面，得知直播间消费者人群具有以下特点：湖北、浙江、湖南、江西等地，18～30岁的女性用户居多。该类人群更偏好食品饮料、服饰鞋包、3C数码等行业；偏好膨化食品、牛肉类、蛋糕、无线耳机、手机等商品；偏好时尚、随拍、剧情演绎等内容；偏好优惠券、红包这类营销工具。
　　消费能力属于中级别；交易的消费者大多由短视频而来，直播次之。
　　5. 直播间团队问题
　　主播在互动能力方面尚可，但在促单话术方面的控场能力及表现力欠缺。
　　投手在推广引流较之前较差，但人群定位较为精准，下单人数较多。
　　6. 直播间产品问题
　　在过款流程方面并无问题，在选品逻辑出现问题，对于爆品存在错误评估，且主播在直播高峰时未及时换款。
　　7. 直播间场景问题
　　直播画面质量、背景及主播形象没有出现问题，进入率符合标准。

二、相关资源
1. 互联网搜索工具
2. Excel 表格工具

三、任务分配

四、任务实施
活动一　分析直播销售数据
步骤1：研究直播流量&成交转化漏斗模型
步骤2：解析直播销售数据
活动二　分析直播间用户行为
步骤1：梳理用户购物行为路径
步骤2：探究直播用户行为数据
步骤3：剖析直播人群数据
活动三　评估和调整直播销售的效果
步骤1：评判直播目标达成情况
步骤2：深研直播间问题与亮点
步骤3：探析直播效果策略调整方法

五、相关知识
具体请参阅教材中的相关内容。

六、任务执行评价

评定形式	自我评定（20%）	小组评定（30%）	教师评定（50%）	任务总计（100%）
1. 直播流量&成交转化漏斗模型结构是否了解、分析维度了解是否准确				
2. 用户购物行为路径是否清晰、相关指标是否了解				
3. 复盘流程是否正确、复盘元素是否完整、优化策略是否准确				
得分（100）				

指导教师签名：　　　　　　　　　　　组长签名：

　　　　　　　　　　　　　　　　　　　　　　日期：　　年　月　日

七、任务拓展
　无

学习笔记

工作领域三

直播运营

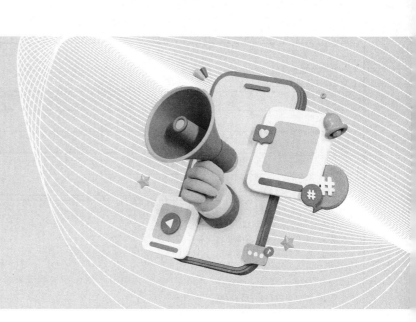

思维导图

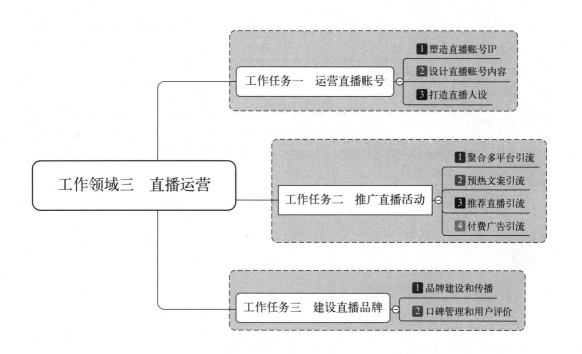

工作任务一　运营直播账号

任务情境

　　商务部数据显示，2023年上半年，重点监测电商平台累计直播销售额1.27万亿元，直播场次超过1.1亿场，直播商品超过7000万个，活跃主播超过270万人。相比2022年数据，直播场次、直播商品数量和活跃主播数量都有明显增长，整体直播电商业态呈快速增长趋势。伴随着用户规模的持续扩大及交易额不断攀升，直播电商也正持续成为商家推广产品、吸引消费者的重要途径，直播电商行业正逐步从流量驱动向内容和品牌驱动转变。

　　某品牌名为"时尚花园"的零售商企业，专注于提供时尚、优质女装产品，致力于为年轻女性带来独特的时尚体验。前期主要通过淘宝平台开展商品销售业务。然而，随着短视频和直播电商的兴起，该企业决定适应市场变化，入驻抖音平台，并通过视频直播的方式，直接向全国各地的消费者展示并销售其优质产品，从而提供更加便捷、直观的购物体验。

　　该企业引入了一批电商行业的实习生作为人才储备，某学校电子商务专业即将毕业的大学生小亦就是这一批实习生中的一员。小亦在前期的学习中，已经掌握了直播电商基础技能，接下来她需要运营直播账号，其中包括完成企业账号申请、账号标识信息设置和打造直播人设。基于此，小亦开始了相关内容的学习，并付诸行动，着手准备直播账号。

学习目标

【知识目标】
1. 熟悉直播账号开设过程；
2. 明确直播账号信息设置要素；
3. 熟悉直播账号内容选题策划、内容创作和内容发布注意事项；
4. 熟悉直播人设定位方法；
5. 了解直播人设标签打造方法。

【技能目标】
1. 理解直播账号IP打造逻辑，塑造差异化直播账号；
2. 能够与平台用户进行互动，活跃账号；
3. 能根据营销主题和目标人群，创造账号首屏作品；
4. 掌握平台内容发布技巧，完成首屏作品发布；
5. 能够根据主播个人优势和特点，打造主播人设。

【素养目标】

1. 具备正确价值观,进行直播账号打造和内容策划时,能够弘扬社会新风尚,传递正能量;

2. 具备认真、严谨的职业素养和法律意识,能够在进行直播账号运营时遵守互联网平台公约,尊重他人版权,遵守法律法规以及加强风险防范等措施。

 工作计划

序号	典型活动名称	活动操作流程	对接1+X职业技能标准
030101	塑造直播账号IP	步骤1:完成账号注册和认证	能根据电商平台和直播后台的操作规则,申请并开通直播账号,完善个人主页、标题、封面等直播账号的设置
		步骤2:设置账号识别元素	
030102	设计直播账号内容	步骤1:形成账号标签	能根据主播个人优势及特点,对主播风格及主播销售的产品主题或类型进行整体定位与设计
		步骤2:创作首页作品	
030103	打造直播人设	步骤1:确定人设定位	理解IP打造底层逻辑,塑造差异化内容IP,能够打造主播的外在形象,塑造主播的内在形象
		步骤2:塑造人格魅力	

典型活动一 塑造直播账号IP

 活动前导

数字化时代,视频直播已成为广泛而功能强大的交流和传媒工具,不仅为个人和企业提供了一个与观众实时互动的平台。还成为了展示产品、分享见解、建立品牌影响力的重要渠道。在这个激烈竞争的环境中,有效的运营策略对于直播账号的成功至关重要。精心塑造直播账号IP,有助于提升账号吸引力和观众忠诚度,可以为内容创作者和营销人员提供巨大的优势。直播账号IP通常指的是账号背后的品牌形象或者个性化特征,它是区别于其他直播账号的独特身份标识。这个IP可以是基于直播内容的主题、风格、特定的形象角色,或者是与账号主播的个人品牌。

小亦首先要通过相关直播电商平台开展调研分析,观察直播账号类型、直播账号信息设置要素,明确不同类型直播账号的信息设置要素和设置技巧,从而完成直播账号信息的设置,并设置符合公司店铺的账号识别元素。

 活动分析

为了完成对企业直播账号IP的打造,小亦第一步便是注册直播账号,设置账号信息。

工作领域三　直播运营

活动执行

开展直播运营的第一个环节便是注册账号，因此，小亦决定先了解账号注册和认证的流程、步骤和注意事项，明确账号识别元素的设置。

步骤1：完成账号注册和认证

步骤1-1　账号注册

账号的注册非常简单方便，只需要通过微信、QQ、手机号等方式直接登录和注册，填写基本信息后即可创建账号。如在抖音平台，可以直接通过App使用手机号完成注册。

步骤1-2　账号认证

实名认证即身份认证，包括个人实名认证和企业实名认证。个人实名认证需要填写身份证号码，然后选择人脸识别或人工审核，通过后即可完成认证（图3-1-1）。进行企业实名认证，则需要上传营业执照开通企业号，然后进行对公打款验证或真人审核识别，通过后即可完成认证。

图3-1-1　抖音平台账号认证入口

步骤1-3　开通商户

开通"电商带货"对短视频账号变现来说是必不可少的一步。例如在抖音平台上，"电商带货"主要包括"商品橱窗"和"抖音小店"。如果只进行短视频带货，那么只需开通"商品橱窗"；如果需要开展直播带货，就需要同时开通"商品橱窗"和"抖音小店"。

开通商品橱窗的操作流程如图3-1-2所示：打开抖音—点击右下角的"我"—右上角三条横线—进入抖音创作者中心—点击"全部"—选择电商带货。

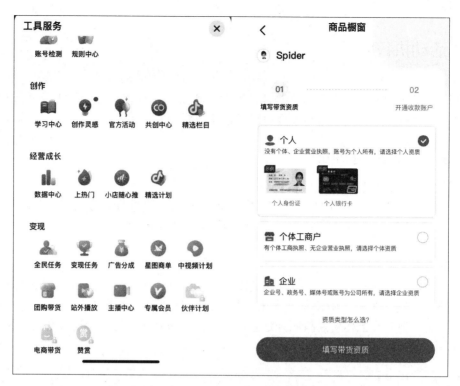

图3-1-2 抖音平台开通商品橱窗页面

因入驻主体（企业、个体、个人）不同，开通抖音小店的流程有所不同（如图3-1-3所示）。个人一般需要准备身份证、银行卡等，企业一般需要准备营业执照等。此外，还需要准备几千元到1万元不等的保证金，保证金在关闭店铺时可以退还。抖音平台店铺入驻详细规则可在抖音官方平台中"学习中心"了解。

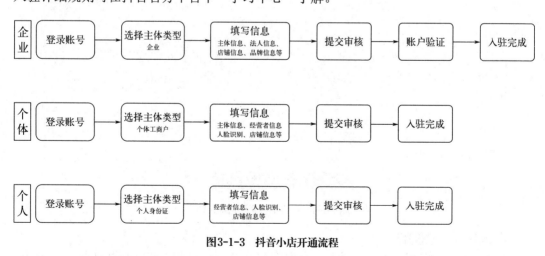

图3-1-3 抖音小店开通流程

步骤2：设置账号识别元素

在平台账号信息设置方面，体现识别元素是建立观众认知和增强品牌形象的关键步骤。这些设置涉及账号的基本信息展示，通过细节传达账号的个性和品牌价值。因此小亦决定通过平台检索相关优质账号信息设置，总结优秀直播账号识别元素设计要点，从而结合企业直播运营定位，完成账号信息设置。

小亦在完成账号创建后，通过点击账号主页中的"编辑资料"来了解账号信息设置要素，账号信息包含头像、主页背景、账号简介等。头像和账号简介会直接影响用户对创作者的第一印象，所以要上传清晰的头像，编写有特色的账号简介。账号主页的背景也要设置具有特点的图片或短视频，比如与内容相关的主题图片或相关视频等，突出个人特色（图3-1-4）。

图3-1-4　某抖音直播账号主页

步骤2-1　账号主页背景图设置

账号主页背景图又称"头图"，是账号的核心展示区域，也是个人或企业的名片。背景图作为企业与用户最大的视觉性接触点，不仅可以提升品牌形象和用户体验，还能有效促进用户转化和留存。背景图可根据营销目标进行如下功能设计。

（1）强化内容　根据直播账号定位、内容、经营商品进行背景图设置，如某农产品直播间账号背景，通过"文字+图片"的方式，明确其账号的"销售"属性；对于家装、分享类账号则通过和内容相关的图片进行呈现；而某男装旗舰店则通过呈现商品，明确其账号的主营类目录（图3-1-5）。

（2）补充内容　小亦通过查看相关优质直播账号，发现可以使用背景图进行二次介绍或加入相关需要再次强调呈现的内容，加深用户对账号的印象。如图3-1-6所示，可以在背景图中告知直播时间和独家内容信息等。

图3-1-5 强化内容呈现

图3-1-6 补充内容

（3）心理引导 除此之外，小亦发现利用极具特色的图片，向用户进行一定的心理暗示，可以使用户更深入地感受创作者的性格和内容特质，如图3-1-7所示。

图3-1-7 心理引导设计

步骤2-2　设置账号头像

在互联网中,用户通常会通过账号头像去认识一个人,头像通常是对一个账号的第一印象,好的头像会得到更多人的青睐。通过调研,小亦发现企业账号可以使用品牌或公司的标识。如果是个人账号,可以使用真人照片或与自己的人设相关的卡通人物等作为头像。

步骤2-3　设置账号名称

在互联网中,大部分人不会使用自己的真实姓名,因为真实姓名不仅记忆难度高,更不能反映出自己的个性,好的昵称有自传播的效果。通过网络调研,小亦发现个人账号的名称尽量不要直接用产品或服务的名称,企业账号则可以直接使用企业名或店铺名,如"××旗舰店""××服饰"。在创建账号名称时,无论是个人账号还是企业账号,都可以使用"地域标签+行业标签+简单易记的昵称"的方法取名,如"北京××科技小王"。

步骤2-4　设置账号简介

简介要能简单明了地介绍账号的定位和方向,告诉用户该账号的特点、能为用户提供的机制。设计简介时,可以展示账号所定位的领域。小亦通过检索相关案例,明确了不同账号简介设置内容和对应功能说明,见表3-1-1。

表3-1-1　案例简介

序号	账号昵称	简介内容	功能说明
1	东方甄选	新东方旗下农产品直播带货平台 健康生活,快乐相伴	功能+口号,说明账号功能属性
2	设计师××	独立室内设计师/爱学习爱分享 动画传递设计思路/实拍分享装修干货 暂不接设计/纯分享输送装修灵感 愿大家装修不留遗憾 商务合作:+ZJSJ***	功能+联系方式,说明账号功能属性,说明账号业务和具体联系方式
3	交个朋友直播间	交个朋友控股(HK01450)运营账号 罗永浩直播间已改名交个朋友,品牌监督官罗永浩祝您购物愉快 直播间商品相关问题请直接私信本账号客服	说明账号属性、账号背书以及业务相关说明

在完成账号信息设置之后,尽量避免频繁修改,特别是当内容在平台上获得较高关注度时。若突然进行更改,存在被平台系统误判为异常操作的风险,可能导致流量受限。

步骤2-5　完成账号识别元素整体设置

在学习了账号各元素设计要素之后,小亦决定完成自我账号,具体设置见表3-1-2。

表3-1-2　账号设置

标识元素	设置内容	设置原因
直播账号昵称	时尚花园·潮流女装 时尚花园官方直播间	简洁明了地传达品牌身份。在昵称中加入一些形容词或关键词,以增加昵称的吸引力和辨识度
背景图设置	使用高质量的女性时尚摄影图片或插画。在背景图上添加"时尚花园"的品牌标识和口号	展示女性时尚、自信和活力的形象的同时,添加品牌标识和口号,突出品牌形象
头像设置	以品牌标识为头像	增强品牌识别度
简介信息	一家专注于提供时尚、优质女装的品牌,致力于为年轻女性带来独特的时尚体验。 时尚不仅仅是衣服,它是一种生活态度,一种个人表达	简洁明了地介绍"时尚花园"的定位、特点和给用户带来的价值

在完成账号整体内容的设置后,需要注意头像、背景等图片需要符合社会主义核心价值观,遵守法律法规和国家有关规定,遵循社会公序良俗,不侵犯他人肖像权和知识产权。所有内容设置不涉及国家安全、公共安全等敏感领域。避免使用未经授权的品牌LOGO或明星形象等。

> **名词一点通**
>
> **直播IP**
>
> "直播IP(直播账号IP)"是近年来在直播行业中兴起的一个概念,主要指的是通过直播形式精心打造的、具有一定影响力和知名度的个人或者团队品牌。这个品牌可以是一个人,比如知名的直播主播;也可以是一个团队,比如某个具有特色和影响力的直播团队;还可以是一个特定的直播节目或者活动。
>
> 直播IP的价值主要体现在以下几个方面:
>
> 用户粉丝基础:直播IP通常拥有大量的忠实粉丝,这些粉丝会对直播IP的内容产生高度的关注和参与,从而形成稳定的观众群体。
>
> 品牌影响力:直播IP通过其独特的内容和形式,能够在用户中产生广泛的影响,从而提升品牌的知名度和影响力。
>
> 商业变现能力:直播IP可以通过广告推广、品牌合作、商品销售等方式进行商业变现,为企业带来直接或间接的经济效益。
>
> 内容创新能力:直播IP通常具有强大的内容创新能力,能够不断推出新的内容和形式,满足用户的需求,同时也能吸引更多的新用户。

活动技能演练

请同学们根据以下案例内容,完成对此企业的直播账号信息的设置,并将结果整理并填写在相应的表格中或空白处。

案例背景:

某企业是一家专注于高端男士护肤品的零售商,品牌名为"绅士之选"。"绅士之选"致力于为追求高品质生活的男性提供专业、高效的护肤解决方案,旨在帮助他们维护肌肤健康,提升个人魅力。初始阶段,企业主要通过京东电商平台进行销售。随着社交媒体和直播电商平台的发展,该企业决定开拓新的销售渠道,选择入驻小红书,并利用视频直播方式,向全国的消费者展示其高质量的产品和专业的护肤知识。

此举旨在通过直播形式的互动交流,加深消费者对品牌的认识和信任,同时,也是企业拓展市场、增加销量和提高品牌影响力的重要策略。接下来,企业将进行账号的注册、认证及设置工作,确保账号能有效吸引目标客户群,促进销售增长,同时加强品牌在潜在客户心中的印象。

步骤1: 搜索3家以上直播账号,明确其账号信息设置。

请基于上述的企业背景情况,查看相关类型直播账号,明确账号信息,并将结果通过文字描述填写在表3-1-3中。

表3-1-3 直播账号信息

直播账号昵称	账号类型	背景图设置	头像设置	简介信息

步骤2： 设置直播账号信息。

请基于上述的企业背景情况，结合相关同品类竞争对手账号信息，完成企业账号信息设计和设置。

1. 账号昵称

根据企业背景、经营商品、目标人群等，完成账号昵称设计，并说明缘由。昵称能简洁明了地传达品牌身份。可以在昵称中加入一些形容词或关键词，以增加昵称的吸引力和辨识度。

2. 账号背景图设计

根据企业背景、经营商品、目标人群等，完成账号背景图设计并上传。使用高质量的时尚摄影图片或插画，在背景图上添加品牌标识和口号，以突出品牌形象。

3. 账号头像

根据企业背景、经营商品、目标人群等，完成账号头像设计，并说明缘由。头像要简约、清晰，确保能够在小尺寸下清晰展示。可以考虑在品牌标识周围添加一些修饰元素，以突出企业的特点，以增强品牌识别度。

4. 账号简介

完成账号简介撰写。要能简洁明了地介绍"时尚花园"的定位、特点和给用户带来的价值。

典型活动二 设计直播账号内容

活动前导

无论是独立主播还是品牌的直播团队，都必须精心设计直播账号的内容，包括账号标签的设定和首页作品的打造。这是因为账号的内容设计不仅反映了直播的主题和方向，更是吸引观众、塑造品牌形象、促进观众留存与转化的关键。在进行直播账号内容设计之前，小亦需全面地掌握账号标签设定和首页作品制作的相关知识。

活动分析

小亦在为"时尚花园"完成账号注册和账号信息设置之后，接下来则需要为直播账号进行引流。那么如何为直播账号引流，就取决于企业对平台账号的定位了。目前在各短视频、直播平台上存在大量的同类型商家，在同一赛道奔跑的商家有很多，但是真正实现快速突围的往往是那些能够根据自身优势抢占细分赛道，以及能够打造优质作品、能够吸引用户关注的账号。

活动执行

小亦完成了直播账号塑造之后，接下来就需要专注于为"时尚花园"直播账号进行活跃，通过打造账号标签、内容标签，开发优质内容来为直播账号逐步建立起稳定的流量。

步骤1：打造账号标签

在直播运营中，账号标签打造是指创建和应用一系列标签来准确描述和定位直播账号的内容、风格、目标观众等关键属性。这些标签作为直播账号的关键词，帮助潜在观众通过搜索或推荐系统快速找到与自己兴趣相匹配的直播内容。账号标签的有效打造对于提升账号的可见性、吸引目标观众群体以及建立账号品牌有着至关重要的作用。

小亦通过研究同领域内成功的直播账号使用的标签，分析了它们的成功因素以及如何被目标观众发现。发现账号标签打造主要可以从以下几个方面开展。

步骤1-1　账号添加标签

小亦通过研究发现，可以通过昵称、个人简介、主页背景图来让系统抓取账号的关键词，这不仅利于AI系统的抓取，也利用当用户看到企业视频的时候会查看企业账号的主页，了解企业是做什么的。通过精心设计昵称、个人简介、主页背景图等，能够促进平台更有效地识别企业账号的关键词。这不仅有助于提升系统内的可见性，而且当用户浏览到企业的视频时，用户会被引导访问企业主页或平台，从而更加清晰地了解企业的内容定位和所提供的价值。

为了让平台有效抓取关键词，同时提升"时尚花园"的品牌和产品曝光度，小亦对账号昵称、个人简介等采取了以下策略：

（1）昵称设计　选择包含关键词如"时尚""女装"等的昵称，简洁而富有吸引力，易于记忆。

（2）个人简介优化　在简介中明确提及"时尚花园"专注于为年轻女性提供独特时尚体验的品牌定位，使用富有吸引力的语言描述品牌理念和主打产品。

（3）主页背景图设计　设计一个符合品牌形象的背景图，如展示时尚女装的高清图片，体现品牌的专业性和时尚感。

（4）企业认证　完成企业认证，增加品牌的可信度，并在创作者服务中心明确选择"女装""时尚"等相关领域。

除此之外，小亦发现通过企业认证之后，在创作者服务中心可以选择所专注的领域。

步骤1-2　发布添加标签

小亦选择与自己的直播内容高度相关的关键词作为标签。这些关键词应当是目标观众可能用于搜索相关内容的词汇（图3-1-8）。

当发布视频时，根据所专注的领域添加相应的关键词和话题标签，以及与该领域相关的标签。选择的话题关键词需要精准，以避免标签混乱，确保内容的准确分类和有效曝光。

在内容发布阶段，"时尚花园"账号遵循以下策略：

（1）关键词选择　精选与"时尚花园"直播内容高度相关的关键词，如"时尚搭配""女装新款""年轻女性时尚"等。

（2）话题标签应用　在发布视频时，添加与直播内容和品牌定位紧密相关的话题标签。确保标签的精准性，避免不相关的标签导致内容分类不准确。

图3-1-8　发布标签

步骤1-3　利用热门话题和趋势

结合当前热门话题或趋势来设定标签，可以提高账号的时效性和吸引力。

（1）趋势跟踪　定期监测时尚界的最新趋势和热门话题，如季节性时尚、重要时尚活动等。

（2）话题标签结合　将这些热门趋势与品牌内容结合，使用相关话题标签，提高内容的时效性和观众的兴趣度。

步骤1-4　粉丝互动与回复

与粉丝、用户进行互动，并及时回复，通过互动提高评论热度，提升用户对企业品牌的认知度。

步骤2：创作首页作品

完成账号标签打造路径之后，小亦接下来则需要对账号内容进行优化和创作。在大多直播平台中，账号信息首页会展示一些作品，这些作品可以是拍摄的短视频、商品图集，也可以是往期直播片段的剪辑。

视频内容是构建主播人设和品牌形象的核心要素之一，用户会通过这些作品对账号的类型、风格进行初步判断。因此，通过保持风格统一的创作作品，企业账号能够建立起独特的品牌的识别度和记忆点。

对于流量比较大的热门视频进行置顶，这些视频就像代表作，是观众对账号做更深入了解的快速通道。如图3-1-9所示，为某男装直播账号首屏作品，包含热推商品的置顶视频和往期其他商品讲解的片段，值得一提的是，该账号短视频首页风格基本保持一致，采用"商品图+商品描述"的方式呈现，让消费者第一眼就能清晰了解店铺定位、近期商品等信息。

无论是企业账号还是个人账号，创建并活跃直播电商账号都需要遵循一定的策略和要点。以下是在直播账号内容选题策划、内容创作和内容发布三个环节中所应关注的关键要点。

1. 内容选题策划

目标受众分析：确定企业目标受众，分析目标受众的兴趣，挖掘目标受众的需求，

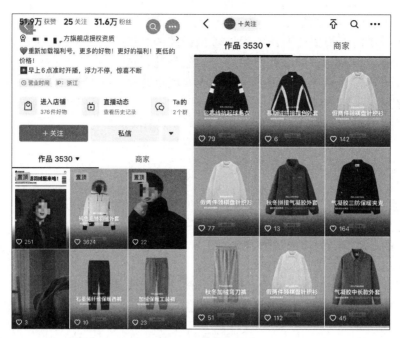

图3-1-9 首页置顶作品

研究目标受众的行为特点,选择相关的主题。

常见的内容选题策划方式主要有以下几种:

(1)热门话题和趋势　关注当前的热门话题和趋势,以便吸引更多关注和互动。使用相关的话题标签可以提高可见性。

(2)内容多样性　计划多样化的内容,包括产品展示、教程、用户案例、幕后花絮等,以保持受众的兴趣。

(3)策略性合作　考虑与其他直播电商账号或相关品牌合作,以扩大受众范围。

小亦认为"时尚花园"企业账号的目标人群为时尚年轻女性,则作品主题可提供有关最新时尚趋势、穿搭灵感和时尚文化的信息,可以设计包括时尚搭配示范、购物建议、品牌故事、时尚活动报道等,以满足不同兴趣和需求的受众。并且与时尚博主或设计师合作,共同制作时尚内容,以扩大影响力。

2. 内容创作

短视频内容创作时要结合账号定位进行内容创意设计,制作短视频时需要考虑以下因素。

(1)精炼信息　保持内容简洁明了,突出产品特点和卖点,避免信息过于拥挤或冗杂。如在女装类直播号中,可以通过短视频、图文方式展示如何组合一套时尚的夏季服装系列,同时突出产品品牌,并提供购买链接。

(2)呈现视觉吸引力　确保视频的画质、拍摄角度和视觉效果能够引起观众的兴趣。对于服装类可通过展示服装外观、穿搭效果,使用特效来增加视觉吸引力。

(3)呈现使用性内容　提供有关产品的有用信息,如如何使用、产品特性和问题解答。如在女装账号中提供有关不同款式、面料的服装穿搭技巧,以帮助观众做出更好的购物决策。

（4）故事叙述　使用故事叙述来吸引观众，讲述与产品或品牌相关的故事，建立情感连接。

（5）呼吁互动　鼓励观众互动，如评论、点赞、分享，以提高视频的可见性和曝光率。

除了上述因素外，在制作短视频时需要考虑多方面的因素，以确保内容的质量和效果。同时，还需要不断地尝试和创新，发现更多有创意和影响力的制作技巧和方式。

3. 内容发布

完成短视频的剪辑后，小亦需要将短视频发布到直播平台上，为直播活动预热，同时提升账号活跃度。发布短视频内容时应注意以下要点。

（1）添加话题标签　话题标签也是系统用以识别和分发短视频的依据。好的标签能提高短视频在推荐算法中的竞争力，实现更有效的内容分发和观众触达。

话题标签通常以"#+短语"的形式体现。话题的种类多种多样，如与某个活动或主题相关的话题等。在短视频的标题中插入与短视频内容相关的话题标签，可以有效提升短视频的数据曝光。一般来讲，短视频中高质量的标签有以下4个特征。

① 合适的标签数量。在以抖音、快手、微信视频号、小红书为代表的移动端短视频平台上，短视频创作者可以为短视频添加1～3个标签，且每个标签的字数不宜过多，在5个字以内为宜，因为移动端平台会将标签与标题文案一同显示，标签字数过多会使版面看起来比较混乱。所以，在这类短视频平台上为短视频添加标签时，需要提炼关键词，选择最能代表短视频内容的词语。同时，添加标签时也要选择符合短视频内容的标签，切忌添加过多与内容无关的标签，使系统无法识别推荐领域，或将短视频推荐给不相关的用户（图3-1-10）。

图3-1-10　关于不同平台上穿搭的标签

② 标签准确。设置标签时要做到准确化、细节化。以服装穿搭测评类短视频为例，如果将标签设置为"穿搭"，则涵盖范围太广。更好的做法是，将标签设置为"精致穿搭""夏日穿搭风""黑色系穿搭风格"等限定性词。这类精确性更高的标签，能使短视频在分发时深入垂直领域，找到真正的目标用户群体。

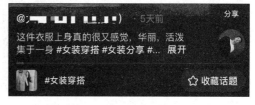

图3-1-11　关于"女装穿搭"的标签

③ 以目标用户群体为标签。设置标签时不仅可以根据短视频内容选择标签，还可以根据短视频的目标用户群体选择。如图3-1-11所示，对于穿搭类短视频，短视频创作者可以添加"女装穿搭"等标签。

④ 使用热点话题为标签。设置标签时通过适当引入热点话题标签，以此增加短视频的曝光量。如图3-1-12所示，在抖音平台中，"#显瘦穿搭"标签下视频播放量达2124.1亿次。

（2）添加@朋友　在发布短视频时，标题中短视频创作者可以添加@朋友，让平台内其他账号推荐自己的账号，添加@朋友的标签形式使短视频关注者或者粉丝既看到了视频，也看到了对方的账号。如果关注者有兴趣，就可以直接点击"@朋友"进入对方的账号，观看对方账号的视频内容，从而关注对方账号，进而转化成为对方账号的粉丝。这种做法也往往在多个账号联动时使用。

短视频创作者选择@朋友时，需要注意两点：一是相关性，即所选择的好友账号要与短视频内容有一定的关联；二是好友账号的热度，应该选择粉丝比较多的好友账号，然后利用优质内容吸引对方粉丝关注自己账号。

（3）添加地理位置　用户在浏览短视频时，有时会发现在短视频左下角的账号名称上方显示有地址信息。

图3-1-12　官方热门话题标签

在抖音和快手等移动端短视频平台，发布短视频时可以选择"同城发布"和"定位发布"，这两种发布方法都能为短视频带来意想不到的流量。

① 同城发布。同城发布是指将短视频发布到该短视频账号所在的城市，简单来说是将该城市的用户作为目标用户群体。能够帮助短视频作者在目标市场区域打开市场，尤其是以线下实体店经营为主体的短视频创作者，视频创作者采取同城发布短视频能够为实体店宣传和引流。如图3-1-13所示，为某女装店铺发布同城地理位置。

② 定位发布。定位发布是指在发布短视频时定位某一地点，使短视频被该地点周围的用户看到或该地址被其他用户看到。定位发布的方法有两种，一种是根据短视频内容定位相关位置，如短视频内容为西安市汉服穿搭视频，则可以在发布短视频时定位"西安市某公园"（图3-1-14）。另一种是定位商圈、门店、景点等，为该区域引流。

图3-1-13　发布同城地理位置

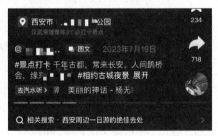

图3-1-14　发布某一景区的地位

（4）分享和宣传　分享内容链接到其他社交媒体平台或在多平台进行发布，如抖音、微信、小红书等，与粉丝互动，鼓励他们分享你的内容。

（5）定期更新　保持发布频率，定期更新内容，丰富的内容结合常态化的稳定输出，可以帮助我们打造一个鲜活的人设，服务于IP的打造。其中常态化是指每天1～3条的内容输出，稳定是指内容质量和类型要尽量保持一致。

（6）监测分析　使用分析工具来跟踪内容的表现，了解观众反馈和改进策略。

新兴动态

知识型直播成为新趋势

近年来，直播电商行业的迅猛发展催生了一批备受欢迎的直播主播。他们的成功不仅仅是因为平台和直播机构的营销策略和流量支持，更重要的是他们以独特的直播方式、节奏和商品风格，为千篇一律的促销活动注入了新的活力，也推动了直播行业模式的不断创新与发展。

随着直播电商行业的日益成熟和消费者行为的不断演变，高压销售的方式可能仍适用于"618"和"双11"这样的特殊购物节，以满足用户的购物需求并引发购物热潮。但是，激进的促销方式很难长久持续，未来的直播带货主播将不再是颜值至上，而是专业见长。主播不再是营造购物焦虑，而是分享专业知识。消费者购物决策也不再是头脑一热，而是经过了思考，所以新一代主播需要的是专业知识，需要的是以用户为中心、将心比心的直播方式。

活动技能演练

步骤1： 策划账号作品选题

"绅士之选"计划在本周上架一款产品，现在需要为商品拍摄一条短视频，让该产品快速得到消费者的青睐，请你从项目运营人员角度，策划该选题的思路。选题策划重点从两方面对商品进行介绍，一方面针对商品卖点、价格、功能、使用方法等进行简单介绍；另一方面对商品的可信度进行详细介绍，打消消费者疑虑。

_____

_____

_____

步骤2： 完成短视频拍摄、剪辑与后期处理

基于短视频选题策划，自行完成相关短视频作品拍摄，完成短视频制作。将制作完成界面截图，并粘贴在下方空白处。

短视频制作完成界面截图粘贴处

步骤3： 登录短视频后台，撰写短视频标题，完成短视频发布，将发布完成界面截图，并粘贴在下方空白处。

短视频发布完成界面截图粘贴处

典型活动三　打造直播人设

 活动前导

开展直播运营最重要的一个环节即打造直播人设，小亦在完成了账号自身标签和首页作品创作之后，接下来，就要进行主播人设的打造。

 活动分析

在直播中打造人设的主要目的是通过输出价值观，主播能够与观众建立起深层次的情感连接。换句话说，就是将直播品牌化，通过主播的名字、容貌、举止、装扮、声音、职业等显著特征与直播间或企业品牌紧密关联，可以形成独特的品牌形象和识别度。

在完成了直播账号的标签打造之后，小亦计划从主播销售人员的角度来打造主播人设，分别确定人设定位、塑造人格魅力、持续优化人设。

 活动执行

在直播电商时代，打造鲜明的直播人设无疑是主播成功路上的重要一环。这不仅关乎个人品牌的塑造，更是建立深厚粉丝基础、提升转化率的关键。

步骤1：确定人设定位

步骤1-1　了解人设的意义与作用

主播IP就是主播与观众长期互动、交流后，形成了一种具有深刻内涵和广泛影响的符号，而这种符号可以代表主播个人的品质、价值观和生活方式等。简单来理解，主播IP就是粉丝对主播及其推广的产品的评价和印象，这种评价和印象是简约、具体、有效、可描述的。

直播人设的意义在于主播通过展示自己的鲜明的特点打造人设，加深粉丝对主播及其直播号的认知程度，进一步提升对主播的信任程度，拉近主播与粉丝之间的距离。主播有了人设的加持后，让自己的特色发挥最大优势，使主播在观众心中形成固定的形象，以此来吸引更多粉丝的关注,从而提升直播间用户黏性、复购率。这不仅提高了主播的销售额和利润,还降低了获取新用户的流量成本。

主播人设包含人设定位和人设标签,其中人设定位由企业或个人决定,人设标签则是由用户逐渐感知到的(图3-1-15)。

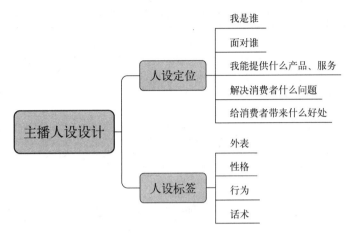

图3-1-15　主播人设设计

步骤1-2：确定主播人设定位

主播人设定位一般从图3-1-16中5个要素进行定位。

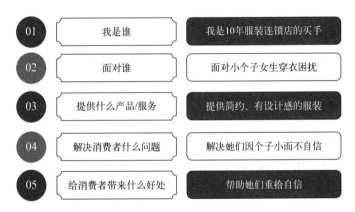

图3-1-16　主播人设定位五要素

我是谁：理清自身定位,从消费者角度审视商家信息,分析主播自身特性。主播在打造人设时应明确身份,如创业者、职场人士、全职妈妈等。然后确定形象,增强识别性,如擅长IT知识可将形象确定为科技博主,擅长美妆可以将形象确定为美妆博主。

面对谁：根据产品及主播人设细分目标受众群体,例如用户年龄阶层、收入水平、消费能力、喜好等充分考虑到人设面向的主要用户群体,通过对目标用户群体的调研,明确用户画像,做到"投其所好"。

提供什么产品、服务：即核心竞争力,产品和服务相对于同类型间有何差异性、优势性,如提供低价好货、提供品质商品。

解决消费者什么问题：是否满足消费者最初的困惑,为用户提供平时购买同类商品无法达到的效果，消费者能对主播、商家产生多大的信任程度及产品满足感。

给消费者带来什么好处：提供有价值的内容、带来除去商品之外的哪些收益。

根据"时尚花园"企业主营业务，小亦结合主播人设定位五要素对主播人设定位提出了要求，见表3-1-4。

表3-1-4 "时尚花园"企业主播人设五要素

序号	要素	定位
1	我是谁	定位为一位时尚领域的专家和品位导师，同时逐步成为年轻女性在时尚旅程中的"引路人"。形象上，将主播塑造为一位充满魅力、热爱时尚，并且对女装有深刻见解的时尚博主。这位主播不仅精通最新的时尚趋势，还擅长将时尚理念融入日常穿搭中，为观众提供实用而又前沿的时尚指南
2	面对谁	追求时尚、希望提升个人穿搭品位的年轻女性，特别是那些对时尚有独特见解但在日常搭配中寻求灵感的女性。这些观众通常年龄在18～35岁之间，对时尚有着高度的热情和个性化的需求，她们既希望了解最新的时尚趋势，也期望能够通过穿搭展现自己的个性
3	提供什么产品、服务	将提供系列高质量、时尚前沿的女装产品，包括但不限于日常休闲装、办公室职业装、特殊场合的礼服等。除了产品销售，主播还提供专业的穿搭指导、时尚趋势解读，以及如何将时尚元素融入日常生活的建议，为观众提供一站式的时尚解决方案
4	解决消费者什么问题	解决日常穿搭的困惑，例如，如何选择适合自己身材和肤色的服饰，如何根据不同场合选择合适的着装，以及如何将简单的服饰搭配出新意等。通过直播间的互动和教学，消费者可以学习到如何提升自己的穿搭技巧，增强自信，从而更好地表达自己的个性和品位
5	给消费者带来什么好处	除了提供高质量的女装产品，主播还将通过分享专业知识和实用技巧，使观众在享受时尚购物的同时，获得个人形象提升的效果。观众不仅可以从"时尚花园"获得最新的时尚资讯和潮流趋势，还可以学习到如何根据自己的条件挑选适合的服饰，最终实现个人风格的独特展现和自我价值的提升

在进行异化主播IP定位时，除了要考虑企业可以触达的用户特征外，还要考虑主播的形象是否契合目标用户，如全职妈妈带货儿童服饰，这既符合目标群体的需求又符合主播的身份。

 步骤2 塑造人格魅力

步骤2-1 清晰主播人设定位构建维度

要想让用户清晰地感知到主播的人设定位，那么就需要从主播的外表、性格、行为、语言话术等维度进行构建。

外表：细化自身形象特征、穿着风格，让观众及用户对于主播特点产生记忆联想性。例如美妆博主外表特点包括长直发、时尚妆容、精心选择的服装风格，通常穿着时尚、优雅的服装。观众们很容易记住她的外表特点，因为她的形象总是与最新的时尚趋势保持一致。

性格：从情绪心态中着手，主播应具备足够的亲和力和控制稳定心态的能力，做到保持心态的同时掌控直播间氛围。例如美妆主播往往都具备较强的亲和力，在直播中传递愉悦的氛围，保持平稳情绪，无论在演示妆容技巧还是回答观众问题时，主播都能表现得自信、友好和充满热情。

行为：主播要以自身特点为出发点，并巧妙地放大这些特点，在镜头下展现出自己的真实特征，确定自己的特点定位后，还需要不断反复地巩固自己的人设形象来加深用户的印象。美妆主播直播中展示如何使用不同的化妆品，从底妆到眼妆，都一丝不苟地解释每一个步骤。不断尝试新的化妆品,展示其效果,同时强调每个产品的特点和适用情况。

语言话术:形成颇具个人特色的直播话术有利于为直播营销赢得更多成功的机会。提高直播话术的方法是多听、多练、多总结,主播要学会解构其他主播直播话术的逻辑、说话时的动作、语气、节奏甚至眼神等,分析其切入话题的方式,从中汲取经验,从而不断提升自己直播时的语言表达能力。例如美妆类主播往往使用清晰的语言和详细的解释来说明每个化妆步骤,产品的成分和效果。积极回答观众的问题,提供个性化建议。观众们信任主播的专业知识,因为直播能够提供有关化妆品的深入了解,以及如何选择适合自己肤质的产品。美妆主播的话术定位是可信赖的化妆品专家。

步骤2-2　塑造主播人设

通过对主播人设构建并结合"时尚花园"女装企业背景、营销信息,小亦可以从以下几个维度出发,来清晰规划公司主播人格魅力塑造途径。

(1)外表　形象定位:主播应塑造成时尚领域的意见领袖,外表应呈现出时尚、优雅且具有亲和力的形象。

(2)性格　亲和力和稳定性:主播需具备高亲和力,能够在直播中与观众建立起良好的互动关系。同时,应具备控制直播间氛围的能力,即使面对突发情况也能保持镇定,传递积极的情绪。例如,在直播过程中,遇到了技术故障导致直播暂时中断。主播迅速用手机发了一条状态更新给观众,并用幽默的方式缓解尴尬,比如说:"看来我们的热情连网络都承受不住了,稍等片刻,立即回归!"展现了主播的亲和力和稳定心态。对于观众提出的关于如何搭配冬季服饰的问题,主播不仅详细回答了观众,还即兴展示了几种不同的搭配方式,展现了主播的专业知识和友好亲和的性格。

(3)行为

① 真实展现:在直播中,主播应真实展示试穿不同服装的效果,分享穿搭技巧和时尚见解,让观众感受到主播的专业性和品牌的时尚感。

② 巩固人设形象:通过一贯的行为表现,如直播时的穿搭示范、风格解读等,不断加强和巩固时尚专家的人设形象。

(4)话术应用

① 专业且亲切的话术:主播在直播时应使用清晰、专业且充满热情的话术介绍产品,如介绍服装的设计理念、面料选择、搭配技巧等,同时以亲切的语气回答观众问题,提供个性化的穿搭建议。

② 建立信任:通过深入浅出的方式解释时尚潮流,挑选适合自己身材和风格的服装,打造个人风格,建立起观众对主播的信任和专业认可。

(5)言行举止与互动方式

① 积极互动:积极回应观众的评论和问题,通过分享观众的意见等方式,让观众感受到被重视。直播结束前,回顾直播中提到的所有款式,用鼓励和正面的言辞感谢每一位观众的参与,并预告下一次直播的主题和时间,展示了主播的专业性和对观众的关心。

② 展示魅力:通过自信的言行举止,传递正能量,分享个人的时尚观点和生活态度,让观众不仅购买产品,也买入一种生活方式和态度。

③ 场控能力:适时地引导直播话题,保持直播节奏,避免尴尬沉默或偏离主题,展示出主播的专业性和魅力。

> 名词一点通

虚拟主播

虚拟主播（Virtual YouTuber，VTuber）是一种通过计算机生成的虚拟角色来进行直播、视频制作和社交媒体互动的娱乐形式。虚拟主播通常是由动画、3D建模或计算机图形技术创建的虚拟角色，他们可以在直播平台、视频共享网站或社交媒体上展示自己的活动。

虚拟主播的特点是他们以虚拟角色的形象出现，而不是以真实人物的身份。这些虚拟角色通常有自己的名字、外观、个性和背景故事，他们可以在直播中与观众进行互动，进行游戏直播、唱歌、聊天等。虚拟主播的声音和动作通常由演员或配音员提供，他们通过使用特殊的捕捉设备和软件来控制虚拟角色的表情和动作。

> 崇德启智

直播，为农产品插上"云翅膀"

"表里山河，伟岸气魄的三晋大地，散落着先人灿若繁星的智慧，也凝结着无数文明传续的印记，这一站让我们一起走进山西……"某品牌的山西专场直播在网络上还未开播就已先火了一波。

2023年5月20～25日，某农产品电商平台东方甄选在山西举办专场直播活动，大量本地特产一经上架就被全国各地的消费者抢购一空。某品牌直播团队共计销售山西特色农副产品、文旅产品百余款，总销售额达1.3亿元。相关短视频播放量超过6亿次，一跃成为全网关注的现象级事件。六天时间里，该直播团队边走边播，不仅在农产品销售方面取得了亮眼的成绩，还带动线上旅游消费，进一步推动了文旅农融合发展。作为一种新兴的营销方式，网络直播以视频为载体，将企业的产品、服务、文化等需要宣传的内容进行了集成式的传播，与用户形成互动，进一步增加了用户黏性与依赖性，实现营销目标的同时还能形成口碑效应。"文旅直播+农产品带货"这一新兴营销模式带来的影响深远且积极，不仅有助于打开本地农产品的全国销路，促进品牌化发展，而且将有力带动文旅实现破圈传播，以旅游资源、特色文化、历史底蕴、民俗风情作为与消费者连接的纽带，实现流量转化，让民俗非遗、历史风光等通过直播间走进更多人的心灵深处。

> 新兴动态

虚拟主播赋能直播零售实现新增长

为降本增效的同时谋求增长，各中小品牌普遍已开始探索商家自播的路径。新兴的AI数字人等技术，以低成本开播、无人值守等特性获得青睐，尤其是长尾、低价的消费品，AI数字人带货能够以较低的成本实现较高的转化率，提升销售效果。京东双11战报显示，言犀虚拟主播在超4000家品牌直播间上岗带货，使用京小智商家数量显著增长，其中，中小商家大幅增加。

2023年11月11日，言犀虚拟主播联动京东自有品牌惠寻、京东零售便宜包邮频道、京东联营业务共同开启了一场"低价直播"，数字人主播"桃子"24小时不停播，带动成交率高达46%。数字人带动品牌自播这一新模式也吸引了央视记者走进京东大厦，对言犀大模型接入后的虚拟主播、智能客服进行了全方位的探访，点赞了以产业AI技术带动品牌增长转化的新模式。

 活动技能演练

"绅士之选"为了能够更好地适应直播电商方式，快速招聘了一批男性主播，具体信息如下，请根据企业品牌信息、企业主营商品、目标人群，完成直播人设定位和直播人设打造。

（1）企业品牌信息　"绅士之选"致力于打造高品质的男士时尚生活品牌。以精湛的工艺、优雅的设计和卓越的品质为核心价值，为现代绅士提供全方位的时尚解决方案。品牌强调经典与时尚的融合，注重细节和品质，传递出优雅、自信、成熟的品牌形象。

（2）企业主营商品

高端男士西装：采用优质面料，精湛裁剪，尽显绅士风度。

精致男士皮鞋：手工制作，舒适耐穿，彰显品位。

时尚男士配饰：如领带、领结、袖扣等，为造型增添亮点。

（3）目标人群　年龄在25～45岁之间的都市男性，他们注重品质生活，追求时尚与品位，有一定的经济实力和社会地位。他们可能是商务人士、白领、创业者等，在工作和社交场合中需要展现出优雅、自信的形象。

步骤1： 明确人设定位

通过"我是谁""面对谁""我能提供什么产品、服务""解决消费者什么问题""给消费者带来的好处"5个维度构建该店铺主播的人设定位，将人设定位内容说明填入下表。

人设维度	内容说明
我是谁	
面对谁	
我能提供什么产品、服务	
解决消费者什么问题	
给消费者带来的好处	

步骤2： 设计人设标签

通过"外表""性格""行为""话术"的构建，塑造店铺主播人设标签，将人设标签内容说明填入下表。

人设标签	内容说明
外表	
性格	
行为	
话术	

任务小结

通过以上任务内容的学习,同学们可以深入了解到直播账号 IP 塑造、直播账号内容设计、直播人设的打造的相关知识和技能。请同学们思考后回答下面问题,对本工作任务内容进行复习与总结。

1. 直播账号的类型有哪些?
2. 如何打造高质量直播账号信息?
3. 为什么要活跃账号,如何活跃账号?
4. 直播人设的打造流程是什么?
5. 直播人设的标签有哪些?

竞赛直通车

全国职业院校电子商务职业技能大赛赛项规程(节选)

赛项名称: 直播电商

模块: 直播销售

任务: 直播销售

任务背景: 优越商贸有限责任公司是一家经营范围涵盖办公、居家、食品、数码配件、母婴、箱包、美妆、饰品、运动器械等的综合贸易公司。公司成立于 2018 年,负责人是陈石。企业经营商品种类多样,贴合用户需求。企业在不断提高商品质量的前提下,力争提供完善的品牌服务,让用户安心购买,并且商品价格实惠,日常销量较好,积累了一批忠实客户。

恰逢平台开展"购物狂欢节"活动,陈石计划围绕"购物狂欢节"策划并实施一场福利直播,回馈企业新老用户。

任务要求: 直播团队根据直播脚本,完成一场 120 分钟的不间断直播。在直播开场环节,主动向直播间用户问好、自我介绍、预告直播主题及亮点活动等,完成直播开场预热;在商品销售环节,以问题情境引入、热点引入等方式自然地引入直播商品,介绍商品属性及卖点,并配合商品细节展示,通过商品日常价格与直播价格的对比,突出促销活动的吸引力,商品上架后及时引导用户购买;在直播收尾环节,结合直播销售情况,完成引导用户关注直播间、致谢等,提升商品销售量、粉丝数量等指标数值。在直播过程中,主播人设特色鲜明,妆容、发型、服饰搭配适宜,表情管理到位,直播过程中能配合肢体动作,把控直播节奏,营造良好的直播氛围,不得出现不雅行为,如不文明用语或手势等。

工作任务单

工作任务单 运营直播账号

任务编号：		学时：	课时
实训地点：		日期：	
姓名：	班级：		学号：

一、任务描述

　　某企业是一家专注于高端运动装备和健身器材的零售商，品牌名为"动力源泉"。"动力源泉"致力于为健身爱好者提供专业、高性能的运动装备，旨在通过高质量的产品提升运动效率和体验。最初，企业主要在京东电商平台销售其产品。随着社交媒体和直播电商平台的流行，该企业决定扩展其销售渠道，选择入驻抖音平台，并利用视频直播的方式，向全国各地的消费者展示其专业的运动装备和健身知识。

　　此举目的是通过直播形式与消费者进行互动交流，加深消费者对品牌产品的理解和信任，同时，也是企业扩大市场份额、增加销量和提升品牌影响力的重要策略。随后，企业将进行账号的注册、认证及内容设置，精心打造直播账号和主播个人IP，确保能有效吸引目标客户群体，促进销售增长，同时提高品牌在潜在客户心中的认知度和好感度。

二、相关资源
　　（1）互联网搜索工具
　　（2）文本表格工具
　　（3）Photoshop CS6
　　（4）剪映
　　（5）直播电商后台（抖音）

三、任务分配

四、任务实施
活动一　塑造直播账号IP
步骤1：完成账号注册和认证
步骤2：设置账号识别元素
活动二　设计直播账号内容
步骤1：形成账号标签
步骤2：策划账号作品选题
步骤3：完成短视频拍摄、剪辑与后期处理
步骤4：完成短视频发布
活动三　打造直播人设
步骤1：明确人设定位
步骤2：塑造人格魅力

五、相关知识
具体请参阅教材中的相关内容

六、任务执行评价

评定形式	自我评定（20%）	小组评定（30%）	教师评定（50%）	任务总计（100%）
1. 直播账号注册完成 2. 直播账号信息完善 3. 直播账号信息识别元素明确 4. 直播账号信息设置与企业背景相关				
1. 账号标签打造明确 2. 首页短视频作品完成发布 3. 短视频作品获取数据				
1. 人设定位清晰、完整 2. 人设行为标准清晰、完整				
得分（100）				
指导教师签名：		组长签名：		
			日期：	年 月 日

七、任务拓展

无

 学习笔记

_____
_____
_____
_____
_____
_____

工作任务二　推广直播活动

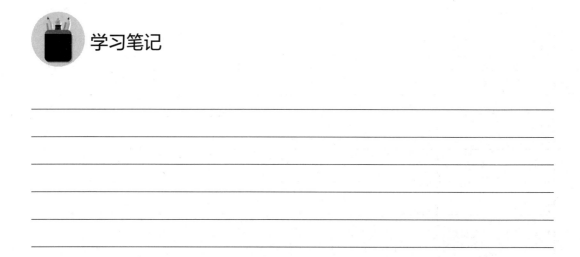

任务情境

　　直播预热是保证看播流量的基础，直播当天预热视频可贡献70%～80%的关注度。预热是吸引新粉丝的重要手段，粉丝通常比非粉丝更忠诚，更有可能在直播中购买产品。而新粉丝的购买意愿更大，通常预热期间的购买力为新粉丝＞老粉丝＞非粉丝。

直播间引流方式包括商域、公域和私域。其中商域包含信息流、搜索、直投等，公域包含直播广场、同城和站内通知或推送消息等，私域包含"头像呼吸灯"、他人主页和关注。

企业在前期预热时，也根据预热节奏确定各直播引流资源的组合思路。

某企业是一家为女装服饰零售商的企业，其品牌名为"时尚花园"，是一家专注于提供时尚、优质女装的品牌，致力于为年轻女性带来独特的时尚体验。前期主要做淘宝电商平台，随着短视频和直播电商的兴起，该企业决定入驻抖音平台，并通过视频直播的方式，直接面向全国各地的消费者提供公司优质服务。

学习目标

【知识目标】

1. 掌握不同新媒体平台的特点、账号类型和认证要求，能够识别并选择适合企业运营目标的平台和账号类型；
2. 理解各种媒体平台的适用场景，能够根据企业的品牌和目标明智地选择平台，以最大程度地满足不同运营需求；
3. 能够根据目标受众的需求和兴趣，进行文案风格、语言表达和内容主题的定制，以吸引和共鸣目标受众；
4. 了解选择合适的KOL（关键意见领袖）和直播推广的关键因素，包括受众匹配度、信誉度、影响力、风格与价值观、成本效益、合作意愿与可靠性等；
5. 打造直播电商生态链良性发展。

【技能目标】

1. 掌握内容制定的策略，确保不同平台上发布的内容具有互补性和连贯性；
2. 掌握筛选、联系、签订合同和监督KOL合作的步骤，以及在合作过程中与KOL进行有效的沟通和合作管理；
3. 掌握在抖音上使用"DOU+"进行投放的步骤；
4. 掌握如何进行直播引流的复盘，包括数据收集、分析活动效果、总结经验教训、确定改进方向和形成报告等步骤。

【素养目标】

1. 具备良好的品牌意识，能够在账号信息设置时考虑品牌识别和传播，确保账号的形象和品牌一致；
2. 以用户为中心，考虑用户需求和期望，提供有价值的内容和互动体验；
3. 在数据分析和复盘过程中，保持客观、真实的态度，避免主观偏见；
4. 具备合法合规意识，以确保创作者在使用这些工具时遵守平台规则和法律法规。

工作计划

序号	典型活动名称	活动操作流程	对接1+X职业技能标准
030201	聚合多平台引流	步骤1：平台认知与选择 步骤2：内容同步与优化 步骤3：跨平台互动开展 步骤4：数据跟踪与分析	能围绕直播内容主题，建立全媒体传播体系，促进全媒体平台的融合
030202	预热文案引流	步骤1：目标受众研究 步骤2：预热文案创作 步骤3：内容发布 步骤4：粉丝互动与反馈	能根据内容运营策略，明确用户画像、应用场景和需求，做出全媒体内容创意
030203	推荐直播引流	步骤1：自然推荐流量 步骤2：附近的人 步骤3：直播广场 步骤4：关注账号的粉丝	能结合推广传播策略，采取合理的推广手段及活动形式，获取网络直播流量
030204	付费广告引流	步骤1：使用投放"DOU+" 步骤2：使用快手作品推广 步骤3：策划推广节奏 步骤4：实施推广	能进行直播间付费推广的投放操作

典型活动一　聚合多平台引流

 活动前导

再好的直播内容也需要通过各种推广手段来传达企业信息、营销信息，除了通过平台内部进行账号推广外，企业还可以利用其他平台进行推广，如微信、微博、小红书等渠道。

 活动分析

由于互联网平台内容和用户的垂直细分，单一的社交媒体账号已经无法满足全渠道的用户覆盖。因此，合理地选择平台，注册平台账号，搭建营销账号矩阵是保障品牌曝光、用户触达、营销转化的必要前提。小亦要结合公司品牌定位、目标受众、平台特性及内容策略等多方面因素，选择合适的社交媒体平台。

活动执行

📖 **步骤1：平台认知与选择**

1. 常见媒体平台认识

不同媒体平台提供了多样化的账号类型和认证要求，不同的账号类型，平台给予的功能和资源也是有所差异的。因此媒体账号的开通需要结合运营主体、企业运营目标、账号定位，进行账号类型的选择和认证，不同平台的账号类型和适用场景如表3-2-1所示。

表3-2-1 社交媒体平台的账号类型和适用场景

媒体平台	账号类型	适用场景
抖音	机构认证	企业\个体户注册认证，常用作企业官方号，可以留企业联系方式和官方网站，便于后期营销的开展
	个人认证	达到一定数据后，可开通橱窗功能，可以上架商品进行带货
微博	机构认证	包括企业认证、机构认证、政府认证、媒体认证、校园认证及公益认证，企业认证主要为营利性组织、企业、个体工商户等；机构认证主要为粉丝团工作室、影视综官方、游戏体育赛事、出版社、文化公司等机构；政府认证主要为广电、市政、税务等政府机构；媒体认证主要为电视电台、报纸杂志、媒体网站、垂直网站等传统媒体和新媒体；校园认证主要为学校、校友会等教育机构或组织；公益认证主要为扶益、支教、扶孤助残等公益组织或项目
	个人认证	包括身份认证、兴趣认证、超话认证、金V认证、视频认证及文章/问答认证，身份认证是个人用户真实身份的确认；兴趣认证为垂直领域知名博主认证；超话认证后是成为超级话题主持人的认证；金V认证是帮助优质作者变现、提升品牌影响力的认证；视频认证是成为视频博主的认证；文章/问答认证是成为文章/问答博主的认证
微信	服务号	服务号偏向于服务交互，适用于为用户提供服务
	订阅号	订阅号每天可向粉丝群发一条消息，适用于为用户提供信息和资讯
	企业号	企业号安全性高，推送消息不受限，适用于企业内部开展生产管理
	小程序	与服务号一致，偏向于服务交互，适用于为用户提供服务
	个人号	灵活性强，以强朋友圈关系、社群等进行粉丝维护
今日头条	个人	适合垂直领域专家、达人、其他自然人注册和申请。主要为个人以及非公司形式（无营业执照/组织机构代码证等资质）的小团队
	企业	适合企业、公司、分支机构、企业相关品牌、产品与服务等
	群媒体	适合以公司形式专注于内容生产，并以内容为主要产出的创作团体
	国家机构	中央及全国各级各地行政机关、行政机关直属机构、党群机关、参照公务员法管理的事业单位
	新闻媒体	有内容生产能力和生产资质的报纸、杂志、电台、电视台等新闻单位
	其他组织	各类公共场馆、公益机构、学校、公立医院、社团、民间组织等机构团体均能够申请入驻
小红书	个人	兴趣导向型的身份，比如美妆博主、美食博主
	权威职业	律师、医生，还需要提供相应的资料，比如律师证等
	企业/机构/个体工商户身份	企业"蓝V"认证需要提供资质

企业在选择对应的平台账号类型时，需要考虑用户主体、资质材料和运营目标差异，除此之外，企业也会同时开通多个类型账号，通过不同功能定位，建立服务矩阵。

2. 全媒体营销账号类型选择与认证

（1）微信账号类型选择与认证

① 服务号。微信公众平台服务号，主要用于服务交互，可以为企业和组织提供更好的服务，提升其用户管理能力。

服务号的账号功能和权限如下：
- 每个月（按自然月）可以群发4次消息，每次群发默认只能发送一条消息。
- 适用于企业和组织，个人用户无法注册服务号。
- 认证后，支持高级接口能力和微信商业支付功能。
- 在发送消息给用户时，用户将收到即时提醒消息。

② 订阅号。订阅号主要用于信息传播，通过展示自己的特色、文化、理念与读者建立更紧密的联系，它为媒体和个人提供一个强大的平台。

订阅号的主要功能和权限如下：
- 订阅号认证后，每天（24小时内）可以群发一次信息。
- 适用于个人、企业和组织。
- 认证后，支持部分的高级接口能力和微信商业支付功能。
- 在发送消息给用户时，消息将折叠出现在用户的"订阅号消息"文件夹中，不会收到即时提醒消息。

③ 小程序。微信小程序是微信打造的一款帮助企业和个人用户实现线上开店、"引流"获客，开展数据化营销和管理的工具，其具有便捷地分享和传播的特点，大大降低了企业和个人的软件开发成本，有助于线下企业和零售商进行线上转型，也成为众多企业和个人用户进行产品营销和宣传的重要途径，为用户提供良好的使用体验。

公众号关联小程序的规则如下：
- 所有公众号均可关联小程序。
- 公众号可关联10个同主体、3个非同主体小程序。公众号一个月内可新增关联小程序13次。
- 小程序可设置"无需关联确认"。设置后，公众号关联小程序时不需要小程序确认，单方操作即可关联成功。
- 小程序可设置"需关联确认"。设置后，公众号关联小程序必须等待小程序管理员进行确认后才能关联成功。
- 小程序可设置"不允许被关联"。设置后，公众号无法关联该小程序。

④ 企业微信号。企业微信只适用于企业和组织，主要用于企业内部管理，是企业的专业办公管理工具。它拥有与微信相似的沟通体验，提供丰富的免费办公应用，并与微信消息、小程序、微信支付等功能互通，助力企业高效办公和管理。

企业成员通过关注企业微信后即可在微信中接收企业通知，企业发送的通知、公告或其他重要信息会直接显示在成员的微信好友对话框列表中，适用于企业内部或企业间的合作。

（2）微博账号类型选择与认证　微博认证是微博给用户提供的一种主动申请身份认

可服务，有个人认证和机构认证两种，针对不同的运营对象可自行选择。

① 个人认证。个人认证后的微博昵称后面会有一个"黄V"标识，主要认证方式有身份认证、兴趣认证、自媒体认证、"金V"认证、超话认证、故事红人认证，如图3-2-1所示。

其中，最常用到的是个人真实身份认证，身份认证能一定程度地代表用户身份的真实性，能提升账号的可信度。身份认证的条件相比其他认证而言更加简单，用户的粉丝数只需大于或等于50个并与两位已经通过身份认证的微博用户互粉即可，如图3-2-2所示。

图3-2-1 个人申请认证

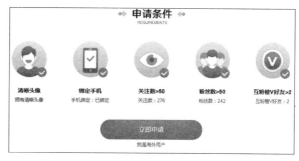

图3-2-2 身份认证申请条件

② 机构认证。机构认证的微博昵称后会后缀"蓝V"标识，针对不同的认证主体，微博提供了多种类型的机构认证，主要包括企业认证、机构团体认证、政府认证、媒体认证、校园认证、公益认证，如图3-2-3所示。

以企业认证为例，认证时需要提交企业营业执照和认证公函，具体操作步骤如图3-2-4所示。

图3-2-3 机构认证类型

图3-2-4 企业认证步骤

结合企业品牌宣传需要，小王所在企业选择以企业为单位，申请微博的企业认证，体现企业品牌价值。同时构建一些个人账号，与企业号形成互动，提升粉丝活跃度。

（3）短视频平台账号类型选择与认证 企业在入驻平台之前，需要思考诸如平台调性匹配、用户匹配、流量推荐、内容制作和主播选择等问题。

基于企业运营的目的，小王所在的企业入驻直播平台，目标更多以直播带货为主。因此在平台账号类型上则以企业号为基础，开通"蓝V"认证。

步骤2：内容同步与优化

1. 全媒体账号头像设置

头像作为企业品牌的标识之一，起到品牌识别和传播的作用。企业或商家的平台账号头像应当要注意真实性，最好能够直观地体现出企业、产品或品牌的特性。比如使用品牌标识、店面或商品的照片等来作为账号头像，这样可以让用户在搜索时对企业或产品一目了然，便于用户以此来与其他企业或产品进行区分。

媒体账号的头像设置，有许多小技巧可以遵循。选择有特色、美观的头像，会影响账号的整体印象和吸引力。头像大致可以分为两种方式，即人物类头像和事物类头像。

2. 全媒体账号昵称设置

（1）微信账号昵称设置　微信公众号名称通常为2～16个汉字，且个人类型的公众号一个自然年内可主动修改2次名称。企业、媒体、政府及其他组织类型的公众号在微信认证过程中有一次重新提交命名的机会。

账号名称要遵循响亮、易记、易识别的原则，且要有一定的技巧性，如传递的信息要具有乐趣性、新颖性。

微信公众号起名可以从以下几个角度出发：

① 从目标用户着手。想吸引什么样的客户群体，就起与这个群体相关的名字，如"一起露营吧""印象烧烤露营地"等。

② 从生活场景入手。从生活场景入手，让用户根据自己的生活场景搜索关注。如"十点读书会""每天一首好音乐"等。

③ 从地域文化入手。服务于本地的账号，以地域为特征可以让本地用户更有亲切感，也容易吸引到本地用户。例如"西安本地宝""武汉吃喝玩乐"等。

④ 从内容比喻入手。想要直接把内容在命名中展现并不容易，所以可以用一个常见的、具体的事物来辅助理解，如"电影工厂""绘本家居"等。

⑤ 从细分领域入手。垂直细分的领域账号可以增加公众号的辨识度，融入高频搜索的关键词，也提高了被搜索关注的概率。例如"女童服装搭配""日韩服装搭配"等。

（2）微博昵称设置　一个好的定位从账号的昵称就能体现出来，恰当的昵称能够迅速传达出你的专业领域，个人风格或者独特价值，从而吸引目标受众的注意。一个好的微博昵称对于吸引粉丝关注十分重要，在编写时，需要注意以下几点：

① 微博昵称应与微博内容、定位保持一致，让用户通过微博昵称能够一眼了解到微博的内容倾向，如"雅思口语课""露营说"等；

② 微博昵称应简洁易记，尽可能地避免使用生僻字符及特殊字符，便于被用户主动搜索及后期的推广和传播；

③ 微博昵称字数控制在4～30个字之间，同时尽量不要使用官方化词汇、敏感时政词汇、低俗词汇、代购名称、明星姓名等。

（3）短视频平台账号昵称设置　账号名称可以根据短视频定位来设置，在此基础上，名称的设定还应遵循简单易记、高辨识度、定位具体、个性新颖和价值体现五个特点，比如说在搜索一栏搜索"露营"两个字，就会发现有很多相关的博主，通过名字就可以看出它们的定位。如"露营叔""露营指南""露营大表哥"等。当然我们也可以用自己的真实名字来起名,这样的好处是容易形成品牌效应,能够增强观众对你的信任和亲近感,同时也方便你进行品牌授权和合作。

3. 账号介绍信息设置

媒体账号要依据自身的定位、产品、服务、营销目的等因素来考虑信息的设置,以最大化地传递账号信息及精准地圈定营销目标群体。

账号介绍信息的设置要遵循3个原则。

第一,告诉用户你是谁。简单地交代一下你的背景,你是做什么职业的,或者你在哪方面有比较资深的经验。通过这个简介,用户就会知道你是什么人,以及他们关注了你这个账号,能够获取什么知识。

第二,告诉用户你是干什么的。你从事的是什么行业,在这个行业里面你有什么经验或者处在什么样的一个地位。通过强调自己从事这个行业的年份,让用户对你的印象加深,同时也相信你的专业性。

第三,告诉用户作为你的粉丝,他能够得到什么?告诉用户,看了你的东西有什么意义和价值。

步骤3:跨平台互动策略

1. 营销矩阵认识

营销矩阵搭建是一种运营框架设计,把常见的网店渠道、社交媒体渠道、直播渠道、短视频渠道等放在同一主体上科学合理地组合,同时结合运营目标并根据各渠道属性和特点做具体的运营规划,如图3-2-5为某全媒体企业搭建的营销矩阵。多账号、多平台进行电商运维可充分利用各渠道优势最大程度提升品牌曝光度。

全媒体营销矩阵搭建后,其价值主要体现在:

① 连接一切可用的媒介,拓宽传播渠道。每个平台都有独特的内容风格。如抖音以15秒到1分钟的视频为主,微信公众号以图文为主。企业在多个平台上建立账号,可以使内容形式多元化,吸引不同受众群体。

② 优势互补,资源互换。营销矩阵不仅可以协同放大宣传效果,还可以减少广告投入,实现低成本获得高曝光、高转化的目标。

③ 分散风险。企业集中在某一平台运营,一旦出现负面事件,则会前功尽弃。建立矩阵可有效分散风险,是遇到波动和不确定性的情况下一种可靠的解决办法。

2. 营销矩阵搭建

营销矩阵是由横向矩阵和纵向矩阵两大部分构成的相互关联的有机整体,所谓横向矩阵是指企业在全媒体平台上的广泛布局,包含App、网站、自媒体平台以及其他各类新媒体渠道,也称外矩阵。所谓纵向矩阵是指企业在某个媒体平台内部的生态布局,是其各个产品线的纵深布局,也可以称为内矩阵。下面以某代用茶品类商品为例进行详细说明。

(1)营销账号定位

第一步,在项目运营规划初期对产品体系中的客户群体进行分析并得出具体客户画像数据。根据天猫发布的《2020天猫茶行业消费趋势报告》对消费人群洞察数据显示,

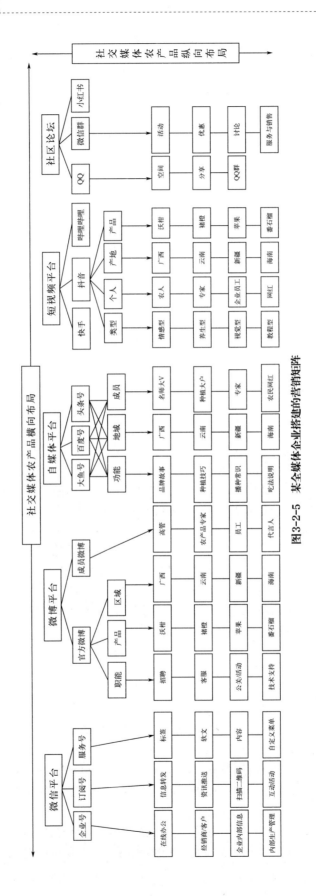

图3-2-5 某全媒体企业搭建的营销矩阵

女性消费者在天猫茶行业提升趋势明显，一、二线城市高消费人群成为品饮主力；饮茶消费愈加年轻化，"95后"消费者的数量增速提升明显。至此，可以得到代用茶品类商品的客户画像："95后"、一、二线城市、女性，消费痛点集中在养生、健康、口感多元、精致生活等方面。

第二步，结合运营现状、市场趋势和产品特点对各平台进行分析形成意向渠道。该企业的代用茶品牌口碑暂未形成，但也积累了大批忠实粉丝。茶品类型及口味口感丰富多样，定价为50～80元之间。从整个市场环境来看，茶叶线上渠道的消费规模逐年快速提升，2020年提升幅度超20%。经过调查后，企业将目标渠道聚焦在了微信、微博、哔哩哔哩和小红书四个平台。

第三步，针对产品体系中得出的具体客户画像数据与渠道遴选结论的匹配，得出不同产品定位与渠道的对应关系，针对不同渠道制定营销账号定位策略。鉴于代用茶的高频快消节奏，企业需要商品信息能快速传达，时刻保持用户黏度，结合用户画像、消费痛点及用户维护的便捷性考虑，企业决定以营销矩阵的方式从微信上开始展开营销宣传，继而扩展至微博等其他社交媒体渠道。

（2）横向布局　以微信平台为例，目前微信公众号分订阅号、服务号和企业号三类，形成了一个原生态的横向矩阵的布局。企业号安全性高，推送消息不受限，适用于企业内部开展生产管理。订阅号每天可推送一条消息，适用于为用户提供信息和资讯。服务号则偏向于服务交互，适用于为用户提供服务。

（3）纵向布局　不论是订阅号、服务号还是企业号，在用户打开并关注后，每一个类别的公众号都有不同的菜单选项，每个主菜单下又可规划其衍生的对应子菜单，如"茶学知识""养生攻略""资讯推送""口味定制"等。

综上所述，结合横向及纵向布局，代用茶微信营销矩阵初步成型，如图3-2-6所示。

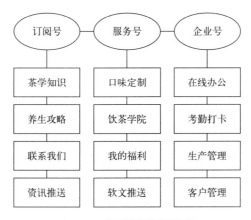

图3-2-6　代用茶微信营销矩阵

3. 跨平台协同内容发布

在多平台引流的过程中，协同推广策略扮演着至关重要的角色。这种策略不仅仅是在不同的平台发布内容，更关键的是创造一种协调、互补或连续性的内容叙述，从而构建一个完整、连贯的品牌故事。

（1）故事叙述的构建　构建跨平台故事叙述的首要步骤是确定核心信息或品牌故事。这个故事需要简洁明了，易于理解，同时富有吸引力。一旦确定了核心故事，接下来的任务是将这个故事分解成多个部分,每个部分适用于不同的平台。

例如,一个品牌的故事可以从产品的设计理念开始,在微博上以图文形式介绍这一概念,然后在抖音上通过一系列短视频展示产品的设计和制造过程,最后在微信公众号上发布详细的产品故事和用户反馈。

(2)内容的互补与连贯性　在不同平台发布的内容需要具有互补性和连贯性。互补性意味着不同平台上的内容能够相互支持,共同构建起品牌故事;连贯性则是指各平台内容之间应该有逻辑上的联系,让用户能够跟随这一故事线索,逐步深入了解品牌。

以一个时尚品牌为例,该品牌可以在微博上发布最新时尚趋势的讨论,在抖音上展示时尚单品的穿搭视频,在微信公众号上则发布更详细的产品信息和背后的设计理念。

(3)跨平台内容的调整与优化　不同平台的用户群体和内容偏好存在显著差异,因此在执行协同推广策略时,需要对内容进行相应的调整和优化。例如,抖音上的内容应更偏向视觉冲击和娱乐性,而微信公众号则适合发布更加详细和深入的信息。

步骤4:数据跟踪与分析

1. 数据监控指标

在执行多平台引流策略时,监控和分析数据是至关重要的。这些数据帮助你理解哪些策略有效,哪些需要调整。表3-2-2是需要监控的关键数据指标,以及应考虑的维度,并举例说明。

表3-2-2　数据监控指标

数据指标类别	监控指标	维度考虑	举例
流量来源与分布	访问量、用户来源	平台流量贡献情况	抖音流量少时,考虑调整在抖音的推广策略
用户参与度	点赞、评论、分享	内容的吸引力和互动程度	抖音视频获得大量点赞,表明该内容类型受欢迎
转化率	点击率、购买率	用户行动转化效果	微博广告带来的用户转化率高,显示其广告效果好
用户留存率与忠诚度	重复访问率、订阅增长率	用户对品牌的长期兴趣和忠诚度	直播后公众号关注增加,表明直播有助于增强用户忠诚度
内容效果	内容覆盖率、热门内容	受欢迎的内容类型和话题	"时尚穿搭"主题直播比"健康生活"主题观看人数多

2. 多平台引流复盘的步骤

(1)收集数据和反馈　整理和分析活动期间收集到的数据,包括参与人数、互动效果、转化率等。同时,收集用户和参与者的反馈意见,了解他们的体验和感受。

活动数据是指在活动期间收集到的各种统计数据和指标,用于评估活动的效果和成功度。常见的活动数据包括但不限于以下内容:

① 参与人数:活动期间实际参与活动的人数,包括注册、报名、参加互动等。

② 转化率:指活动参与者中最终完成目标行为(如购买、订阅、注册等)的比例,可以衡量活动的转化效果。

③ 互动数据:包括用户在活动中的互动行为,如点赞、评论、分享、转发等。这些数据可以反映用户对活动的参与度和活跃程度。

④ 点击率和浏览量：衡量活动推广渠道和内容的吸引力及效果，反映用户对活动的关注程度。

⑤ 营销成本和投入产出比：记录活动的成本投入和预期收益，通过计算投入产出比来评估活动的经济效益。

活动数据的意义在于量化活动的效果和影响，为活动复盘提供客观的参考依据，帮助评估活动的成功度、转化率、互动效果等，从而为未来的活动策划和优化提供指导。

用户反馈是指参与活动的用户或参与者提供的意见、建议和评论。用户反馈可以包括以下内容：

① 用户满意度：用户对活动的整体满意程度和体验感受。

② 建议和改进意见：用户对活动的改进方向、缺点和不足之处的建议。

③ 问题和困惑：用户在参与活动过程中遇到的问题和困惑，需要解决和改进的地方。

④ 赞扬和批评：用户对活动中值得称赞的方面和不满意的地方的评价。

用户反馈的意义在于直接了解用户的需求、意见和体验，帮助识别活动中的问题和改进空间，从用户的角度出发，提供更好的活动体验和满足用户需求的活动设计。

通过综合分析活动数据和用户反馈，可以全面评估活动的效果和用户参与度，找出活动的优点和不足之处，并为未来的活动策划和改进提供有价值的参考和指导。

（2）分析活动效果　对活动的整体效果进行评估，与预期目标进行对比分析，找出活动的成功之处和改进的空间。

（3）总结经验教训　回顾整个活动过程，总结活动中遇到的问题、挑战和解决方案，提炼出经验教训，为未来的活动策划和执行提供参考。

（4）确定改进方向　基于活动的评估和总结，确定需要改进的方向和重点，制定相应的改进计划和策略。

（5）形成报告和分享经验　将复盘结果整理成报告或简要总结，与团队成员、相关部门或合作伙伴分享经验和教训，促进知识共享和团队学习。

3. 在进行活动复盘的注意事项

（1）客观真实　对活动效果进行客观和真实的评估，避免主观偏见和夸大其词。

（2）多角度分析　综合考虑各个方面的数据和反馈，从多个角度分析活动效果，以获取全面的评估结果。

（3）重视用户反馈　认真倾听和分析用户的反馈意见，包括正面和负面的反馈，以改进活动和提升用户体验。

（4）持续改进　活动复盘不仅是总结经验，更重要的是为未来的活动提供改进方向，不断优化和提升活动效果。

通过认真开展活动复盘，可以不断改进活动策划和执行，提升活动效果，提供更好的用户体验，并为未来的活动取得成功打下基础。

4. 活动常见问题对应原因

在活动运营中，运营结果不理想可能包括多个原因。运营者需要先罗列出可能导致问题的所有原因，再综合其他可参考数据用排除法找到最主要的原因。表3-2-3为活动中常见的问题、原因和优化办法。

表3-2-3 活动中的常见问题、原因和优化办法

维度	问题	原因	解决办法/优化办法
参与人数	参与人数较少/曝光率低	活动宣传力度不够，推广渠道选择不当，活动吸引力不高	加大宣传力度，选择适合目标受众的推广渠道，改进活动吸引力，优化活动内容和奖励机制
转化率	转化率较低	活动目标设定不合理，活动流程复杂，用户体验不佳，推广渠道与目标受众不匹配	重新设定明确的活动目标，简化活动流程，提升用户体验，优化推广渠道选择和目标受众匹配
互动数据	互动数据量不足	活动互动设计不够吸引人，缺乏用户参与的激励机制，活动内容不够有趣	优化活动互动设计，增加用户参与的激励机制，提供有趣和有价值的活动内容
互动数据	用户活跃度下降	参与度低、互动少或持续参与率不高，活动内容不够吸引人，缺乏用户参与的激励机制，或者活动周期过长导致用户兴趣逐渐减弱	优化活动互动设计，增加用户参与的激励机制，提供有趣和有价值的活动内容
点击率和浏览量	点击率和浏览量较低	活动推广渠道选择不当，活动宣传内容不吸引人，推广方式不够精准	重新评估和选择合适的推广渠道，改进宣传内容以增加吸引力，采用更精准的推广方式和定向广告
营销成本和投入产出比	营销成本较高，投入产出比不理想	活动预算分配不合理，推广渠道选择不当，活动转化效果不佳	优化活动预算分配，探索更具成本效益的推广渠道，改进活动转化效果，提升投入产出比

一些问题的原因可能是多方面的，包括活动策划和执行的问题、用户体验和参与度的问题、推广渠道选择的问题等。通过深入分析和对比评估，可以找到问题的根源，并采取相应的措施和优化策略来改进活动效果。

 活动技能演练

案例背景：

"时尚花园"是一家专注于女装的时尚品牌，以其独特设计和优质面料在年轻女性消费者中享有良好声誉。小亦作为该品牌的负责人，希望通过直播推广方式增加产品销量并提升品牌影响力。为此，小亦决定以品牌名"时尚花园"开通了官方短视频企业号，布局了多个账号并建立关联性，吸引了大批粉丝，具有很强的参考价值。

步骤1：明确产品营销需求

根据产品短视频营销需求表（表3-2-4），明确"时尚花园"企业产品短视频的营销需求。

表3-2-4 产品短视频营销需求表

内容类别	具体内容
品牌名称	时尚花园
品牌目标	升品牌影响力，增强品牌粉丝黏性，促进品牌认知度
产品种类	女装
产品风格	时尚、简约、现代

续表

内容类别	具体内容
设计亮点	独特设计,高质量面料
价格区间	中高端定位
核心卖点	舒适合身的剪裁 高端面料,注重品质 多种场合适配的设计,尤其适合年轻职场女性 产品系列丰富,从日常穿搭到正式场合都可适用
品牌愿景	打造适合年轻女性的时尚女装,传递自信与优雅
营销目标	
短期营销目标	通过短视频和直播推广新品,增加曝光率,提升销量
中期营销目标	打造品牌标签,提升知名度,吸引忠实粉丝,增加复购率
长期营销目标	通过持续的短视频矩阵,建立品牌文化,强化品牌在年轻女性中的影响力
短视频内容需求	
短视频内容形式	试穿展示、搭配技巧、时尚分享、面料和设计讲解
内容风格	时尚、简约、视觉冲击力强
发布频率	每周3～5次更新,促销活动期间增加直播场次
发布平台	抖音、快手、小红书
用户互动	鼓励粉丝留言评论,提供穿搭建议,互动话题如"今日穿搭挑战"
预期效果	
单条视频预期观看量	至少10万次观看
互动率	互动率15%以上
转化目标	提升品牌在社交媒体上的曝光度,增强粉丝对品牌的认知和喜好度,形成积极的口碑传播

步骤2:构建目标用户画像

根据图3-2-7、图3-2-8"时尚花园"品牌目标用户分析图,明确"时尚花园"品牌的目标用户画像。

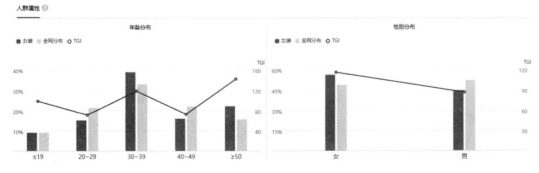

图3-2-7 目标用户人群属性

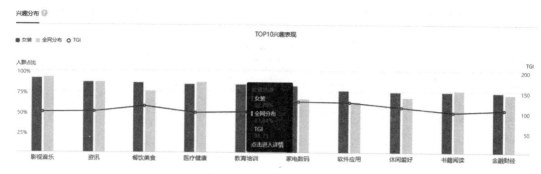

图3-2-8 目标用户兴趣分布

步骤3：营销账号定位

"时尚花园"在抖音平台的官方企业号以产品展示为主，打造健康、营养、便捷、高品质的品牌形象，传递品牌价值，扩大品牌曝光，沉淀粉丝，实现引流转化。请结合目标人群画像，思考子账号的内容定位，请写出至少3个。

步骤4：营销矩阵搭建

横向布局。以"时尚花园"品牌的产品分类和每个分类下的爆款产品（选下单最多的一款）为名开设子账号，进行横向矩阵的布局。

纵向布局。结合步骤2中的用户画像及步骤3中设定的子账号内容定位，进行契合度匹配，针对各子账号领域进行垂直打造，完成纵向矩阵的布局。

步骤5：营销矩阵维护

通过关注、简介、评论、相互@等方法，使营销矩阵中的各账号建立起关联，相互引流，以转化精准流量。针对各关联方法，请完成具体实施设计。

典型活动二　预热文案引流

活动前导

小亦接下来要着手深入探索预热文案的引流策略，需要借助网络搜索工具，利用工作之余，研究新人培训提供的学习资料以及网络搜索资料。同时请教专家，认真总结分析，梳理后得出自己的体系化认知。

活动分析

预热文案营销是一种很有技巧性的广告形式，可用于产品效果宣传、企业形象塑造以及新品推广。无论是传统企业，还是重视流量引入的互联网电子商务公司，都应充分利用这一工具。

活动执行

随着互联网的普及，新媒体应运而生，各种创新性的营销推广手段层出不穷，但在这变革过程中，软文并没有因为其出现年代的久远而被忽略，而是作为网络营销过程中至关重要的一环。需要明确的是，在直播电商开展过程中，软文也是必不可少的一部分，其本质是一种软性广告，重视内容的创作，其营销目的在于推广品牌及产品，激发消费者的购买欲望。

步骤1：目标受众研究

针对不同的目标受众，需要确定不同的文案风格、语言表达和内容主题等方面。需要了解受众的年龄、兴趣、生活方式、价值观等方面的信息，以更好地吸引受众的注意力并产生共鸣。某健身品牌的新产品是一种瘦身饮品，他们的目标受众是那些想要减肥和塑形的年轻人群体，了解这一受众群体的特征，有助于创作出更加精准的文案，让目标受众更容易接受和被吸引。

步骤2：预热文案的创作

1. 确定内容定位

内容定位是进行内容创作的第一步，它涉及内容的创作方向，包括内容的领域、风格、长度、形式等。明确的内容定位可以使后续的内容运营工作事半功倍。

企业通过内容运营向目标用户传达信息，实现品牌宣传和产品销售等运营目标。因此，运营者应根据目标用户的需求来确定内容的定位，创作符合目标用户兴趣的内容。

用户画像的建立是通过收集和分析目标用户的人口统计信息、兴趣爱好、消费习惯等方面的数据，以形成目标用户的全面形象。可以利用调查问卷、市场调研、社交媒体分析等方法获取用户画像所需的信息。

为了更好地理解目标用户，运营者可以绘制详细的用户画像，然后根据用户画像的结果确定内容定位。目标用户主要影响内容定位中的内容领域和内容风格。

（1）确定内容领域　内容领域指的是内容创作的范围。常见的内容领域包括影视、情感、生活、娱乐、旅游、科技、财经等，每个领域又可以进一步细分，例如在科技领域可以细分为科普、通信、软件、物联网等子领域。通过对目标用户进行用户画像，可以对目标用户可能感兴趣的内容进行整理，并通过细分领域的方式找到合适的内容领域。

（2）确定内容风格　相同的内容通过不同的表达方式会形成不同的内容风格。当账号形成独特的内容风格后，更容易让用户记住并提升他们对账号的喜爱度。不同的用户对内容风格会有不同的偏好，因此运营者需要根据用户画像的结果找到目标用户可能喜欢的内容风格。

在确定内容领域和内容风格时，运营者需要注意内容领域应尽量垂直，内容风格应尽量鲜明，这样才能帮助用户快速建立对账号的认知，并吸引更加精准的目标用户。

内容定位的垂直化指的是在一个特定的领域内进行内容创作和运营，以满足目标用户对该领域内容的需求。垂直化的内容定位可以帮助建立专业性和专长，吸引更为精准的目标用户群体。

2. 选题规划

选题规划在媒体内容编辑工作中具有重要的意义。通过准确把握用户的痛点和需求，建立选题关键词库，借势热点和进行同行内容分析，我们能够为读者提供更加有价值和吸引力的内容。

（1）抓住用户痛点和需求　在进行内容运营工作时，为了吸引目标用户并提供有价值的内容，运营者需要关注用户的痛点和需求，并以解决痛点为导向进行选题规划。通过梳理目标用户的痛点和需求，可以得到许多优质选题的思路。

（2）建立选题关键词库　为了提高选题的效率，在平时可以建立选题关键词库。这意味着运营者需要整理行业常见的关键词，并在规划选题时从关键词库中挑选合适的选题。通过建立关键词库，运营者可以在高频输出内容的情况下避免灵感枯竭和找不到合适选题的困扰。以时尚穿搭为例，你可以在平时整理行业常见关键词，比如时尚趋势、搭配技巧、服装搭配等，建立选题关键词库。当你需要规划选题时，可以从关键词库中挑选合适的选题。比如，你可以选择"夏季流行元素"作为核心关键词，然后延伸出更多相关的选题，如"夏日度假风格指南"或"时尚运动装备推荐"。

（3）借势热点　借势热点是常见的内容运营手段，即利用当下热门事件来创作相关内容，以获取更多的搜索和关注。然而，在借势热点时，运营者必须确保所发布的内容与账号的定位相符，避免发布与定位无关的内容。在出现热点事件时，运营者需要先判断是否可以从与账号定位相关的角度创作内容，再决定是否借势该热点进行创作。

（4）同行内容分析　同行内容分析也是一种有益的方法。运营者可以关注一些优质的行业账号，分析它们过去的内容并筛选出互动较好的内容，提取其中的选题关键词。当多个同行账号的优质内容中出现相同或相似的选题关键词时，说明这些关键词可能符合目标用户的兴趣。然而，需要注意的是，选择同行账号时要确保它们的目标用户群体与自己的目标用户相符合。举例来说，假设你管理着一个旅游指南账号，你可以关注其他旅游领域的知名账号，分析他们过去发布的优质内容。通过观察他们的互动数据和受欢迎的内容，你可以得出一些成功的选题关键词。例如，你可能发现关于独特景点的介绍、旅行攻略、当地美食推荐等选题受到用户的喜爱。这样的分析可以帮助你了解用户的兴趣，为你的账号提供有针对性的内容创作方向。

3. 内容创作

（1）营销目标确定　需要明确营销目标，包括参与人数、销售额、品牌曝光度等方面。同时，需要将整体目标分解为具体的子目标，以便更好地制定文案策略和具体内容。

（2）营销主题和卖点确定　在编写时，需要以用户为中心，确定产品或服务的独特卖点，并针对受众的需求和痛点进行强调和呈现。卖点要能够吸引受众的注意力和利益，以促进购买或参与的欲望。例如，某美妆品牌推出新的防晒喷雾，为了让用户更容易接受这个新产品，他们从用户需求出发，确定卖点是该喷雾防晒效果好、方便携带、易于使用等，以此作为推广文案的重点。

（3）大纲确定　大纲是全篇内容的要点所在，运营者需要梳理出内容大纲，把内容分为几个部分，明确每个部分分别要向用户传递什么信息，并规划好每个部分内容的长度。梳理内容大纲可以让内容更有逻辑和条理，也会让运营者更容易把握好内容的长度。

（4）标题撰写　内容运营中标题写作的主要目的是通过内容吸引受众注意，让受众阅读、评论或转发传播。要想达到这一目的，拟定一个具有吸引力的标题非常重要。标题是受众对内容的第一印象，受众通常会根据标题来决定是否阅读内容，所以标题一定要体现出内容的核心价值。

（5）开篇撰写　内容开头起着统领全篇的作用，假如开头与标题没有关系，或者没有趣味性与吸引力，受众就会直接退出，关闭页面，这样一来之前精心设计的标题也变得毫无意义。因此，一个好的开头要能够吸引受众的注意力，促使其产生继续读下去的欲望。在文章或者短视频开头，运营者可以通过图片、文字、案例等内容来吸引受众的注意，描述用户痛点，引发用户共鸣，使其产生继续阅读的兴趣。

（6）正文撰写　正文是内容的核心，也是内容价值的主要展现。正文内容应该与标题相呼应，在短视频中，正文即视频中段，需要与视频标题一致。

对于新媒体文案而言，文笔上一般没有过高的要求，因为文案侧重于传播，而想要传播广泛，关键在于结构清晰，语句通顺，通俗易懂。内容呈现上通过丰富的案例及图文并茂的形式，增强文字趣味性、可读性，以提升内容的阅读率、互动率、关注度等。因此，在新媒体图文内容排版中，如何处理好图片和文字的关系，是一个十分重要的环节。图文排版的关键是让图片和文字之间的关系和谐、相互补充、相互强化。

（7）结尾撰写　运营者可以在内容的结尾引导用户进行互动，也可以向用户介绍账号的定位、历史优质内容、能提供的价值，以及后续将更新的内容等。好的结尾能有效提升内容与用户的互动频率，引发用户的好感。

4. 预热视频和文案技巧

（1）品宣直播预热　需要有可看性和爆点，突出品牌价值、情感价值，避免过于直接使用硬广形式，如传统TVC（商业电视广告）。

（2）带货直播预热　符合抖音内容特色，突出消费价值，尽量在素材中对商品折扣、奖品、优惠度有明显体现，结合直播福利、货品保证等全面信息，产生从感性带动到理性种草的感染力（图3-2-9）。

图3-2-9　某短视频直播预热

步骤3：内容发布

1. 确定发布时间与频率

确定内容的发布时间和频率需要考虑多个因素，包括目标受众的行为习惯、内容的性质和关联事件等。以下是一些确定发布时间和频率的示例方法：

（1）受众行为习惯　通过分析受众的行为数据，确定他们在什么时间段活跃度最高。例如，如果目标受众是上班族，可能在早晨和晚上是他们阅读新媒体内容的高峰时段。

（2）社交媒体洞察　研究社交媒体平台的洞察数据，了解发布时间的最佳选择。平台提供的数据分析工具可以显示不同时间段的受众互动和参与度，帮助运营者确定发布时机。

（3）内容性质和关联事件　考虑内容的性质和与之相关的事件。如果运营者发布的是时事新闻或热门话题的讨论，那么发布时间应与事件发生或受关注的时间相匹配，以提高曝光度和互动性。

（4）A/B测试　进行A/B测试，尝试在不同时间段发布相同内容，然后通过比较阅读量、互动和转发等指标来确定最佳发布时间段。

（5）竞争对手分析　了解竞争对手的发布时间和频率，观察他们的策略和效果。运营者可以选择在竞争对手较少活跃的时间段发布内容，以减少竞争并吸引更多关注。

综合考虑以上因素，并根据自身的情况，确定最佳的发布时间和频率。记住，持续监测和分析发布后的数据反馈，可以帮助运营者不断优化发布策略，以获得更好的效果。

2. 多平台分发

企业如果在多个新媒体平台运营账号，运营者往往会将同一个内容在多个平台进行分发。但各平台规则可能存在差异，运营者需要根据不同平台的要求对内容做出调整，避免违反平台规则导致账号受到处罚。

此外，在多个平台发布内容的时间不宜间隔太久，以防内容被他人盗用并提前在其他平台发布，导致运营者发布内容时被平台误判为抄袭，账号权重降低。

步骤4：用户互动与反馈

在内容发布之后，与用户的互动与反馈是直播电商推广的关键环节之一。这不仅能增强用户的参与感，还能提升品牌形象，并为今后的市场策略提供宝贵的基础。表3-2-5是进行有效互动与反馈时应考虑的要点。

表3-2-5　用户互动与反馈

互动与反馈策略	关键做法	注意事项
积极响应评论	及时回应用户评论，无论正面或负面反馈	保持专业和礼貌，个性化回复
开展互动问答环节	定期举行问答，解答用户疑问	选择合适时间，准备对常见问题的答案
使用互动工具	利用投票、竞猜、直播互动等工具提升参与度	设计有趣相关的活动，确保规则简单明了
监控和分析反馈数据	收集和分析互动数据（评论、点赞、分享等）	使用适当的工具进行数据跟踪，基于数据调整策略

续表

互动与反馈策略	关键做法	注意事项
建立长期社群互动	在社交平台上建立和维护活跃的社群	提供独特内容或福利,定期举办专属活动
应对危机与负面反馈	制定应对策略,处理负面反馈或危机	快速、积极响应,必要时公开道歉并提出解决方案

 活动技能演练

实施背景:

小刘作为一家户外装备品牌的数字媒体内容运营实习生,任务是在微信公众号上撰写一篇吸引读者的户外旅行攻略,以增加品牌知名度、吸引用户,并促进用户转化和购买产品。需要小刘进行内容定位,确定选题规划,撰写文案内容;根据文案内容完成相应的微信图文封面、图文内容图片制作;根据微信公众号图文排版要求,使用图文排版工具,进行图文排版,最终审核内容并完成内容的发布。

步骤1:确定目标受众和用户画像

根据品牌定位,目标受众可以是热爱户外活动、追求自由探索的年轻旅行者。用户画像包括年龄、兴趣爱好、旅行偏好等。

步骤2:策划公众号内容

制定内容策划方案。选择一个热门的户外观鸟地,如"鄱阳湖观鸟胜地之旅",为读者提供详细的观鸟攻略和实用建议。结合品牌特色,推荐适合户外观鸟的装备和技巧。以故事化的形式描述鄱阳湖观鸟之旅的奇妙体验、挑战和收获。介绍观鸟地点、最佳观鸟时间、必备装备和安全须知,并分享个人经验和感悟。配上精美的鸟类照片和观鸟途中的视频,以吸引读者的注意。需要完成文案标题、文案开篇、正文和结尾撰写,填在表3-2-6中。

表3-2-6 内容策划表

选题	
文案标题	
文案开篇	
正文结构和内容	
文案结尾	

步骤3:图文编辑

根据文案内容完成相应的微信图文封面、图文内容图片制作,并根据微信公众号图文排版要求,使用图文排版工具,进行图文排版,让文章更加易读易懂、有吸引力,吸引更多的读者关注和点击。

(1)登录秀米编辑器 直接输入网址https://xiumi.us/,或者在百度搜索框中输入关键词"秀米编辑器",进入秀米编辑器工具首页,如图3-2-10所示。

图3-2-10 秀米编辑器首页

（2）进入图文排版　在秀米编辑器主页中找到"图文排版"一栏，点击挑选风格排版，并根据观鸟活动设置图文排版颜色，可选择"绿色"和"杂志"标签挑选适合的图文模板，如图3-2-11、图3-2-12所示。

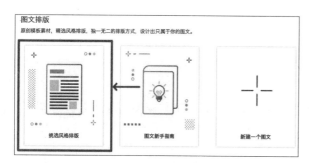

图3-2-11　素材库

图3-2-12　样式中心

（3）模板选择　选择满意的模板或样式后，点击打开模板预览，然后点击预览页面右侧"另存给自己"按钮，即可将该模板或样式收藏到自己的素材库中，如图3-2-13所示。

（4）我的图文　当模板另存给自己后，点击秀米编辑器页面顶部"我的秀米"，刚才选择的模板就会出现在页面当中，如图3-2-14所示。

图3-2-13　收藏样式

图3-2-14　我的图文

（5）样式编辑　鼠标移动到该新增的图文模板上会出现"编辑"按钮，点击该按钮对模板中的样式进行编辑，并设置符合观鸟活动的图片与文字内容，如图3-2-15所示。

（6）小标题编辑　导入模板后，小刘根据排版亲密性原则，将文内小标题与正文区分开。具体操作是在秀米编辑器界面左上角点击"标题"按钮，选择"编号标题"，如图3-2-16所示。选择完成后，在模板库中会出现很多带数字标题的排版格式。

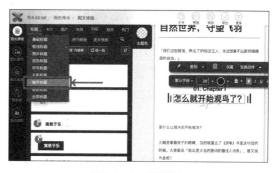

图3-2-15　编辑内容　　　　　　　　　　图3-2-16　标题编辑

选择小标题上下排版的格式后，将光标放置在右侧文章编辑界面需要插入标题的地方，然后点击左侧选好的标题模板，即可在正文中插入一个小标题模板，见图3-2-17。

（7）图片编辑　好的内容少不了图片辅助，有了图片可以帮助用户理解文章内容，传递活动氛围。在秀米编辑器上点击"图片"后选择"多图"，找到适合的模板后点击插入正文，如图3-2-18所示。

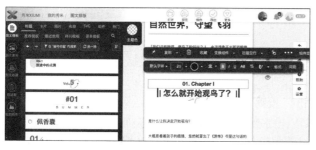
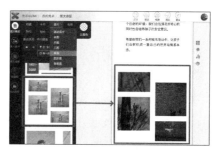

图3-2-17　小标题编辑　　　　　　　　　图3-2-18　图片编辑

（8）突出重点文案　通读全文，根据需求提升文案阅读体验，以对话排版的形式突出活动卖点。具体操作是点击秀米编辑器上"卡片"选择"对话/问答"，之后找到美观一点的对话框插入右侧正文中。插入该对话模板后点击模板中的文字，替换成自己所需要的内容，如图3-2-19所示。

（9）同步微信公众号图文后台　内容编辑完成后，点击编辑页面顶部"导出"按钮，并选择"同步到公众号"，即可将编辑好的内容同步到秀米编辑器绑定的微信公众号草稿箱中，如图3-2-20所示。

步骤4：图文检查和发布

在公众号中进行预览，检查图文内容正确性和准确性，无误后进行发布。

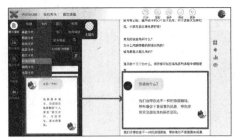

图3-2-19　文字编辑　　　　　　　图3-2-20　同步微信公众号

步骤5：互动与用户关系

在发布后，积极回复读者的评论和留言，解答他们的疑问。鼓励读者分享自己的户外旅行经历和照片，营造积极的互动氛围。提供额外的旅行建议和技巧，与读者共同探索更多户外目的地。

典型活动三　推荐直播引流

 活动前导

在流量时代下，直播间想要快速吸引粉，获取粉丝流量，从而让直播间气氛活跃起来，最关键的在于引流。除了多平台引流、预热文案引流之外，还需要结合直播平台自身的流量。小亦接下来需要研究直播后台推荐引流机制，通过平台内各个渠道、工具为直播间进行引流。

 活动分析

直播推荐引流是一种有效的电商推广策略，它通过直播这种互动性强、真实感高的媒介形式，结合推荐机制，来吸引和转化潜在顾客。接下来小亦则需要结合自然推荐、附近的人、直播广场、粉丝互动、短视频引流等方式为企业店铺开展引流。

 活动执行

步骤1：自然推荐流量

推荐feed：一般我们常说的自然流量就是指免费流量，在直播领域中，推荐流量就是指推荐feed流，对于一个健康的直播间来说这会占据大部分的流量。

抖音账号会有推荐量，按照用户标签推送给潜在观众，这部分流量相对来说点击率会更高。

自然流量是指通过抖音平台的算法推荐，根据用户的兴趣、观看历史、互动行为等多个维度进行匹配和推送。当直播内容与用户的兴趣高度相关，并且观众对你的直播进行互动、点赞、分享等行为，从而增加其在推荐流中的曝光机会，吸引更多观众进入直播间。

1. 设置直播间的话题

（1）选择与行业相关的话题，例如：潮流女装、家居好物、母婴必备等。
（2）选择抖音平台近期的热点话题，例如："618"抖音好物节、"818"新潮好物节等。

2. 设置直播间的标题

一个非常有吸引力的标题和凸显卖点的封面图，可以有效提高自然流量。
直播间标题设置要点：
（1）不能过长，直播广场仅能显示7～10个字符，太长的话超过的部分会直接省略。
（2）命名方法有以下4种：
福利先行法："好礼0元送不停""零食大礼包3.9元起送"。
强调产品法："榴莲千层好吃到哭了""无尘车间辣条放心吃"。
从众心理法："被5000人问爆的裙子""10万人围观中"。
明星效应法："××空降直播间"。

3. 提供有价值的内容

观众喜欢有趣、有用、有价值的内容。确保直播内容能够满足观众的需求，提供有深度的信息、实用的技巧或者娱乐性的内容。这样能够吸引更多观众留在直播间，并且增加分享和推荐的可能性。

4. 与观众互动

直播是与观众互动的良好平台。回答观众的问题、与他们互动、听取他们的建议和意见，能够建立良好的互动关系，增加观众的黏性和忠诚度。观众的积极参与也会增加直播的曝光度和推荐机会。

5. 定期直播

定期直播能够建立观众的期待感和习惯性参与。制定一个稳定的直播计划，不仅能够培养观众的忠诚度，还能增加直播间的曝光度和影响力。

步骤2：附近的人

视频/直播开启同城定位，系统将会根据用户的地理位置推荐附近的直播和视频内容。对于处于成长初期的账号而言，同城推荐是一个重要的流量来源。相对而言，同城流量更适合本地类商家或拥有地域经销商的品牌去经营。

步骤3：直播广场

用户打开抖音主界面后，点击左上角的更多按钮，在弹出的侧边栏中点击"直播广场",进入直播广场页面,如图3-2-21所示。

在直播广场里面可以浏览众多直播间,可以自己选择自己感兴趣的直播间观看,直接点击封面就能进入,排名越靠前越容易被观看。

1. 设置封面和标题

封面和标题要有吸引力,在抖音直播广场里,直播间一般都只显示封面图和标题,因此这两部分一定要吸引人,才能吸引更多人点击进入直播间观看,也会影响排名。

2. 设置直播封面

封面需要高清图,文字简洁,避免营销性

图3-2-21 直播广场

语言,以免触发平台限制。整体封面要有视觉冲击力,突出色彩对比,可以从已拍摄的视频中,选一帧最吸引人、最能体现直播内容的画面作封面图,或者让主播拿着产品拍摄照片作封面图。

3. 设置直播标题

尽量把直播标题控制在15个字以内,但也不能太短,传达整个直播的核心内容,站在观众感兴趣的视角;也可以针对产品描述,把亮点、促销点直接在标题上体现,激发用户消费心理。简单地说,文字要简洁,直戳用户内心,让用户有需要这个产品的心理,产生共鸣。切记,避免使用违禁词。

步骤4:粉丝互动

"关注Tab"流量来源于两个方面:一是用户打开其关注列表查看时,会看到你发布的直播预告或正在进行的直播;二是平台在推荐算法中,也会根据用户的兴趣和行为习惯,在推荐入口中向用户展示他们可能感兴趣的主播和直播内容。

可以把直播信息写在个人简介模块,昵称也可以暂时修改,比如:"周三晚上7点直播""直播间产品福利低至1元"。信息包含开播时间和开播福利,让用户提前知道,准时进入直播间。

用户进入主页,可以清楚地看到主播的专业领域、直播时间、直播预告,可以促使用户关注主播,培养看播兴趣。

仅在公共领域内实现更高效的变现是不够的,更需要私域的沉淀。下面分享几种抖音引流私域的高效方法。

1. 个人主页信息设置

可以利用背景图和介绍进行引流。

2. 创建粉丝群

可以创建自己的粉丝群,在群里进行引导添加私域。

3. 私信引流

可以在私信中发送文字、图片、视频等内容来引导用户添加私域。注意不要发送得太频繁，否则会被判定为骚扰用户。

4. 企业"蓝V"

通过公司或个体户的营业执照认证企业"蓝V"（也称为企业号或官方认证账号），可以在主页挂载"官方电话"和"官方网站"等官方信息。

5. 评论区交流

可以利用"小号"在评论区提供有价值的内容或观点，从而吸引用户的关注和兴趣。

步骤5：短视频引流

短视频对于抖音平台的运营来说是必不可少的一个环节。一个抖音账号的运营涉及账号的定位和内容的输出展示。只通过直播来运营是不够的，如果能够配合短视频的运营将会大大提升账号的活跃度和商业价值。

常见的短视频类型包括账号日常内容更新、直播预告、直播花絮等，当这些短视频内容中的某一条"爆火"了，将会撬动平台内容侧的流量，为账号带来大量的曝光和关注。如果是商品展示相关的短视频，往往通过短视频进来的用户会比较精准，可以提升直播间的转化率。

抖音账号发布的短视频意外"爆火"了，这是一个非常宝贵的机遇，可以迅速转化为直播间的流量和关注度。

开播前一天可以发直播预热视频，在视频里面体现直播时间和直播内容，展示亮点和福利，引导用户互动。

1. 短视频引流组合

短视频引流需要避免内容过于杂乱无章，而是应采用一种系统化，结构化的组合拳方式。

构建有效短视频引流组合的关键框架分为三大类，分别是吸粉类内容、引流类内容、信任类内容（图3-2-22）。

（1）吸粉类内容（提升播放量，带动账号整体权重）

选题=用户利益挂钩+符合产品/服务的行业领域

视频形式=口播+画面穿插

（2）引流类内容（做离用户购买需求更近的选题）

选题=围绕产品购买疑虑+用户需求

视频形式=口播+画面穿插/纯画面/配音

（3）信任类内容（突出选择你的优势） 荣誉奖章/企业实景/设备优势/生产环境/人员配置等等

图3-2-22 短视频内容分类

2. 原创短视频创作

平台鼓励原创作品，优质内容会获得更多的推荐分发。同时，短视频和直播内容有相似性，能够更好地吸引观众。比如购物主播可以发布好物分享、直播商品预告等内容；才艺主播发布音乐、舞蹈等才艺内容，都可以帮助账号获得更精准的观众，带来更多直播间人气。

3. 原创短视频发布契机

什么时候发布短视频可以更好地为直播间引流？建议在直播前 1～2 小时发布短视频，在直播中多互动，才能更好地提升视频曝光度，吸引更多观众进入直播间并长时间停留。

 活动技能演练

案例背景：

小刘是一家户外装备品牌的直播电商运营实习生，他正处于学习和应用新媒体营销策略的初级阶段。该品牌拥有丰富的户外装备产品线，包括帐篷、背包、登山鞋等。随着户外活动的普及和消费者对高品质户外装备需求的增加，品牌急需提高市场份额并吸引更多潜在顾客。因此，企业计划利用直播平台进行产品推广，旨在通过免费引流的方式提升品牌知名度，增加用户黏性，并最终实现销售转化。

实训要求：

熟悉直播电商运营的基本流程和技巧。

掌握免费引流的方法，并能够结合户外装备品牌的特点实施引流策略。

制定直播预热计划，通过各种渠道吸引潜在观众。

分析直播数据，根据反馈调整策略，优化直播效果。

实训步骤：

步骤1：自然推荐流量

选择与户外装备品牌相关的热门话题进行话题标签。

设计具有吸引力的直播间标题和封面图，要求简洁且能够准确反映直播内容。

提供有价值的内容，增加观众互动，定期进行直播。

步骤2：附近的人

开启同城定位功能，针对本地户外爱好者群体进行精准引流。

设定清晰的直播预告信息，增加本地观众的关注度。

步骤3：直播广场

设计有吸引力的直播封面和标题，确保清晰且具有视觉冲击力。

排名靠前的直播间更易被观看，因此要通过内容质量和互动提升排名。

步骤4：关注账号的粉丝

在个人主页设置中加入直播预告信息。

利用私信、评论区进行有效的粉丝互动和引流。

注意避免过度推销，以免被视为骚扰。

步骤5：短视频引流

创作与户外装备品牌和直播内容相关的高质量原创短视频。

合理安排发布时间，以直播前的1～2小时为佳，增加直播间的曝光率和观众参与度。

分类处理内容，分别制作吸粉类、引流类和信任类内容，提高引流效率和转化率。

典型活动四　付费广告引流

 活动前导

如果直播间没有人观看即便它的质量再高、内容再好也无法获得广泛的传播，更无法顺利实现流量转化。因此短视频创作者要想提升短视频曝光度，除了要保证短视频本身的质量，还需要为直播间做推广和引流，为直播间积累更多的人气吸引更多的粉丝。小王在完成了短视频发布之后，为了吸引更多的观众从而实现流量转化，于是决定对直播间进行推广。

 活动分析

为了帮助短视频创作者、直播电商团队更有效地推广自己的作品和商品，很多直播电商平台都有对应的推广服务。创作者可以在抖音、快手、微视等平台进行付费推广，花费少量资金为短视频购买流量。付费流量是需要额外付费购买才能获取的流量。付费流量最大的特点就是灵活性，在直播时可以根据流量反馈和节奏安排，实时动态调整当下付费流量的力度。

 活动执行

 步骤1：使用投放"DOU+"

"DOU+"是抖音内容加热和营销推广工具，根据用户是否有广告营销诉求，区分了两种主要的产品形态，分别为内容加热和广告推广。

内容加热：针对原生内容场景下，快速为用户获取抖音流量的加热工具，所有注册抖音的用户均可使用。

广告推广：针对部分特定的场景，完成账号升级入驻的用户提供的一种高级营销推广工具，支持广告投放，利用广告流量库存来扩大品牌曝光和销售机会。完成认证的个人网店用户及企业用户可以使用。

短视频创作者在发布短视频之前，可以选择购买"DOU+"，使该条短视频能够在系统的智能算法下，被推荐给对该类型短视频感兴趣的用户。需要注意的是只有符合"DOU+"投放规范，通过抖音平台审核的短视频才可以投放"DOU+"。存在短视频质量差、非原创、内容低俗、有明显的营销广告类信息、短视频标题与内容不合规、短视频设计侵权等问题的短视频都无法进行投放（图3-2-23）。

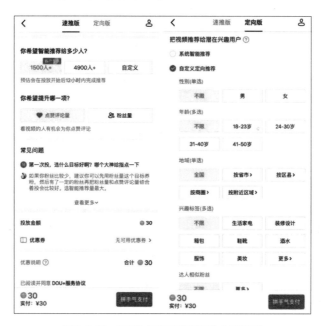

图3-2-23　DOU+推广速推版和定向版页面

DOU+"定向版"为用户提供了"系统智能投放""自定义定向推荐""达人相似粉丝投放"三种投放人群选择模式。创作者可以根据自己投放DOU+的目的，选择要投放的目标用户群体。同时也可以从粉丝量、浏览量、点赞评论量、门店加热等不同目标进行期望提升投放。广告投放时，用户可以采用"小额多次"投放原则，来不断试错，并根据投放结果数据表现，不断优化调整投放方案。

"DOU+"具体的投放操作步骤可以查看巨量学官方网站：https://school.oceanengine.com。

步骤2：使用快手作品推广

作品推广是快手官方推出的一款付费视频营销工具，购买并使用后，能够将视频快速曝光给更多用户，进而提升作品的曝光量、互动量、粉丝数以及商品销量（图3-2-24）。

视频创作者在快手平台上，可以根据自身需要选择以下三种方式购买使用：

（1）推广给更多人　将作品推荐到快手的发现页与同城页，根据创作者选择的推广人群，帮助创作者快速获取对视频内容感兴趣的高质量粉丝。

（2）推广给粉丝　将作品推送至创作者粉丝的关注页第一位，利于维护粉丝，吸引活跃粉丝第一时间给作品点赞、评论和分享。

（3）小店作品推广　针对开通快手小店的用户，帮助推广带有商品链接（小黄车）的作品，不仅能提升作品的曝光量，还能促进用户购买商品，提升小店销量。

根据快手平台推广规则。购买"作品推广"服务，首先要保障自己的短视频作品符合平台要求。以下几类短视频作品是不能购买推广服务的：

图3-2-24　快手作品推广页面

① 发布时间已经超过30天的作品；

② 非原创、带水印作品，已被其他人先发布在快手平台的作品，或作品包含其他平台水印；

③ 作品存在违规内容；

④ 作品被设置为"仅自己可见"；

⑤ 作品已被作品推广审核拒绝或使用作品推广次数达到上限；

⑥ 快接单作品不可购买作品推广服务；

⑦ 作品中含有商品价格或优惠信息，或者含有二维码、联系方式、抽奖、红包、口令等导流到第三方平台的信息。

直播商业生态为传统文化注入新发展活力

文化传播与网络直播的结合成为了文化发展的新模式。优秀文化借助网络直播实现了视觉、行为、场景的转译，打破了时空和语言隔阂，让文化遗产获得全新的传播方式，让用户也获得了全新的视听体验。比如网络直播将传统文化在系统梳理的基础上，提取其中最具代表性的视觉元素，并对其进行加工处理和呈现，如文化中的各种图形、符号、色彩等，主播们精致的服装和妆容再配合特定的场景，为用户带来了视觉盛宴。如甘肃省博物馆和假日博物馆平台联合推出的"甘肃省博物馆展厅云游直播课"，北京乐石文物修复中心对文物修复过程进行"云直播"，艺术家邱启敬、"90后"县城插画师先后在抖音上发布了"山海神兽"视频，将历史文化的厚重和肃穆与直播的轻松和沉浸结合在一起，使得传统文化获得了新生。

活动技能演练

小王在完成了对应的抖音平台短视频后,开始进行短视频的推广,于是小王按照"筛选推广平台→构建短视频推广矩阵→策划推广节奏→实施推广→推广效果复盘"的流程进行的,具体操作如下:

步骤1:筛选推广平台

不同媒体因其定位的不同,在某一领域具有一定的特色并形成了自身独特的生态圈,小王在推广前,就了解了各短视频发布渠道,掌握了各相关平台的功能定位、特点和人群特性,在筛选推广平台时,就可以结合自己的内容特色,选择调性一致、目标受众契合的平台进行推广。不同短视频推广平台对比如表3-2-7所示。

表3-2-7 不同短视频推广平台对比

社交媒体	平台定位	平台特点	人群特性
抖音、快手	短视频内容分享、直播电商、多类目	依托用户数据,平台自动推荐、支持付费推广,内容主要采用视频+音乐等形式呈现,热点话题曝光高	各年龄段全覆盖,娱乐为主,快手平台用户三、四线城市居多,单个视频观看完成率高;抖音平台用户多为一、二线城市,平均年龄在25~30岁
微博	开放式的即时分享、传播互动	话题讨论热烈,用户二次传播氛围浓厚。适合长图文、实时信息及营销广告	男性用户偏多,主要集中在20~30岁
微信和微信视频号	即时通信服务、交媒体	内容形式多样,适合长图文、实时新闻、优惠信息及营销广告,适合私域,流量运营和深度信息传播	基于微信好友关系,一般通过朋友分享才能看到,具有集群特性
今日头条	优质内容生态平台	以文章内容为主,适合连载故事、营销文。	各年龄段用户全覆盖
哔哩哔哩	年轻人高度聚集的文化社区和视频平台	以兴趣社交为纽带,内容多元且高质量,社区氛围浓厚。	"90后""00后"为主,用户平均年龄20岁,其中超50%来自三线及三线以下城市
小红书	生活方式平台和消费决策入口	笔记多为商品推荐和种草,主要为短篇图文、攻略类、体验类、教程类,内容呈现采用瀑布流显示模式,需要封面突出,诱使收藏	用户群60%以上是女性,大部分年龄18~27岁

基于小王所在的露营产业,主要面向的是一、二线城市年轻人群,因此,小王选择抖音、微信、微博、小红书平台,进行品牌内容创建和推广。

步骤2:构建短视频推广矩阵

考虑到制作高质量短视频是非常耗时耗力的,将同一个短视频进行多平台同步分发能够最大限度地挖掘短视频的价值,让同一个短视频在多个平台上都产生相应的流量,从而提高短视频的收益。于是小王筛选出了推荐渠道和粉丝渠道进行推广,为了提高短视频的营销效果,她决定构建一个如表3-2-8所示的短视频推广矩阵,分别在抖音、小红书、微信、微博等平台上创建了同名账号(图3-2-25)。

表3-2-8 短视频推广矩阵定位

矩阵	账号昵称	定位
小红书	露营××	线上引流、社交分享
抖音号	露营××	线上引流、流量转化
微博号	露营××	粉丝互动
微信视频号	露营××	基于朋友圈推广引流

图3-2-25 某露营账号在不同平台上发布的内容

小王构建的短视频推广矩阵，主要是从企业主营类目、平台的用户定位、现有的免费渠道资源出发，再综合考虑推广预算、时间精力等因素，最终搭建而成的。

步骤3：策划推广节奏

搭建短视频推广矩阵，旨在让推广的效果能够形成持续性效应，这就需要在宣传推广时精心规划，把控好推广节奏，有效引导流量及粉丝的情绪。首先，围绕用户所在的主要平台小红书和抖音上进行短视频发布；首发传播几个小时后，选择在微博、微信视频号上进行推广，并通过社交渠道微信、微博等进行分享，形成第二波传播影响力；第三波传播在短视频发布一天后，选择在小红书、抖音平台上进行付费推广，继续提升品牌影响力，并推送活动报名链接、商品购买链接，进行线上引流转化，同时在微博上发起互动活动，通过活动的形式，与粉丝积极开展互动，提高与粉丝之间的黏性，提高转化率。

步骤4：实施推广

在短视频发布后，小王采取了多渠道分享推广策略，将短视频的链接分享到微信朋友圈、微信视频号、微博和小红书。并在抖音平台中使用"DOU+"进行短视频的付费推广。

（1）在抖音平台中选择你想要进行付费推广的已发布的视频，选择视频右下角"…"进入分享页面，点击"上热门"按钮，进入推广页面（图3-2-26、图3-2-27）。

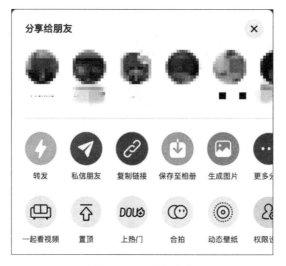

图3-2-26　分享页面

图3-2-27　"DOU"+推广"速推版"和"定向版"页面

（2）点击"更多能力请前往定向版"进入定向版页面。点击"期望提升"—"点赞评论量"，"投放时长"—"24小时"，完成对应投放目标设置（图3-2-28）。

图3-2-28　定向版期望提升和投放时长设置

（3）根据投放目标人群进行自定义人群设置。小王根据户外产品面向人群和兴趣标签进行了设置，如图3-2-29所示。

步骤5：推广效果复盘

小王根据已经筛选好的推广渠道，策划好的推广节奏，有计划地实施推广，并且实时了解推广的效果，通过采集数据，了解此次短视频营销推广的转化率、成交量、增粉量、话题热度等关键指标，全程监控到此次推广的过程。明确短视频内容是否符合粉丝需求、短视频标签是否符合平台推荐逻辑、短视频转化率、传播量等指标是否达到预期效果，并从用户画像、互动传播、成交转化等方面总结出此次短视频推广做得好的地方与还需完善的地方，以便为下一次短视频营销推广提供借鉴和参考。

图3-2-29　自定义定向推荐

 任务小结

本章教材深入探讨了直播电商推广策略和方法，涵盖了从聚合多平台引流到付费广告引流的全方位技巧。首先，我们学习了如何根据直播平台的特性选择合适的引流平台，以及如何在不同平台之间同步内容并实施有效的跨平台互动策略。接着，我们探讨了预热文案引流的重要性，包括目标受众研究、创作吸引人的文案，以及确定最佳的内容发布时机和频率。在推荐直播引流部分，我们学习了各种免费途径流量获取及实施互动促销策略的技巧。最后，我们讨论了付费广告引流的策略，包括选择广告平台、设计广告内容和预算规划，以及如何利用数据分析不断优化广告效果。

请同学们思考后回答以下问题：

1. 多平台引流策略的挑战与机遇：考虑到不同社交媒体平台的用户群体和内容偏好的差异，如何在保持品牌一致性的同时，有效地实现多平台引流？

2. 内容创作与受众心理：在编写预热文案时，如何深入理解并抓住目标受众的心理需求，从而提高文案的吸引力和说服力？

3. 衡量直播电商效果：直播电商推广的成功不仅仅体现在销售数据上，还包括品牌影响力、客户忠诚度等方面。如何全面评估直播电商推广的效果，并据此调整策略？

竞赛直通车

全国职业院校电子商务职业技能大赛赛项规程（节选）

赛项名称：直播电商

模块：直播策划

任务：直播推广策划

任务背景：优越商贸有限责任公司是一家经营范围涵盖办公、居家、食品、数码配件、母婴、箱包、美妆、饰品、运动器械等的综合贸易公司。公司成立于 2018 年，负责人是陈石。企业经营商品种类多样，贴合用户需求。企业在不断提高商品质量的前提下，力争提供完善的品牌服务，让用户安心购买，并且商品价格实惠，日常销量较好，积累了一批忠实客户。

恰逢平台开展购物狂欢节活动，陈石计划围绕购物狂欢节策划并实施一场福利直播，回馈企业新老用户。

任务要求： 直播团队根据商品信息及行业数据，分析目标人群的年龄分布、性别分布、地域分布、兴趣偏好等数据，明确目标受众，形成客户画像。根据直播推广需求，结合给定的推广资金、图文、视频素材等内容，明确目标受众群体，确定推广目标，合理分配推广预算，制定直播推广策略，为后续直播推广实施提供参考。

直播团队根据直播推广策略，选择图文推广或短视频推广，创建推广计划，结合目标受众特点，从多维度完成目标受众定向，精准圈定受众标签，设置直播推广预算及出价方式，确定推广内容投放位置，添加推广创意，完成直播推广实施，提升展现量、点击量、点击率等指标数值。

工作任务单

工作任务单 推广直播活动

任务编号：		学时：	课时
实训地点：		日期：	
姓名：	班级：		学号：

一、任务描述

小刘是一家户外装备品牌的直播电商运营实习生。随着户外活动的普及，该品牌希望通过直播电商平台（如抖音），扩大品牌影响力并增加销售。当前，小刘面临的主要任务是围绕企业的直播活动进行预热，通过免费引流的方式吸引潜在客户，提高直播观看量和销售转化率。

二、相关资源
（1）互联网搜索工具
（2）Excel 表格工具
（3）微信、微博、小红书、抖音
（4）Photoshop
（5）飞瓜数据

三、任务分配

四、任务实施
活动一　聚合平台引流
步骤1：明确产品营销需求
步骤2：构建目标用户画像
步骤3：营销账号定位
步骤4：营销矩阵搭建
步骤5：营销矩阵维护
活动二　预热文案引流
步骤1：确定目标受众和用户画像
步骤2：策划公众号内容
步骤3：图文编辑
步骤4：图文检查和发布
步骤5：互动与用户关系
活动三　推荐直播引流
步骤1：自然流量推荐
步骤2：附近的人
步骤3：直播广场
步骤4：关注账号粉丝
步骤5：短视频引流
活动四　付费广告引流
步骤1：筛选推广平台
步骤2：构建短视频推广矩阵
步骤3：策划推广节奏
步骤4：实施推广
步骤5：推广效果复盘

五、相关知识
具体请参阅教材中的相关内容

六、任务执行评价

评定形式	自我评定（20%）	小组评定（30%）	教师评定（50%）	任务总计（100%）
1. 聚合平台推广内容发布成功和质量				
2. 预热文案发布成功和质量				
3. 推荐直播引流KOL定位清晰且理由充分				
4. 付费广告投放策略合理				
得分（100）				

指导教师签名：　　　　　　　　　　　组长签名：

日期：　　年　月　日

七、任务拓展
　　无

 学习笔记

工作任务三　建设直播品牌

任务情境

加强品牌建设是赢得新竞争优势的必由之路。品牌是企业竞争力和可持续发展能力的重要基础保障。随着新一轮科技和产业革命加快演进，特别是以互联网为核心的信息技术广泛应用，拥有差异化和高品质的品牌优势，日益成为企业赢得市场竞争的关键。在当今数字化时代，直播行业蓬勃发展，企业和个人纷纷加入直播平台，希望通过直播实现品牌建设和传播。

"兰莲花"是兰州当地一家新兴的美妆品牌，该企业也决定通过直播平台来推广产品，提高品牌知名度。目前，企业已入驻了兰州市某园区的某数字直播基地，欲借助该直播基地提供的定制化服务以及完善的设施，来打造具有特色的直播品牌。

小明作为该美妆品牌的品牌经理，在明确了企业的发展目标以及接受了领导的任务安排后，他需要制定一份详细的品牌建设和传播计划，以确保直播活动能够有效地传达品牌理念和吸引目标受众，从而达到品牌宣传的目的。

学习目标

【知识目标】
1. 了解品牌建设的关键要素和底层逻辑；
2. 掌握品牌传播的模型和原理；
3. 了解积极口碑传播机制建立的原理；
4. 明确负面口碑和投诉的处理方法；
5. 掌握用户反馈机制的主要内容。

【技能目标】
1. 能够结合案例制定出品牌建设和传播计划；
2. 能够制定出合理的口碑管理和用户评价机制；
3. 能够结合口碑效果和用户评价分析结果并持续改进和优化品牌策略。

【素养目标】

1. 具备文化自信，能够在品牌建设中发扬中国优秀的传统品质以及优秀的传统文化理念；

2. 具备良好学习能力，能够通过现象看本质，了解品牌背后的内在逻辑。

工作计划

序号	典型活动名称	活动操作流程	对接1＋X职业技能标准
030301	品牌建设和传播	步骤1：确定品牌建设的逻辑 步骤2：设计品牌传播机制 步骤3：制定品牌建设与传播计划	清楚IP打造底层逻辑，塑造差异化内容IP并打造主播的外在与内在形象，如主播展现给粉丝的独特看点、视觉效果、亲和力、情商、内涵、专业度等
030302	口碑管理和用户评价	步骤1：建立口碑管理机制 步骤2：设计用户反馈机制 步骤3：持续改进与优化	1. 能利用网络调研、大数据采集等手段，收集直播带货反馈，分析口碑。 2. 能根据直播的口碑与舆情分析，及时发现问题，提出危机公关应对建议

典型活动一　品牌建设和传播

活动前导

小明准备通过分析当前美妆市场的发展趋势和竞争状况，了解目标受众的喜好和需求，以及其他竞争对手的品牌传播策略。重点突出直播平台在品牌建设和传播中的重要性，以及如何通过直播形式来增加品牌曝光度和影响力。根据分析结果制定出一份详细的品牌建设与传播计划，帮助企业更好地实施这一方案。

活动分析

为了能够合理地设计品牌建设和传播计划，小明先需要确定品牌建设的逻辑，然后根据这一逻辑内容设计品牌传播机制，以确保直播活动能够有效地传达品牌理念和吸引目标受众，从而达到品牌宣传的目的。

活动执行

了解品牌建设的底层逻辑是进行品牌建设的基础，小明在建设品牌计划前，先对品牌建设的关键要素以及底层逻辑进行了学习。

步骤1：确定品牌建设的逻辑

作为品牌经理，小明深知品牌的重要性。他知道"品牌"一词不仅是指某种产品（的商标），它还有更广阔的含义。品牌是企业的核心竞争力，是企业形象的主要表现，是软实力的重要标志。品牌可以作为一种"无形资产"，能够持续为企业创造利益。那么如何建设品牌就显得极其重要。所谓品牌建设就是企业在市场中树立和维护其独特形象和身份的过程。

品牌建设在现代商业环境中扮演着至关重要的角色。通过建立独特的标识和传递企业的价值观，品牌不仅能帮助消费者快速识别和记忆，还承载着产品质量保证和消费者忠诚度的重要使命。在市场竞争中，一个强大的品牌是企业差异化竞争的关键，能够吸引更多消费者的关注和选择，进而实现持续盈利和市场份额增长。此外，品牌建设也是企业文化传承的重要途径，通过强化品牌文化，企业能够更好地传达自身的核心价值观，激励员工、吸引消费者，为企业的长期发展奠定坚实基础。因此，品牌建设对企业的发展和成功具有深远的意义。

一、品牌建设的关键要素

品牌建设是一个多维度、多层次的过程，它涉及多个关键要素。了解并正确应用这些要素，对于成功地构建和维护一个品牌至关重要。以下是品牌建设中的几个关键要素：

1. 品牌定位

品牌定位是品牌建设的基石，它是指企业在市场上所占据的位置以及企业提供的产品或服务的独特卖点。品牌定位需要明确品牌的目标市场、目标消费者以及品牌所提供的产品或服务的独特价值。通过准确的品牌定位，品牌可以在消费者心中占据一个独特的位置，从而增强品牌的辨识度和吸引力。如图3-3-1所示为品牌定位金字塔。

具体而言，品牌定位需要明确以下几个方面：

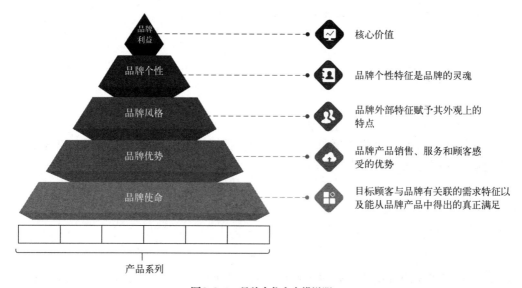

图3-3-1 品牌定位金字塔说明

（1）目标市场与消费者：了解目标市场的特点和消费者的需求、偏好，确保品牌与之契合。

（2）竞争优势：识别品牌的独特卖点，即与竞争对手相比，品牌所提供的产品或服务的独特价值。

（3）市场细分：在广泛的市场中寻找并定义自己的细分市场，专注于满足特定群体的需求。

2. 品牌形象

品牌形象是指消费者对品牌的整体印象和认知，包括品牌的视觉形象、口碑、品质、信誉等方面。企业应该通过广告、包装、宣传等方式来打造自己的品牌形象，从而提升消费者对品牌的认知和信任度。品牌形象是消费者对品牌的感知和联想，它是品牌与消费者之间的桥梁。一个成功的品牌形象能够引发消费者的情感共鸣，增强品牌认知度、信任度和忠诚度。可通过MBVES模型❶构建清晰、独特、富有活力的品牌识别体系，使品牌从定位走向实际落地执行。

（1）理念识别（Mind Identity，MI） 理念识别是品牌的灵魂和核心价值观的体现，主要包含品牌的使命、愿景、价值观、信仰和品牌文化等方面。理念识别是品牌的员工和消费者理解品牌的基础，也是品牌决策和行动的指南。一个清晰、独特的理念识别能够帮助品牌塑造独特的品牌形象，并与消费者建立深厚的情感联系。

（2）行为识别（Behavior Identity，BI） 行为识别是品牌在日常运营中所展现的行为方式和行为规范。它包括品牌的决策方式、管理风格、员工行为、服务标准、社会责任等方面。行为识别是品牌理念的具体体现，也是品牌与消费者互动的关键环节。一个积极、负责的行为识别能够增强品牌的可信度和口碑，提升消费者对品牌的信感。

（3）视觉识别（Visual Identity，VI） 视觉识别是品牌通过视觉元素传达品牌形象和识别度的手段。它包括品牌的标志、标志字体、标准色、辅助图形、品牌形象照片等元素。视觉识别是品牌形象的直观表现，也是品牌与消费者建立情感联系的重要工具。一个清晰、独特、富有美感的视觉识别系统能够提升品牌的辨识度和记忆度，增强消费者对品牌的认知和忠诚度。

（4）体验识别（Experience Identity，EI） 体验识别是品牌通过产品或服务为消费者创造的独特体验。它包括产品的功能、性能、品质、包装设计等方面，以及服务的流程、态度、专业性和售后服务等方面。体验识别是品牌与消费者建立情感联系和忠诚度的关键环节。一个卓越、独特、贴心的体验识别能够提升消费者对品牌的满意度和忠诚度，使品牌在竞争激烈的市场中脱颖而出。

（5）社会识别（Social Identity，SI） 社会识别是品牌在社会中所扮演的角色和承担的社会责任。它包括品牌对环境保护、社会公益、文化传承等方面的贡献和承诺。社会识别是品牌塑造良好社会形象和声誉的重要途径。一个积极、负责的社会识别能够提升品牌的社会影响力和公众形象，增强消费者对品牌的认同感和好感度。

3. 品牌文化

品牌文化是指品牌所体现的企业文化和价值观，是品牌的灵魂和个性。它涵盖了

---

❶ MBVES模型出自荣振环的《品牌建设10步通达》（第2版）中。

企业的愿景、使命、核心价值观以及企业的历史、传统和文化底蕴。品牌文化通过品牌的传播和活动，向消费者传递一种情感连接和共鸣，使消费者能够认同和连接品牌的价值观和文化理念。品牌文化强调的是品牌的独特性和差异化，帮助品牌在竞争激烈的市场中脱颖而出。如果一家企业想要长期取得成功，不可或缺的条件就是"品牌共鸣"。要实现品牌共鸣，关键在于树立坚定的品牌理念、信念和价值观。缺乏坚定信念的品牌很难触动顾客内心深处，引发共鸣。强大的品牌力来自展现品牌的信念和理念，通过与消费者的共鸣不断积累品牌实力。品牌文化的塑造需要综合考虑以下几个方面：

（1）核心价值观　明确品牌所代表的核心价值观，如创新、诚信、责任等，这些价值观需要贯穿于品牌的所有活动中。

（2）愿景与使命　确立品牌的愿景和使命，明确品牌未来的发展方向和目标，激发消费者的共鸣和信任。

（3）文化传承　将企业的历史、传统和文化融入品牌中，形成独特的品牌故事和文化底蕴，增强品牌的独特性和吸引力。

品牌文化对于企业的长远发展具有重要意义，它能够提升企业的核心竞争力，抵御市场风险。一个具有深厚品牌文化的企业，能够在竞争激烈的市场中稳定前行，为消费者提供高质量的产品和服务。同时，强大的品牌文化也是企业吸引和留住人才、扩大市场份额、提高盈利能力的关键因素。

崇德启智

娃哈哈，作为中国饮料行业的佼佼者，其品牌发展与文化内涵是众多中国品牌中的典范。娃哈哈从一个小小的校办企业，发展成为如今家喻户晓的国民品牌，其背后所蕴含的品牌故事和文化底蕴，值得我们深入探究。

娃哈哈的品牌文化可以概括为"健康、快乐、共享"。这一理念贯穿于娃哈哈的每一个产品、每一个营销活动，甚至每一位员工的心中。

"健康"是娃哈哈产品的核心。娃哈哈始终坚持选用优质原材料，严格把控产品质量，为消费者提供健康、安全的食品饮料。

"快乐"是娃哈哈品牌的精神。娃哈哈的产品不仅满足消费者的口感需求，更带给消费者快乐的体验。无论是儿童喜欢的AD钙奶，还是成年人钟爱的矿泉水，都能让消费者在满足口腹之欲的同时感受到快乐。

"共享"是娃哈哈品牌的价值。娃哈哈始终坚持与消费者、合作伙伴、员工等各方共享发展成果。在消费者方面，娃哈哈通过优质的产品和服务，让消费者享受到实惠和便利；在合作伙伴方面，娃哈哈坚持诚信合作、互利共赢的原则，与供应商、经销商等建立长期稳定的合作关系；在员工方面，娃哈哈注重员工的成长和发展，为员工提供广阔的职业发展空间和福利待遇。

娃哈哈作为中国品牌的代表之一，其品牌发展与文化内涵充分体现了中国品牌的优秀品质。通过卓越的产品品质、独特的品牌精神和前瞻的发展视野，娃哈哈赢得了消费者的信任和喜爱。同时，娃哈哈还不断创新和进取，积极拓展新的业务领域，为中国品牌的国际化发展做出了积极贡献。

4. 品牌价值

品牌价值是指品牌所代表的价值和利益，包括功能性价值、情感性价值和象征性价值等。品牌价值主要关注品牌产品或服务能够满足消费者的哪些需求，以及品牌所代表的价值观和生活方式。品牌价值的核心在于提供消费者所需的价值，并通过品牌故事、情感体验等方式与消费者建立情感连接。品牌价值强调的是品牌与消费者之间的价值交换和共鸣，使消费者在购买品牌产品或服务时能够获得满足感和认同感。品牌价值的塑造需要关注以下几个方面：

（1）功能性价值　确保品牌产品或服务具备卓越的质量和性能，满足消费者的实际需求。

（2）情感性价值　通过品牌故事、情感体验等方式，与消费者建立情感连接，使消费者对品牌产生深厚的情感依赖。

（3）象征性价值　代表一种生活方式、社会地位或价值观，使消费者在购买品牌产品或服务时获得身份认同和自我实现。

> **名词一点通**
>
> **品牌故事**
>
> 品牌故事是指通过对品牌的创造、巩固、保护和拓展进行故事化讲述，并融入品牌的背景、文化内涵、经营管理理念之中。它不仅是品牌发展的历史记录，更是品牌价值观和个性的体现。其主要目的是用情感和相关性将企业产品服务和消费者联系起来，为消费者创造一种迷人的、令人愉快和难以忘怀的消费体验。它通常以生动、有趣、感人的方式呈现，包含技术或原材料发明、品牌创建者的经历或品牌发展过程中发生的典型故事等。

5. 品牌传播

品牌传播是指企业通过广告、公关、宣传等方式来传递品牌信息，从而提升品牌知名度和美誉度。品牌传播应该针对不同的目标受众和市场需求，选择合适的传播渠道和方式，通过多种手段和策略来吸引消费者的关注和信任。品牌传播需要注意以下几个方面：

（1）传播策略　明确传播的目标、受众、内容和渠道，制定有针对性的传播策略。

（2）信息一致性　确保品牌信息在不同渠道、不同场合下的一致性，避免信息混乱和矛盾。

（3）互动与反馈　与消费者建立互动和反馈机制，及时了解消费者的需求和反馈，优化传播策略。

二、品牌建设的底层逻辑

品牌建设是企业在市场竞争中取得成功的关键之一。品牌建设的底层逻辑可以深入到品牌的本质和目的，以及其与市场和消费者之间的互动关系。通过回答以下四个问题，可以详细说明品牌建设的底层逻辑。

1. Why——为何而做？

品牌建设的首要目的是树立企业的独特形象和价值主张，以区别于竞争对手，吸引目标客户群体并建立忠诚度。品牌建设的初衷是为了解决特定的问题、满足特定的需求或者实现特定的愿景，通常体现在品牌故事中，通过品牌故事能够激发消费者的情感共鸣，建立品牌与消费者之间的深厚联系。Simon Sinek的"黄金圈"理论认为，成功的品牌都能清晰表达出自己的Why，从而吸引消费者，并建立长期的品牌忠诚度。

> **名词一点通**
>
> **"黄金圈"理论**
>
> "黄金圈"理论是由著名的营销顾问西蒙·西涅克（Simon Sinek）提出的一种思维模型，也被称为黄金圈法则。这个理论通过三个同心圆的层次结构来形象地表示人们认识事物的过程，这三个层次从内到外分别是：Why（为什么）、How（如何做）和What（是什么）。黄金圈理论的核心思想是强调对事物本质的追求和理解，通过追问为什么来揭示事物的真正动机和目的。这种方法有助于建立主动的品牌形象、吸引忠实的客户和支持者，并在竞争激烈的市场中脱颖而出。

为了确保品牌的建设目的能够深入人心，品牌需要确立自己的使命和核心价值观，并将其贯穿于品牌的所有行为和决策中。而且品牌的建设目的应该是真实的、有意义的，并与消费者的需求和价值观相契合，从而建立起消费者对品牌的信任和忠诚度。

2. Who——针对谁做？

"Who"涉及品牌的目标受众和定位。在进行品牌建设时，需要明确品牌的目标受众是谁，他们的需求是什么，如何与他们沟通。品牌的定位则决定了品牌在消费者心中的位置和形象，通过差异化定位可以突出品牌的独特之处，吸引目标受众的注意力。

除了明确定位目标受众外，品牌还需要了解目标受众的行为特征、偏好和需求，以便更好地定制产品、服务和营销策略。通过深入了解目标受众，品牌可以更精准地传达信息，提供符合消费者期望的价值，并建立起与消费者之间的亲密关系。

3. What——要做什么？

品牌建设需要明确品牌能够给消费者提供什么样的价值，以及通过产品或服务来实现这种价值传递。并确保品牌形象和传播内容与企业的使命和愿景保持一致。在确定品牌要提供的价值时，品牌需要考虑产品或服务的特点、优势和差异化。品牌的产品或服务应该具有独特性、高品质性和创新性，能够满足消费者的需求并超越竞争对手，从而赢得市场份额和消费者的青睐。

4. How——怎么去做？

在品牌建设过程中，需要制定有效的营销策略，选择合适的沟通渠道和传播方式，通过不同的执行手段来传达品牌的价值观和核心信息。同时，在执行品牌建设策略时，需要注重品牌形象、品牌故事和品牌传播应该保持一致，以建立起消费者对品牌的稳定认知。此外，品牌还需要不断创新、适应市场变化，灵活调整营销策略和执行手段，确保品牌始终保持竞争力和吸引力。

步骤2：设计品牌传播机制

在数字化时代，品牌传播策略的关键性日益凸显。因此，在确定了品牌建设的逻辑后，小明将开始设计品牌传播机制，旨在有效传递品牌信息、提升品牌知名度和打造品牌形象。

传播是信息传递、思想交流以及发送方和接收方之间思想统一或达成共识的过程。品牌传播则是通过广告、公共关系、新闻报道、人际交往、产品或服务销售等手段，有效提升品牌在目标受众心目中的认知度、美誉度和忠诚度。品牌传播在品牌建设中扮演着重要角色，它是品牌与消费者之间的纽带，是消费者认知品牌的重要途径。为了制定有效的品牌传播计划，小明需要深入了解品牌传播的要素、模型，并分析品牌传播的原理。

一、品牌传播的要素及模型

1948年，美国学者拉斯韦尔提出了一个重要的传播过程模型，即"5W模式"，其中包含了品牌传播过程中的关键要素，如图3-3-2所示。这一模式强调了传播过程中的五个核心要素，即谁（Who）、说什么（Says what）、通过什么渠道（In which channel）、对谁说（To whom）以及取得什么效果（With what effect）。这一理论框架为理解和分析品牌传播提供了重要的指导，帮助人们更好地把握传播活动中的关键因素。

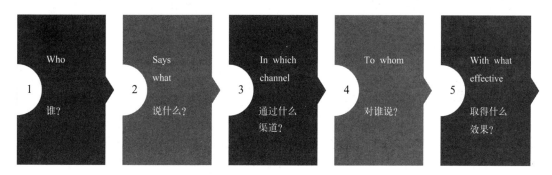

图3-3-2 拉斯韦尔"5W模式"

1. 品牌传播主体——"Who"

"Who"代表品牌信息的发出者，即品牌传播的主体。这个主体可能是企业自身，也可能是代言人、明星或其他第三方机构。这一主体负责制定品牌战略，明确品牌信息，并通过各种渠道将其传达给目标受众。

2. 品牌传播对象——"Whom"

"Whom"指的是品牌的目标受众，也就是品牌传播的对象，是品牌信息接收者和品牌体验者。了解目标受众的需求、偏好和行为模式，是制定有效传播策略的关键。

3. 品牌传播内容——"What"

"What"是指品牌传播的内容，即品牌信息，包括品牌的核心理念、产品特点、品牌故事等。内容需要清晰、独特，且能够引起目标受众的共鸣和兴趣。

4. 品牌传播媒介——"Which channel"

"Which channel"代表品牌信息传播的途径和渠道，包括传统媒体（如电视、广播、报纸、杂志）和数字媒体（如社交媒体、搜索引擎、网站等）。选择合适的媒介，可以确保信息准确、高效地传达给目标受众。

5. 品牌传播效果和预期目标——"What effect"

"What effect"是指品牌传播的效果和预期目标，涉及品牌知名度、美誉度、忠诚度等多个维度，需要通过市场调研、数据分析等方式进行持续监测和评估。

二、品牌传播的原理

品牌传播的原理主要基于传播学的基本原理，涉及品牌与消费者之间的信息交流、互动和共鸣。以下是品牌传播的主要原理：

1. 刺激反射原理

刺激反射原理是品牌传播的核心原理之一。它基于人的一切行为都是刺激反射行为，即消费者受到外界信号的刺激后，会做出行为反射。品牌传播通过释放刺激信号，如广告、促销活动等，来引发消费者的购买欲望和行为。因此，品牌传播需要准确地识别消费者的需求和兴趣，提供有针对性的刺激信号，以激发消费者的购买欲望和行动。比如华为在发布新款手机时，通过广告、线上线下的发布会、评测文章等多种形式，向消费者传递新手机的各种优点和功能，如高性能、优质摄像、长续航等。这些刺激信号激发了消费者的购买欲望，从而引发购买行为。

2. 信息传播原理

传播的关键不在于播，而在于传。品牌传播需要通过各种渠道将品牌信息传递给消费者，并让消费者自发地传播这些信息。这要求品牌传播的内容要具有吸引力、共鸣力和传播力，能够引起消费者的共鸣和关注，让消费者愿意将这些信息传播给他们的亲朋好友。同时，品牌还需要利用社交媒体等新媒体平台，扩大信息的传播范围和影响力。华为的消费者在使用其产品后，如果感到满意，可能会通过社交媒体、朋友间的口碑传播等方式，将华为的品牌信息传播出去。华为还通过举办各种线上线下活动，如摄影大赛、技术研讨会等，让消费者参与到品牌传播中来，进一步扩大了品牌的影响力。

3. 信号能量原理

品牌传播需要释放出一个强大且独特的信号能量，以吸引消费者的注意力和兴趣。这要求品牌传播的信息要具有独特性、差异性和创新性，能够在众多品牌中脱颖而出，引起消费者的关注和兴趣。同时，品牌还需要通过不断地传播和积累，提高品牌的知名度和美誉度，增强品牌的信号能量。例如，华为在5G技术、AI技术等领域取得了重大突破，并通过各种渠道将这些信息传播出去，使消费者认识到华为的技术实力和创新精神，提高了品牌的知名度和美誉度。

名词一点通

信号能量原理

信号能量原理是一个传播学原理,它基于苏联生理学家巴甫洛夫的理论基础,即刺激反射原理。巴甫洛夫的理论主张,人的一切行为都是刺激反射行为,且刺激信号的能量越强,则反射越大。

在信号能量原理中,强调了在发出刺激信号时,应追求最强的信号刺激,以激发消费者最大的行为反射。这个原理在广告学和品牌营销传播中尤为重要,因为信号的能量越强,引起的消费者反应就越大,从而更容易形成品牌认知和购买决策。

除了以上三个主要原理,品牌传播还需要遵循一些基本原则和策略,如目标市场定位、品牌形象塑造、传播渠道选择、内容创意等。这些原则和策略需要根据市场环境和消费者需求的变化而不断调整和优化,以实现品牌传播的最佳效果。

步骤3:制定品牌建设与传播计划

确定了品牌建设的逻辑以及品牌传播的机制后,作为品牌经理,小明接下来就需要根据企业的实际情况制定相应的品牌建设与传播计划。计划书的设计框架可参考图3-3-3。

品牌建设与传播计划书

一、品牌现状分析

市场地位: 评估品牌在直播平台上的市场份额、用户关注度及影响力。

品牌认知: 了解用户对品牌的知晓度、好感度及忠诚度。

资源盘点: 梳理现有的直播内容、主播资源、技术平台等。

用户洞察: 深入了解目标用户的观看习惯、偏好及消费能力。

二、品牌目标设定

短期目标: 提升品牌在直播平台上的曝光率,增加用户关注。

中期目标: 打造独特的直播内容,形成稳定的观众群体,提高用户活跃度。

长期目标: 成为直播平台上的头部品牌,建立品牌忠诚度,实现商业化变现。

三、品牌定位与策略

市场定位: 明确品牌在直播平台上的独特卖点,如专业内容、互动体验等。

内容策略: 规划多样化的直播内容,满足不同用户的需求。

互动策略: 增强用户参与感,如弹幕互动等。

四、主播形象选择

主播选拔与培养: 选择符合品牌调性的主播,培养其专业能力和直播风格,确保他们能够传递品牌的核心价值。

主播形象管理: 为主播设计统一的形象包装,包括服装、妆容、发型等,确保他们在直播中展现出良好的品牌形象。

图3-3-3

主播与品牌融合： 让主播在直播中自然地融入品牌元素，如品牌标识、口号等，提升品牌曝光度。

主播互动与粉丝维护： 鼓励主播与粉丝进行互动，如回粉丝问题、举办粉丝活动等增强粉丝对品牌的认同感和忠诚度。

五、品牌视觉识别系统

品牌标识： 设计独特的品牌LOGO、字体及色彩系统。

直播界面： 打造统一的直播界面风格，提升用户体验。

六、品牌传播内容规划

核心内容： 围绕品牌特色，打造高质量的直播内容。

传播形式： 结合短视频、社交媒体等多元渠道进行内容传播。

节奏安排： 定期更新直播内容，保持用户关注度。

七、品牌传播渠道策略

直播平台： 优化直播内容，提高在平台上的曝光率。

社交媒体： 利用微博、微信等社交媒体进行品牌宣传与互动。

KOL合作： 与头部主播或网红进行合作，扩大品牌影响力。

八、执行与团队协作

执行计划： 制定详细的执行计划，确保各项策略落地实施。

团队协作： 建立高效的团队沟通机制，确保各部门间的协同合作。

图3-3-3　品牌建设与传播计划框架案例图

这个框架结合了直播平台的特点，为品牌建设与传播提供了具体的指导方向。由于每个直播品牌都有其独特的定位、目标受众、资源条件和市场环境，因此在实际应用中，品牌需要根据自身情况对这个框架进行调整和优化。

新兴动态

国家发展改革委等部门《关于新时代推进品牌建设的指导意见》（节选）

品牌是高质量发展的重要象征，加强品牌建设是满足人民美好生活需要的重要途径。

支持企业实施品牌战略：

塑造提升品牌形象。鼓励企业推进产品设计、文化创意、技术创新与品牌建设融合发展，建设品牌专业化服务平台，提升品牌营销服务、广告服务等策划设计水平。实施商标品牌战略，加强商标品牌指导站建设，培育知名商标品牌。引导企业诚实经营，信守承诺，积极履行社会责任，塑造良好品牌形象。支持企业强化商标品牌资产管理，提升品牌核心价值和品牌竞争力。

丰富品牌文化内涵。积极推动中华文化元素融入中国品牌，深度挖掘中华老字号文化、非物质文化遗产、节庆文化精髓，彰显中国品牌文化特色。推进地域文化融入品牌建设，弘扬地域生态、自然地理、民族文化等特质。培育兼容产业特性、现代潮流和乡土特色、民族风情的优质品牌。

活动技能演练

请同学们根据下面的案例背景，制定一份详细的品牌建设和传播计划，包括品牌定位、品牌文化、品牌价值、品牌传播等，并将结果整理在下面空白处。

案例背景：

随着现代生活节奏的加快和人们对健康生活的追求，有机食品市场逐渐崭露头角。越来越多的消费者开始关注食品的来源和成分，追求绿色、有机、健康的饮食方式。

某健康食品是一家专注于生产有机蔬菜汁和有机谷物早餐的新兴公司。公司秉持"绿色、健康、纯天然"的理念，致力于为消费者提供高品质、无添加的健康食品。公司的主要目标市场是年龄在25～45岁之间，注重健康饮食，有一定消费能力，追求生活品质的城市居民。这部分消费者对食品安全和营养价值有着较高的要求，愿意为有机食品支付一定的溢价。目前市场上存在多个有机食品品牌，竞争激烈。然而，该公司的健康食品在产品质量和口感上具备独特优势，他们采用严格的有机种植标准、独特的生产工艺等，使得产品在市场中具有一定的差异化竞争力。

面对激烈的市场竞争，该公司需要通过有效的品牌建设和传播策略，提升品牌知名度，塑造独特的品牌形象，并培养消费者的忠诚度。同时，随着健康意识的提高和有机食品市场的不断扩大，该公司也面临着巨大的市场机遇。

典型活动二　口碑管理和用户评价

活动前导

在完成了品牌建设与传播的相关方案制定后，小明还需要对品牌的口碑及用户评价进行管理。他借助网络搜索工具以及相关行业资料和论文研究，分析并总结思路，整理出自己对于口碑管理和用户评价相关机制的理论研究结果。

活动分析

为了有效地完成对于口碑管理和用户反馈方面的理论研究,小明需要了解口碑管理机制的相关原理以及用户反馈机制的相关方法,然后利用这些原理和方法进行效果分析。

 活动执行

了解口碑管理的机制以及用户评价的机制是持续改进和优化品牌策略的基础,小明制定品牌优化策略前,需要先建立口碑管理机制、设计用户评价机制。

步骤1:建立口碑管理机制

小明通过相关资料了解到,口碑是消费者对产品或服务的口头传播和推荐,具有较高的信任度和影响力。良好的口碑可以提升品牌知名度、吸引客户、增加销售额,而负面口碑可能导致品牌形象受损、销售下滑。因此,建立口碑管理机制是企业维护品牌声誉、提升竞争力的重要举措。

口碑管理的目的是通过积极有效的手段,提升企业的口碑,从而增强品牌价值和促进销售。在这个过程中,企业需要关注消费者的需求和反馈,提供优质的产品和服务,同时加强危机预防和应对能力,以确保口碑管理的有效实施。基于此,小明将从建立积极的口碑传播机制和设计用户反馈机制来开展工作。

一、建立积极的口碑传播机制

积极口碑传播主要基于社会心理学中的"六度分隔理论"和"弱连接理论"。六度分隔理论指出,任何两个陌生人之间,通过不超过六个人的关系链,就可以建立联系。而弱连接理论则强调,在社会网络中,弱关系(如朋友的朋友)在信息传播中起着重要作用,它们比强关系(如亲密朋友或家人)更能传递不同的、新的信息。

> **名词一点通**
>
> **"六度分隔理论"**
>
> 六度分隔理论(Six Degrees of Separation)是由哈佛大学的心理学教授斯坦利·米尔格拉姆(Stanley Milgram)在1967年通过连锁信实验提出的。这个理论指出:你和任何一个陌生人之间所间隔的人不会超过六个,也就是说,最多通过六个人你就能够认识任何一个陌生人。
>
> 这个理论也被称为"小世界理论",它揭示了现实社会中人们关系的紧密性。同时,六度分隔理论也说明了社会中普遍存在的"弱纽带"关系,这些弱纽带虽然看似微不足道,但却在人们的社交网络中发挥着非常强大的作用。
>
> **"弱连接理论"**
>
> 弱连接理论(Weak Ties Theory)是由美国社会学家马克·格拉诺维特(Mark

Granovetter）在1974年提出的一种社会网络分析理论。该理论主要关注的是个体在社会网络中的弱连接关系，即那些看似不紧密、不频繁、不强度高的联系，通常发生在不同社会群体之间的个体之间。

弱连接理论的核心观点是，尽管弱连接在社交网络中可能不如强连接（如亲朋好友、同事等）那样紧密和频繁，但它们在信息传播和资源获取方面却具有独特的优势。弱连接能够跨越不同的社会群体和圈子，将不同圈子内的信息、资源和机会连接起来，从而为个体提供更多的选择和机会。

积极口碑传播机制的建立原理如下：

（1）优质产品和服务是基础　只有当产品或服务满足或超越客户的期望时，客户才会产生积极的口碑传播意愿。这是因为满意的客户更有可能向他人推荐产品或服务，从而形成良好的口碑。

（2）社会心理学原理　口碑传播受到社会心理学的影响，特别是"六度分隔理论"和"弱连接理论"。这些理论指出，人们之间的信息传播是通过一系列的社会连接来实现的，而弱关系在信息传播中起着重要作用。因此，当满意的客户通过弱关系向他人传播口碑时，这种传播往往更加有效。

（3）激励机制的作用　通过提供奖励、优惠或其他形式的激励，可以鼓励满意的客户分享他们的体验。这种激励机制可以增加口碑传播的动力，从而扩大品牌的影响力。

（4）社交媒体和在线平台的作用　社交媒体和在线平台为口碑传播提供了便捷的渠道。通过这些平台，客户可以轻松地分享他们的体验，并与他人互动。这种互动可以进一步增加口碑传播的范围和影响力。

二、处理负面口碑和投诉的方法

负面口碑和投诉处理主要基于危机管理理论和客户关系管理理论。危机管理理论强调在危机发生时，及时、透明和有效地应对，以最小化负面影响。客户关系管理理论则注重维护客户满意度和忠诚度，通过解决问题来增强客户与品牌之间的关系。

名词一点通

"危机管理理论"

危机管理理论是一种关于如何应对、处理和解决危机情境的理论。它主要涉及在面临突发事件、紧急状况或不可预见的风险时，组织、企业、政府等实体如何制定策略、调配资源、进行决策，以最小化危机带来的负面影响，甚至将危机转化为机遇。

"客户关系管理理论"

客户关系管理（CRM）理论是一种商业策略，主要关注于建立、维护和加强与客户的长期关系。这种理论强调以客户为中心，通过深入理解客户需求和偏好，提供个性化的产品和服务，从而提高客户满意度和忠诚度，最终实现企业的可持续发展和盈利增长。CRM理论的基础包括客户价值理论、客户生命周期理论、关系管理理论、数据驱动理论以及组织变革理论。

负面口碑和投诉的处理可采取以下方法：

（1）危机管理　当出现负面口碑或投诉时，企业需要及时、透明和有效地应对。这是因为负面的口碑和投诉可能会对企业的形象和声誉造成损害，甚至可能引发危机。因此，企业需要采取积极的措施来解决问题，并尽快恢复消费者的信任。

（2）客户关系管理　处理负面口碑和投诉也是客户关系管理的重要组成部分。企业需要倾听和理解客户的不满和期望，然后采取行动来解决问题。通过解决问题并满足客户的期望，企业可以增强与客户之间的关系，从而提高客户的满意度和忠诚度。

（3）有效沟通的重要性　在处理负面口碑和投诉时，有效的沟通是至关重要的。企业需要与客户建立积极的对话，有表达歉意和解决问题的决心。同时，企业还需要提供清晰、准确的信息，以便客户了解问题的进展和解决方案。

（4）持续改进的动力　分析负面口碑和投诉的原因，找出产品或服务的不足之处，以便进行改进。这种持续改进的动力可以帮助企业不断提高产品和服务的质量，从而减少负面口碑和投诉的发生。

步骤2：设计用户反馈机制

用户评价在直播品牌建设中扮演着至关重要的角色。它不仅有助于塑造品牌形象，增强品牌信誉和口碑，还能帮助建立用户信任，为潜在消费者提供有利的购买参考。此外，用户评价还能够为企业提供宝贵的用户反馈，指导产品的优化和改进方向，推动品牌的持续发展。因此，直播品牌应重视用户评价，积极倾听用户声音，不断优化产品和服务，以赢得更多用户的信任和支持。小明作为品牌经理，需要通过设计用户反馈机制来获取用户评价信息，了解用户的反馈信息。

用户反馈机制是指通过一系列的方法和手段，收集用户对某一产品或服务的意见和建议，将这些信息整理分析后，用于产品或服务的改进和优化，以满足用户的需求和提升用户体验。这一机制的核心在于建立一个双向沟通渠道，确保用户的声音能够被有效捕捉并转化为实际的改进措施。

一、设计奖励机制

为了鼓励用户积极参与评价，设计一套合理且吸引人的奖励机制是至关重要的。这样的奖励机制不仅能够激发用户的积极性，还能确保评价的真实性和有效性。

1. 奖励机制的目标

设计奖励机制的首要目标是提高用户参与评价的意愿和频率，同时确保评价的质量和真实性。通过奖励机制，可以引导用户主动分享他们的使用体验和感受，为产品和服务的改进提供有价值的参考。

2. 奖励机制的设计原则

（1）公平性原则　奖励机制应该公平对待所有用户，确保每个用户都有平等的机会获得奖励。

（2）透明性原则　奖励规则应该清晰明确，用户能够清楚地了解如何获得奖励以及奖励的具体内容。

（3）激励性原则　奖励应该具有一定的吸引力，能够激发用户参与评价的积极性。

3. 具体的奖励措施

为了激励用户参与直播评价，企业可以采取如表3-3-1所列的奖励措施，以刺激用户积极参与评价。

表3-3-1　用户参与评价的奖励措施

奖励措施	措施内容
积分奖励	1.用户每完成一次评价，即可获得一定数量的积分。 2.积分可以在后续的购物中抵扣现金，或者用于兑换虚拟商品或服务。 3.积分系统应该设置不同的等级和奖励标准，以鼓励用户提供更多详细和有价值的评价
勋章或头衔	1.为积极参与评价的用户颁发特殊的勋章或头衔，以表彰他们的贡献。 2.这些勋章或头衔可以在平台内展示，增确用户的归属感和荣誉感
抽奖活动	1.定期举办基于用户评价的抽奖活动，奖品可以是实物奖品、虚拟奖品或优惠券等。 2.抽奖活动的参与条件可以是完成一定数量的评价或提供高质量的评价内容

4. 奖励机制的实施与管理

（1）建立完善的奖励管理系统　确保奖励的发放和管理过程公平、透明，避免出现任何不公平的现象。

（2）定期更新奖励内容　根据用户反馈和市场需求，定期更新和调整奖励内容，以保持其吸引力和有效性。

（3）监控评价质量　设立专门的团队或机制来监控评价的质量，确保奖励机制不会引导用户产生虚假或低质量的评价。

二、收集用户评价信息

收集用户评价信息是了解用户需求、优化产品和服务的关键环节。为了确保评价信息的真实性、全面性和有效性，需要设计一套科学合理的信息收集机制。

1. 明确评价的目的和内容

在收集用户评价信息之前，首先要明确评价的目的和内容。这有助于确保收集到的信息具有针对性和实用性。例如，可以设定评价的目的为了解用户对直播平台的整体满意度、对特定功能的使用感受、对某个主播的评价等。

2. 选择合适的评价方式

根据评价的目的和内容，选择合适的评价方式。常见的评价方式包括：

（1）文本评价　用户可以通过输入文字来描述他们的体验和感受。这种方式可以提供较为详细的信息，但需要用户花费一定的时间和精力。

（2）选择题评价　平台提供一系列选择题，用户只需选择符合自己感受的选项即可。这种方式操作简单，但可能无法涵盖所有细节。

（3）星级评价　用户根据自己的满意程度为平台或产品打分。这种方式简单直观，但可能无法提供足够的详细信息。

3. 设定评价的时间和频率

确定何时向用户发送评价邀请以及评价的频率也是非常重要的。一般来说，可以在用户完成某个任务或体验后立即发送评价邀请，以便用户能够及时分享他们的感受。同时，也要避免过度频繁地发送评价邀请，以免打扰用户。

4. 多渠道收集评价信息

除了通过平台内置的评价系统收集信息外，还可以通过其他渠道收集用户的评价信息。

（1）社交媒体　关注用户在社交媒体上的评论和反馈，了解他们对直播平台的看法和建议。

（2）电子邮件或调查问卷　定期向用户发送电子邮件或调查问卷，收集他们对平台的使用体验和意见。

（3）在线论坛和社区　参与在线论坛和社区的讨论，了解用户对直播平台的看法和建议。

新兴动态

自然语言处理技术在用户评价中的应用

自然语言处理（Natural Language Processing，NLP）是人工智能领域中的重要分支，旨在使计算机能够理解和处理人类语言。NLP涵盖了诸多研究领域，如机器翻译、舆情监测、自动摘要、观点提取、文本分类、问题回答、文本语义对比、语音识别、中文OCR（光学字符识别）等。

NLP技术在用户评价和反馈方面有广泛应用，可帮助企业更好地理解客户需求、情感倾向以及改进方向，从而提升客户满意度和忠诚度。以下是NLP技术在用户评价和反馈方面的应用：

一、情感分析，通过分析用户评价和反馈中的情感倾向，了解客户对产品和服务的满意度、忠诚度等。

二、文本分类，帮助企业对大量用户评价和反馈进行分类，更好地管理和分析这些数据。

三、命名实体识别，从用户评价和反馈中识别关键信息，有助于企业了解客户提及的重要实体。

四、实体关系抽取，从用户评价和反馈中提取实体之间的关系，帮助企业深入理解客户反馈中的相关信息。

五、智能问答，建立智能问答系统，使客户能够通过自然语言提问并获得相应的回答，提升客户服务体验。

步骤3：持续改进与优化

完成了口碑管理机制和用户反馈机制的制定后，小明最后就需要结合口碑效果以及用户反馈的信息制定品牌策略的改进和优化方案。在制定方案之前,小明需要明确口碑效果的监测方法以及用户评价信息的分析内容。

一、口碑效果的监测方法

口碑效果监测的目的在于通过收集和分析直播过程中的各种数据,了解观众对品牌或产品的态度和反应,进而评估直播营销的效果。这些数据可以为品牌提供有价值的洞察,帮助他们优化直播内容,提高营销效果。

为了有效监测直播口碑效果,可以采取以下方法:

1. 直播互动数据监测

监测直播中的观众互动数据,如点赞、评论、分享、弹幕等,这些数据可以反映观众对直播内容的兴趣和态度。比如可通过设定互动数据的阈值,如每小时的点赞数、评论数等,一旦达到阈值,代表直播内容可能引起了观众的共鸣;分析弹幕内容,识别高频词汇或负面词汇,了解观众的情绪和反馈。

2. 直播流量监测

通过监测直播的观看人数、观看时长、同时在线人数等指标,评估直播的吸引力和影响力。比如通过对比不同时间段的观看人数和在线人数,找出观众最活跃的时间段,优化直播时间;分析观看时长,找出观众停留时间最长的内容,为未来的直播内容提供参考。

3. 观众反馈收集

在直播过程中或直播后,通过问卷、投票等方式收集观众对直播内容的反馈,了解他们对品牌或产品的看法和意见。比如在直播结束后,立即进行问卷调查,确保观众的记忆和感受最为新鲜;在直播过程中,适时进行投票活动,增加观众的参与感。

二、用户评价信息的分析

用户评价信息分析的目的是通过收集和分析观众的评价数据,了解他们对品牌或产品的真实反馈和需求。这些数据可以为品牌提供宝贵的市场洞察,帮助他们优化产品或服务,提高客户满意度和忠诚度,从而实现更好的市场表现。

1. 评价内容分析

提取直播中或直播后观众的评价内容,通过文本挖掘技术,识别关键词、主题和观点,了解观众对品牌或产品的整体评价。比如使用自然语言处理技术,对评价内容进行深度分析,提取有价值的信息;定期对评价内容进行主题建模,了解观众关注的热点和趋势。

2. 情感倾向分析

通过情感分析技术,判断观众对品牌或产品的情感态度,如积极、消极或中性,了解观众的情感倾向和满意度。比如结合情感词典和机器学习模型,对评价内容进行情感倾向分析;绘制情感倾向的时间序列图,了解观众情感的变化趋势。

> **名词一点通**
>
> **情感词典**
>
> 情感词典（Sentiment Dictionary）是一个包含词汇及其情感倾向标注的词典。这些词汇通常被标记为正面、负面或中性。情感词典用于情感分析（Sentiment Analysis）任务中，帮助确定文本的情感倾向。例如，词汇"好"可能被标记为正面，而"差"被标记为负面。当文本通过情感分析软件进行分析时，软件会检查文本中的词汇是否在情感词典中，并根据词典中的标注来确定文本的整体情感倾向。
>
> **情感倾向的时间序列图**
>
> 情感倾向的时间序列图（Sentiment Trend Over Time）是一个图表，展示了在一段时间内（如一天、一周、一月等）某个主题、品牌、产品或事件的情感倾向变化。这个图表通常基于大量的文本数据（如社交媒体帖子、评论、新闻文章等）生成，通过情感分析技术处理这些数据，并将结果可视化。

3. 观众需求与期望分析

分析观众评价中提及的需求和期望，了解他们对品牌或产品的期望和改进方向，为品牌提供改进产品或服务的依据。比如可通过设立关键词库，专门收集与观众需求和期望相关的词汇；对提取的需求和期望进行聚类分析，找出共性和差异，为品牌策略调整提供参考。

三、改进和优化品牌策略

市场趋势变化莫测，品牌愿景和现状之间很容易产生差距。企业必须在保留品牌本质的同时，及时对品牌进行更新，让品牌能够跟上时代。为了填补与品牌愿景之间的差距，一定要确认原因在何处，问题是什么，从而推出解决问题的措施。

基于直播口碑效果的监测和用户评价信息的分析，直播品牌需要对品牌策略进行持续改进和优化，以提升品牌知名度和观众忠诚度。具体可从以下几个方面进行开展：

1. 积极收集和利用观众反馈

在直播过程中或直播后，通过问卷、投票等方式积极收集观众反馈，对于提出的建议和问题给予及时的回应。根据反馈内容，对品牌策略进行针对性的调整，比如改进产品质量、提升客户服务体验或调整营销策略等。

2. 精准满足观众需求和期望

深入分析观众评价中提及的需求和期望，为产品和服务的设计和开发提供方向。定期评估和改进产品或服务，以满足观众不断变化的需求和期望，提高品牌忠诚度和市场竞争力。

3. 建立持续的品牌形象塑造机制

通过口碑效果监测和用户评价信息分析，持续塑造和强化品牌形象，确保品牌价值观与观众期望一致。利用社交媒体、线下活动等多种渠道，与观众建立多维度的互动和沟通，增强品牌影响力和认知度。

4. 建立危机应对机制

对于可能出现的负面口碑或评价，建立快速响应机制，及时进行处理和回应，减少负面影响。

通过积极解决问题和改进服务，将危机转化为品牌改进和优化的契机，增强品牌的韧性和适应性。

5. 持续优化品牌营销策略

结合市场趋势、观众需求和竞争态势，制定针对性的品牌营销策略。通过数据分析和效果评估，持续优化营销策略，提高品牌传播效果和转化率。

崇德启智

"老字号"是指历史悠久，拥有世代传承的产品、技艺或服务，具有鲜明的中华民族传统文化背景和深厚的文化底蕴，取得社会广泛认同，形成良好信誉的品牌。这些品牌以其独特的文化价值和经济价值，成为了中国传统商业文化的重要代表。

在中国，老字号品牌往往承载着几代人的记忆和情感，它们不仅仅是商业品牌，更是一种文化符号、一种历史传承。这些品牌通过长期的市场竞争和消费者认可，形成了独特的品牌形象和口碑，成为了消费者心中的信任标志。

例如，全聚德是北京著名的烤鸭品牌，创建于1864年，传承了宫廷挂炉烤鸭技术150余年。全聚德的烤鸭选用原种鸭场的品种好、体型丰满、肉质细腻的鸭子，经过独特的烤制工艺，呈现出香气与柔韧质感相融合的口感，让人回味无穷。全聚德还注重传承和创新，不断推出新品和新的服务方式，满足消费者的需求，赢得了广大消费者的信赖和喜爱。

老字号的品牌口碑往往来自其优质的产品和服务，以及对传统文化的坚守和传承。这些品牌通过不断创新和改进，将传统文化与现代消费需求相结合，为消费者提供高品质的产品和服务，赢得了消费者的认可和口碑。同时，老字号的品牌形象和口碑也与其历史和文化背景密不可分，这些品牌通过长期的积淀和传承，形成了独特的文化魅力和品牌价值。

活动技能演练

请同学们根据下面的案例背景，制定口碑管理策略，包括建立口碑机制、用户反馈机制、持续改进和优化策略等，并将结果整理在下面空白处。

案例背景：

"××康健"是一家专注于生产有机、无添加、全天然的健康食品的新兴品牌。品牌理念是"源于自然，回馈健康"，致力于为消费者提供安全、健康的食品选择。产品线包括有机谷物、超级食品、有机饮品等多个类别，主要面向注重健康生活的中产阶级消费者。

随着健康意识的提高，越来越多的消费者开始关注食品的安全和健康性。然而，市场上的健康食品品牌众多，竞争激烈。许多品牌都在强调其产品的健康属性，但很少有品牌能够提供真实可靠的产品质量证明和消费者口碑支持。

如今该企业面对的主要挑战是：
1. 如何在众多健康食品品牌中脱颖而出，建立品牌口碑？
2. 如何确保产品质量，满足消费者对健康食品的期待？
3. 如何有效收集并分析消费者反馈，持续改进产品？

同时也带来了一些机遇：
1. 消费者对健康食品的需求日益增长，市场潜力巨大。
2. 随着社交媒体和网络的普及，口碑传播成为品牌建设的重要手段。

"××康健"为了应对挑战并抓住机遇，决定制定一套完善的口碑管理策略。他们希望通过建立口碑管理机制、用户反馈机制以及持续改进和优化的措施，来提高品牌知名度、美誉度和忠诚度。

表3-3-2是该企业的一些具体背景细节：

表3-3-2 "××康健"企业具体背景细节

项目	具体细节
品牌故事	品牌创始人因自身健康问题开始关注健康食品，并发现市场上的产品无法满足其需求。于是，他决定创立"××康健"，从源头控制产品质量，为消费者提供真正的健康食品
产品质量	公司采用严格的有机种植和加工工艺，确保产品的无添加、全天然属性。同时，他们与权威认证机构合作，对产品进行定期检测，以证明其产品的安全性和健康性
社会责任	公司积极参与公益活动，如支持有机农业、环保事业等，以展示其社会责任感，增强消费者对品牌的信任感
用户反馈渠道	公司在官方网站、社交媒体平台以及线下门店设立用户反馈渠道，鼓励消费者分享使用体验和提出建议。同时，他们定期举办线上线下活动，与消费者互动，收集一手反馈
持续改进与优化	公司设立专门的口碑管理团队，负责分析消费者反馈和市场趋势，制订改进措施。例如，根据消费者建议调整产品配方、优化包装设计等。此外，他们还关注竞争对手的动态，以便及时调整战略

任务小结

通过以上任务内容的学习，同学们可以了解到品牌建设的关键要素和底层逻辑、品牌传播的模型及原理、口碑管理机制以及用户反馈机制的相关知识，能够根据案例背景制订品牌建设和传播计划以及制定口碑管理策略。请同学们思考后回答下面问题，对本工作任务内容进行复习与总结。

1. 品牌建设的关键要素有哪些？
2. 如何理解品牌建设的底层逻辑？
3. 如何理解品牌传播的具体模型？
4. 品牌传播的原理是什么？
5. 如何建立品牌管理机制？
6. 如何设计用户反馈机制？
7. 如何根据口碑效果和用户评价持续改进和优化品牌策略？

工作任务单

工作任务单　建设直播品牌

任务编号：		学时：	课时
实训地点：		日期：	
姓名：	班级：		学号：

一、任务描述

请根据某直播品牌的相关内容介绍，为该直播品牌制订一份品牌建设和传播计划，并为该品牌建立口碑管理和用户反馈机制。

1. 品牌创立背景

××美妆是在某知名直播平台上崛起的一个美妆品牌。随着直播带货的兴起，越来越多的观众开始在直播中了解和购买美妆产品。××美妆看准这一市场机遇，决定在直播平台上建立自己的品牌形象，通过直播形式直接向消费者展示产品，并提供购买服务。

2. 市场定位与目标用户

××美妆以提供高品质、天然健康的美妆产品为特色，目标用户主要是注重个人形象、追求生活品质、喜欢直播购物的年轻女性。

3. 品牌愿景与使命

××美妆的愿景是成为直播平台上最受欢迎的美妆品牌，为用户提供专业、安全、高效的美妆产品。其使命是通过直播这一新颖、互动的方式，帮助用户发现适合自己的美妆产品，提升个人魅力，同时传播健康、自信的生活态度。

4. 竞争环境分析

在该直播平台上，已经存在多个美妆品牌，竞争激烈。××美妆需要通过独特的直播内容、优质的产品和出色的服务，才能在众多品牌中脱颖而出。

5. 直播策略与产品展示

××美妆在直播中采取的策略包括：

① 专业直播：聘请专业化妆师进行直播，向观众展示如何使用产品，提供化妆技巧和建议。

② 产品试用：直播中实时试用产品，让观众看到产品的实际效果。

③ 互动环节：设置问答、抽奖等互动环节，增加观众参与感，提高直播趣味性。

④ 限时优惠：提供直播专属优惠，鼓励观众在直播中购买。

6. 品牌传播与用户反馈

××美妆重视品牌传播和用户反馈，采取以下措施：

① 定期直播：保持一定的直播频率，增加品牌曝光度。

② 用户互动：积极回应观众提问，收集用户反馈，不断优化产品和服务。

③ 口碑营销：通过用户分享、评价等方式，提升品牌口碑。

④ 合作推广：与其他知名主播、网红合作，扩大品牌影响力。

二、相关资源

（1）直播平台

（2）数据采集和分析工具

（3）Excel表格工具

三、任务分配

四、任务实施
活动一　制定品牌建设与传播计划
步骤1：确定品牌建设逻辑
步骤2：设计品牌传播机制
步骤3：制定品牌建设与传播方案
活动二　建立口碑管理和用户反馈机制
步骤1：建立口碑管理机制
步骤2：设计用户反馈机制
步骤3：制定持续改进和优化策略

五、相关知识
具体请参阅教材中的相关内容

六、任务执行评价

评定形式	自我评定（20%）	小组评定（30%）	教师评定（50%）	任务总计（100%）
1. 品牌建设与传播计划制定是否合理、内容是否完整				
2. 口碑管理和用户反馈机制建立是否合理、内容是否完整				
得分（100）				

指导教师签名：　　　　　　　　　　　　组长签名：

　　　　　　　　　　　　　　　　　　　　　　　　日期：　　年　月　日

七、任务拓展
　　无

 学习笔记

_____
_____
_____
_____
_____
_____
_____

参考文献

[1] 王红蕾,刘冬美.直播电商[M].北京：中国财富出版社，2022.
[2] 翁文娟,万信琼.直播营销与案例分析：慕课版[M].北京：人民邮电出版社，2022.
[3] 陈致烽.直播电商运营实务：数字教材版[M].北京：中国人民大学出版社，2023.
[4] 胡龙玉.直播电商基础与实务实训教程[M].北京：北京大学出版社，2024.